吉本貞昭

知られざる日本国憲法の正体

マッカーサーはなぜ「帝国憲法」を改正したのか

ハート出版

はじめに

平成二十四年十二月十六日、第四十六回衆議院議員総選挙で自民党が二九四議席を獲得して圧勝し、二十六日に第二次安倍政権が誕生した。既に、自民党の憲法改正推進本部は四月二十八日に、「日本国憲法改正草案」（全一一〇カ条）を発表しており、安倍首相も、十七日の記者会見で

「最初に行うことは九十六条改正だろう。三分の一超の国会議員が反対すれば議論すらできない。あまりにもハードルが高すぎる」

と述べ、第九十六条の改正に意欲を燃やした。

保守政党の自由党によって本格的に憲法改正の議論が始まったのは、昭和二十七年四月二十八日に、日本が主権を回復するとともに、日米安全保障条約が発効されてから二年後の昭和二十九年三月十二日であった。それ以来、紆余曲折の憲法論議を経て、ようやくわが国の国会やマスコミで本格的に憲法改正が議論されるようになってきたのであるが、「日本国憲法」

が六十六年間にわたって一度も改正されてこなかったのは、第九十六条の第一項にあるように、他国と比べて憲法の改正手続が極めて難しいことにあったことは間違いないだろう。

では、「日本国憲法」の真の起草者である占領軍は、なぜ改正要件のハードルを高くして「日本国憲法」を硬性憲法にしたのだろうか。その思惑も考えずに、他国の憲法の改正要件と「日本国憲法」の改正要件とを、ただ比較してみたところで、あまり意味がないと思うのである。

一般に、法令解釈の基本原則の第一は、その法令の文章について文理解釈を行うことであるが、それによって定義がはっきりしない場合は、条理解釈か、それとも制定者の意図を明らかにすることになっている。

このことから、第九条の解釈でも、その定義がはっきりしない場合は、その提案者の意図を明らかにしなければ、第九条の意味を誤って理解することになるし、改正してもいいものかどうか判断に苦しむことになる。

その意味から第九十六条の解釈も、この条項の提案者の意図を明らかにしなければ、第九条と同じように、その意味を誤解して改正してもいいものかどうか判断に苦しむことになるのは間違いない。

ところが、わが国の戦後の憲法学会における憲法研究では、もっぱら日本国憲法の文理解釈に重点が置かれ、「日本国憲法」の形成過程と、その合法性の問題については完全に無視あるいは軽視されてきたのである。

名著と言われている「日本国憲法」の著作の中でも、これらの問題を深く論じているものは、ほとんどといっていいほど存在しないのである。

日本の保守政党や保守論陣においても、単なる「憲法改正」に重点が置かれ、この憲法の本質に関する検討がなおざりにされてきたため、わが国において「日本国憲法」の合法性と、その本質についての真相を知る日本人は、ほとんど皆無に等しい状態であると言ってもいいだろう。

そこで、本書の第一の課題は、まずアメリカの対日占領政策の目的がどこにあったのかを分析した上で、アメリカは、なぜ憲法改正を行ったのかを解明することにある。

アメリカは昭和十九年十二月に、「国務・陸軍・海軍三省調整委員会」（以下、ＳＷＮＣＣ《スウィンク》と略称）を設置して、戦後の対日占領政策を計画したが、その下部組織の特別調査部（ＳＲ）極東課のメンバーは、ソ連のスパイの影響を受けて「日本国憲法」のもとになる「ＳＷＮＣＣ二二八」を作成しているのである。

第二は、「日本国憲法」が一体どのような手続を経て制定されたのかを解明すると同時に、占領軍による検閲がある中で、なぜ憲法改正を自由に批判できたのか、そして占領末期に、なぜ「日本国憲法」誕生の秘密が公表されたのかを解明することにある。

占領中、総司令部は、「日本国憲法」を批判する報道に対して厳しく検閲を行ったかのように思われているが、昭和二十一年六月八日まで、マッカーサーが「日本国憲法」の起草に果たした役割や、それに対する一切の批判以外は、自由に「日本国憲法」を批判することもできたし、占領末期には報道機関にマッカーサーが「日本国憲法」の起草に果たした役割を報じることを許可していたのである。

第三は、占領軍の押しつけた第九条の正体を解明することにある。現在、普天間基地の移設問題で、日米安全保障の危機が叫ばれているが、そもそも安全保障の問題も、「日本国憲法」第九条の矛盾から生じた現象であって、この第九条の真の意味を見つめ直さない限り、日本は真の自主防衛を取り戻すことはできないからである。

戦後の保守論者の間では、占領軍は、日本を弱腰国家にさせるために第九条を押しつけたと考えられているが、実は、占領軍は天皇制の廃止を叫ぶ極東委員会の批判を回避するために、第九条を第一条（天皇条項）とともに日本に押しつけたのが真相である。

第四は、昭和二十年八月十五日に、日本が降伏すると、占領軍は、日本政府に対して「大日本帝国憲法」（以下、「帝国憲法」と略称）に対する根本的な変革を迫ってきたが、それは、果たして当時の国際法や「ポツダム宣言」に従って合法的に行われたものなのかどうかを解明することにある。

本来、占領軍には、占領地の法律の順守を定めた「ハーグ陸戦法規」第四十三条に従って占領を行う義務があり、憲法を含めて他国の法律を変更する権限はないのである。

また「ポツダム宣言」の第十二項には「日本国国民の自由に表明せる意思に従い」と書かれており、アメリカ政府にも憲法改正を強制する権限はないのである。

第五は、「日本国憲法」を作ったニュー・ディラーの正体を解明すると同時に、「日本国憲法」に内在する政治思想を解明することにある。

実は、「日本国憲法」を作った総司令部民政局には、数多くのニュー・ディラーたちが巣くっており、彼らは自分たちの理想とする憲法を占領国の日本で実現しようとしたのであるが、「日本国憲法」からは、できるだけ日本的な思想を排除し、西欧諸国の革命思想を植えつけようとしたのである。

第六は、戦後の日本において憲法改正がなぜ行われてこなかったのかを究明すると同時に、日本国憲法の改正すべき点を解明することにある。

「日本国憲法」が昭和二十二年五月三日に施行されてから、来年で六十七年目の年を迎えることになる。以来、「日本国憲法」第九条をはじめとする条理解釈や改正の論議が半世紀以上にわたって繰り返し行われてきたわけであるが、これまで一度も改正されてこなかったのは、他国と比べて改正手続が極めて難しいことの他に、日本人は、経済の拡大を優先して占領軍の作った社会構造と「日本国憲法」の問題から目をそむけ、「国のあり方」という基本的な問題を考えてこなかったことや、欧米人とは違って憲法を「不磨の大典」であると考える傾向が強かったことに原因があると思うのである。

日本人が戦後、失われた自信と誇りを取り戻すために、まずやらなければならないことは、これらの意識を改革して自らの手で日本民族の精神を基礎とする自主憲法を制定し、真の主権を回復することであると思うのである。そこから、本当の戦後が始まっていくからである。その上で、日本がこれから行くべき方向が自ずと決まってくるであろう。

本書が戦後、占領軍の押しつけた憲法を改正する議論に拍車をかけるための一助となれば幸いである。

平成二十五年十一月三日（「日本国憲法」公布の日に）

著者記す

もくじ

はじめに　1

第一部　知られざる対日占領政策の舞台裏　13

第一章　アメリカの対日占領政策はこうして始まった　14

第一節　アメリカの対日占領政策の意図はどこにあったのか　14

第二節　マッカーサーはどのように日本を改造しようとしたのか　15

第二章　アメリカはなぜ「憲法改正」を行ったのか　20

第一節　アメリカはどのように日本を理解していたのか　20
第二節　アメリカの対日占領政策の背景には何があったのか　24

第二部　知られざる「日本国憲法」誕生の舞台裏　39

第三章　「帝国憲法」の改正はこうして始まった　40

第一節　「帝国憲法」の改正はどのように行われたのか　40
第二節　「マッカーサー草案」はどのように作成されたのか　104
第三節　「マッカーサー草案」はどのように押しつけられたのか　182
第四節　「日本国憲法」はどのように作成されたのか　202

第四章　枢密院・帝国議会での憲法審議はこうして始まった　229

第一節　枢密院ではどのように憲法を審議したのか　229
第二節　衆議院ではどのように憲法を審議したのか　234
第三節　貴族院ではどのように憲法を審議したのか　252

第三部　知られざる「憲法問題」検閲の舞台裏　265

第五章　占領軍の検閲はこうして始まった　266

第一節　憲法問題の検閲はどの程度行われたのか　266
第二節　憲法関連の出版物に対する検閲の実態　271

第六章　占領中に「憲法問題」はなぜ自由に議論できたのか　279

第一節　六十九年前にあった憲法大論争　279
第二節　出版物で「日本国憲法」の批判はなぜ自由にできたのか　293

第七章　占領中に「日本国憲法」誕生の秘密はこうして公表された　299
第一節　占領中に民政局が公表した「日本国憲法」誕生の秘密　299
第二節　占領中に民政局はなぜ「日本国憲法」誕生の秘密を公表したのか　317
第三節　占領中に「日本国憲法」の英訳文はなぜ六法全書に掲載されたのか　322

第四部　知られざる「日本国憲法」の正体　327

第八章　占領軍が押しつけた「日本国憲法」の正体　328
第一節　「日本国憲法」は占領憲法である　328
第二節　世界が語る「日本国憲法」の正体　331

第九章　占領軍が押しつけた第九条の正体　343
第一節　第九条と第一条はなぜ作られたのか　343

第二節　第九条の発想はどこから来ているのか　349
第三節　対日占領政策の転換と日本再軍備の構想　366

第十章　「日本国憲法」はなぜ改正しなければならないのか　370

第一節　「ポツダム宣言」は憲法改正を要求していたのか　370
第二節　「マッカーサー草案」を作成したニュー・ディーラーたち　379
第三節　「日本国憲法」に秘められた政治思想とは何か　390
第四節　戦後、憲法改正の議論はこうして始まった　400
第五節　「日本国憲法」のどこを改正しなければならないのか　405

おわりに　423

資料　「日本の統治体制の改革」（ＳＷＮＣＣ二二八）　426
引用・参考文献一覧　428

凡　例

本書では新聞などの旧漢字・旧仮名遣いはできるだけ避け、新漢字・現代仮名遣いに変更しました。

第一部　知られざる対日占領政策の舞台裏

第一章　アメリカの対日占領政策はこうして始まった

第一節　アメリカの対日占領政策の意図はどこにあったのか

厚木飛行場に到着したマッカーサー

日本は昭和二十年八月十四日に、「ポツダム宣言」（同年七月二十六日に、米・英・中の声明した共同宣言、第六項以下で日本降伏の条件を掲げている）の受諾を決定し、十五日に連合国に降伏した。その日に総辞職した鈴木内閣の後継として、十七日に東久邇宮内閣が成立し、天皇の名で全軍に戦闘停止命令が下った。

そして、降伏調印式は三十一日に、東京湾内の米国戦艦ミズーリ号上において行われることが二十三日に発表されたが、日本本土への台風の接近により、マッカーサーの到着を三十日に変更することになった。

二十八日に、先遣部隊のテンチ大佐ほか一五〇名が先に厚木飛行場に到着すると、連合国最

ダグラス・マッカーサー

高司令官のマッカーサー（アメリカ太平洋陸軍司令官を兼任）も、予定通り三十日の午後二時五分に、専用機のバターンⅡ号（米陸軍輸送機ダグラスC54型）で神奈川県の厚木飛行場に到着した。
このとき、日本進駐の第一歩をしるしたマッカーサーは、出迎えた第八軍司令官アイケル・バーガー、将兵および記者団に対して「メルボルンから東京までは長い道のりだった」との第一声を発したが、「彼の顔には、コレヒドールから脱出し、オーストラリアのメルボルンで南西太平洋軍総司令部（GHQ／SWPA）を設置し反攻の拠点を構築して以来、三年五か月にわたる苦闘から解放された安堵感がにじみでていた」に違いない。

第二節　マッカーサーはどのように日本を改造しようとしたのか

マッカーサーの日本改造論

マッカーサーは昭和二十年九月二日に、米国戦艦ミズーリ号上において日本との降伏文書の調印を終えた後、十七日に初めて東京に足を踏み入れ、横浜税関ビルの米太平洋陸軍総司令部（GHQ／USAFPAC）を東京・日比谷の第一生命ビルに移転した。

そして十月二日には、横浜の総司令部軍政局（MGS）を発展解消して連合国軍最高司令官総司令部を第一生命ビルに設置し、次のように日本改造に取り組むことになる。

「私は戦争でほとんど完全に破壊された一つの国家を再建する、という仕事を課されたのであった。

……日本はいまや、国民を全体主義的な軍部の支配から解きはなち、政府を内部から自由化するという実験の一大研究所となったのである。日本での実験は、日本の戦争再開能力をぶちこわし、戦争犯罪者を処罰するという連合軍主要目標よりはるかに先に進んだものでなければならないことが、私にははっきりしている。

……最高司令官に任命された瞬間から、私はその後の天皇と日本政府の機構を通じて実施しながら進めてゆくための政策を作りあげていた。私は日本の行政組織、その弱点と長所といったものを完全にのみ込んでいたから、私がやろうと考えている一連の改革は日本を現代の進歩的な思想や行為のレベルにもってゆくのに役立つと感じていた。

まず軍事力を粉砕する。次いで戦争犯罪者を処罰し、代表制に基づく政治形態を築き上げる。憲法を近代化する。自由選挙を行い、婦人参政権を与える。政治犯を釈放し、農民を解放する。自由な労働運動を育てあげ、自由経済を促進し、警察による弾圧を廃止する。自由で責任ある新聞を育てる。教育を自由化し、政治的権力の集中排除を進める。そして宗教と国家を分離する」

マッカーサーは回想録で、このように日本改造の目的について述べているが、ここからアメリカの対日占領政策の目的が、連合国軍の主要目標（軍事力の粉砕、戦争犯罪者の処罰）以上の目標（代表制に基づく政治形態の構築、憲法改正・自由選挙・婦人参政権・農地改革の実現、労働運動の育成、自由経済の促進、警察の弾圧の廃止、言論の自由化、教育の自由化、政治権力の集中排除、宗教と国家の分離）に重点が置かれていることが分かるだろう。

さらに、マッカーサーは回想録で、次のように「憲法改正」の理由について述べている。

「日本の戦争再開能力をぶちこわし、戦争犯罪者を処罰するという連合軍主要目標よりはるかに先に進んだ」改革を実行するため、まず「日本の政治組織に本格的に手をつける前に、さし当たって日本の基本的な法つまり憲法を大幅に改正することが必要だった。当時の日本の政治情勢はひどい状態にあった。古い明治憲法は勝手な解釈でゆがめられ、戦争の結果国民の信用をすっかり落としていたので、日本に自治の機構を維持するためには新しい憲法を作ることがさし迫って必要だったのである。

……われわれは単に民主主義の成長を促すだけではなく、実際に民主主義が成長するように仕向けねばならなかった。

旧憲法では、日本の政治は至上の権力をもつ天皇に発し、天皇から権力を委ねられた者たちを経て下部へ通じるという形態をとっていた。つまり、独裁制、それも世襲の独裁制であって、国民はそれに仕えるために存在していた。

このような体制下の日本国民は、基本的人権というものは有形にも無形にもまるでもっていなかった。日本国民は、そのような先天的な権利があるという考えにふれたことがなかったため、何世紀もの間、基本的人権をもつということがどのようなことかを知らずに過ごしていたのである。したがって、新憲法は日本国民にかつて経験したことのないものを与えるという性格をもち、その点で新憲法を書き上げて国民に受け入れてもらうという仕事はよほどやりよいものとなる見込みがあった。日本大衆にとっては、得るものはあっても失うものはなかったのである。

降伏後、私がまず日本側指導者に告げたことの一つは、明治憲法を改正して欲しいということだった。私は新しい日本を築くためには民主的な政府を作ることが不可欠であり、日本の社会を確実に民主化するためには人権について明白な法規を定め、しかもそれを一般にはっきり理解してもらわなければならない、ということを強調した」

コートニー・ホイットニー

マッカーサーの片腕として総司令部（GHQ）民政局長を務めたコートニー・ホイットニー准将も回想録で、マッカーサーの憲法改正の理由について次のように述べている。
「マッカーサーの日本再建政策の基本は、もちろん既存憲法を改定することにあった。憲法はすべての法律の源泉として代議政治の発展を促進するばかりでなく、これを委託しなければならない。既存の明治憲法は絶対主権者たる天皇はすべての政治権力と法律的権能の源泉であり、政府は天皇の名において限定された委任権によって政治をつかさどることを規定していた。こうして日本人は世襲的独裁者によって極度に統制され搾取された国民として存在したのであった。基本的人権宣言の保護を受けたことのない国民には、個人的自由の観念というものは知られていなかったのであるが、そのことは憲法改正の問題を比較的容易にした。国民大衆は得るところがあっても、失うものは何もなかった」

第二章　アメリカはなぜ「憲法改正」を行ったのか

第一節　アメリカはどのように日本を理解していたのか

「帝国憲法」の発布と帝国議会の開設

明治十五年三月に、憲法調査のためにヨーロッパ派遣を命じられた伊藤博文は五月に、プロシア（現在のドイツ）に到着すると、七月末までベルリン大学で法学の大家ルードルフ・フォン・グナイスト教授と、その弟子のモッセからプロイセン憲法や地方自治について学んだ。

翌月には、オーストリアのウィーン大学でローレンツ・フォン・シュタイン教授から憲法講義を聴き、また財政、行政、教育、外交、自治などの講義を受けた。

伊藤は翌年五月二十七日に、ベルリン、イギリスのロンドンを経てロシアのアレクサンドル三世の戴冠式に出席した。そして、八月三日に帰国すると、将来の憲法の発布と帝国議会の開設に向けて、まず国内の政治制度の整備に着手した。翌年には「華族」令の制定、太政官制の改革、ヨーロッパ諸国にならった内閣制度の導入などを次々と実現していった。

やがて日本の初代首相となった伊藤は明治十九年十一月に、法制官僚の井上毅《こわし》、秘書の伊東巳代治《みよじ》、金子堅太郎らとともに、ドイツ人の法律顧問ロエスレルとモッセの助言を得て、君主が政府組織を任命するプロイセン型の立憲君主制に基づく、憲法草案の作成に着手した。

何度も検討を重ねて、ようやく明治二十一年三月に、憲法草案が完成すると、その審議を行うために、伊藤は首相の座を黒田清隆に譲り、天皇の諮問機関として新たに枢密院を設けて自ら議長となり、天皇陛下の御臨席のもとに論争を行った。

憲法草案を審議した「枢密顧問官のうち保守派が天皇の大権を字面通り解釈していたが、伊藤は枢密顧問官に対して、臣民の権利を保護し、君主権を制限することが必要であると述べた。

帝国憲法では、帝国議会は天皇の立法権に協賛する機関であり、内閣は天皇を輔弼する機関と位置付けられていた。しかし、伊藤は、天皇も権限を制約される存在であることを明確にし、また実際に憲法の運用でも、天皇は帝国議会で可決された法律や、内閣の上奏に対して拒否権を行使することはなかった」のである。

やがて憲法審議が明治二十二年一月三十一日に終わると、翌二月十一日（紀元節）に「帝国憲法」（全七章七十六条）が発布され、翌年十一月二十九日の第一回帝国議会の開会日に施行された。

こうして日本は、アジアで最初の立憲国家となり、「帝国憲法」が昭和二十二年五月三日まで五十七年間にわたって日本の国家基本法として存続するのである。

アメリカの「憲法改正」の目的

ところが、アメリカは、満州事変から日本を戦争へと駆り立てたのは、次のように日本の国家体制（統治機構）に原因があると考えていたのである。

『帝国憲法下では、帝国議会は天皇の協賛機関にすぎず、立法権は天皇に属した。しかも貴族院は皇族や勅任議員など選挙によらない議員のみで構成され、衆議院も青年層や婦人の声が反映するものではなかった。

天皇は神聖不可侵とされ、統治権を総覧し、内大臣、枢密顧問、首相、国務大臣などによって補佐された。また、国民には目の届かない「菊のカーテン」の背後には、元老、重臣、皇族、大本営、宮内省などがあって、陰に陽に天皇や政策決定過程に隠微な影響力を行使した。さらに、軍の統帥権は天皇に属し、帝国議会や内閣、国民のコントロールのきかないところにあった』（竹前栄治『ＧＨＱ』岩波新書）

ここから、アメリカ政府は、「このような旧日本の憲政機構が軍部の独走を招き、日本を侵略戦争に駆り立てた主要な原因ないし政治的しくみであると判断し、これの根本的改革が世界平和およびアメリカの安全にとって不可欠」であると考えたのである。

そこで、アメリカ政府は昭和十九年十二月に、戦後の対日占領政策について国務・陸軍・海軍三省との間で意見調整を図るために「SWNCC」を設置し、その下部機関である極東小委員会(SFE)の作業グループ(WG)に、いわゆる「マッカーサー草案」(以下、「マ草案」と略称)のガイドラインとなる「SWNCC二二八文書」を作成させるのである。

この「SWNCC二二八文書」を作成した日本史研究家のヒュー・ボートン博士(戦後、米コロンビア大学東アジア研究所所長、米ハヴァフォード大学学長)が、その著書で「当時、アメリカ政府のみならず国民の大多数が、一九四一年一二月の真珠湾攻撃を引き起こした日本の超国家主義の元凶の一つは天皇制にあると固く信じていた。

ワシントンの高官や連邦議員の多くが、そして報道機関の大半が天皇裕仁を戦犯として裁判にかけ、天皇制を廃止すべきだと考えていた」

と述べているように、こうした日本に対する理解の仕方が、アメリカが日本の国家体制の改革の必要性を認識し、「憲法改正」を通じて、統治機構の改革を試みることを対日占領政策の重要な柱とした理由であった。

ここから「日本国憲法」や「東京裁判」の問題を考える場合でも、戦前のアメリカの対日政策が戦後の対日占領政策に対して、どのように反映されているのかを実証的に解明することが求められてくるのである。

第二節　アメリカの対日占領政策の背景には何があったのか

アメリカの対日占領政策に影響を与えたウィーク・ジャパン政策

では、アメリカは、なぜ日本を軍国主義的な国家であると断定したのであろうか。実は、アメリカが、このような対日占領政策を実施した背景には、「ウィーク・ジャパン（弱い日本）政策」の影響があったことは、あまり知られていない。

アメリカでは、民主党のセオドア・ルーズベルト大統領の頃から、「大陸国家（ロシアと中国）の膨張政策の防波堤として日本を利用すべきだ」というストロング・ジャパン（強い日本）政策と「強い日本はアジアの脅威であるばかりでなく、アメリカの権益を損なう存在だ」というウィーク・ジャパン（弱い日本）政策の二つの対日政策があったが、特に満州事変以降は、この二つの対日政策が鋭く対立していた。

言うなれば、「ソ連共産主義と中国の排外ナショナリズムを抑止する勢力として日本の行動に理解を示す」共和党のフーバー大統領らと、「中国と連携して日本の侵略政策を抑止することがアジアの安定につながると考えた」民主党のフランクリン・D・ルーズベルト大統領らとの対立である。

アメリカの対日占領政策に影響を与えたソ連のスパイ

戦時中のアメリカでは、この「ウィーク・ジャパン（弱い日本）政策」が優位を占めたため、終戦後のアメリカの対日占領政策も、この対日政策に基づいて行われていったわけであるが、実は、このアメリカの対日占領政策が戦前のアメリカで反日政策を誘導した「太平洋問題調査会」（IPR）で活躍したソ連のスパイ、ハーバート・ノーマンたちの影響を受けていたことが、アメリカの情報公開によって明らかになってきたのである。

例えば、昭和二十一年九月に、総司令部内部に「共産主義者とそのシンパがいるとして、九名の職員とともに、ノーマンの名前を挙げた報告書をアメリカ政府」に送った総司令部参謀第二部長のチャールズ・A・ウイロビー少将は回想録で、かつてノーマンが所属したIPRについて次のように述べている。

「この団体は、強力な力をもった左翼団体で、その主な目的は、極東問題に関してアメリカの世論に左翼的偏向を与えること、そしてアメリカの各大学や政府機関に左翼的〈極東専門家〉を送りこむことにある。

……一九二五年の創設以後、ＩＰＲは共産党員とそのシンパの支配下にある。……しかし、ＩＰＲはその左翼的な目的と左翼的性格を、管理支配のうえでは巧妙に隠している。外観だけを見れば、それは真面目で、学究的な立派な研究所なのである。だが、そこで出している出版物、とくに季刊『パシフィック・アフェアーズ』や『極東調査』（隔月刊）などを入念に分析すれば、極東で共産主義の影響を強化するところに、第一の目的を置く一貫した巧妙な意図が読みとれる。極東におけるソ連の立場にかなりの力点がおかれ、しかもそれは、かなり好意的に扱われている。

……定期刊行物に加えて、ＩＰＲはたくさんのパンフレットや単行本を出版したり、それを援助している。単行本の多くは、著名な学者による極東に関する有名な本であり、トーマス・A・ビッソンの『日本の政治経済』のような本は、党の方針をそのまま受け継いでいる。パンフレットの多くは、極東問題の解釈できわめて左翼的である。これらは学生向けの〝教育的参考書〟として出版され、しかも、これらをアメリカ軍の教材に使うよう働きかけが行われているのだ。

……戦争中、ＩＰＲの極東専門家はワシントンの戦時機関にたくさんいた。ＩＰＲの子分が、四人ほど国連救済復興機関の中国局にいた。……ＩＰＲ出身者が、外国経済部、ＯＳＳ（戦略事務局）、アメリカ政府省庁にたくさん発見されている。その結果、政府内部、とりわけアメリカの極東戦略の作成に関与する部門では、ＩＰＲの影響力は多大なものであった。

この報告書のはじめの部分で指摘したように、ＩＰＲの影響力は、ＳＣＡＰにまで巧妙に及んでいるのだ。アンドリュー・Ｊ・グランジェンツェフ、トーマス・Ａ・ビッソン、ミリアム・Ｓ・ファーレクは、ＩＰＲ仕込みの人物であり、骨のずいからこの団体の左翼主義的思想に犯されている人達ばかりである。しかもそのうえ、これら三人は、ＧＨＱで重要な政策決定も、その査定を行う地位にあるのだ。

ＩＰＲは、主として資本家の金で援助され、その所有者の多くは、かなり保守的な人間であるにもかかわらず、少数の共産主義者一派の手に完全に握られた団体の、驚くべき例である。巧妙な管理統制や、アカデミックな研究という仮面をかぶって、この一派はＩＰＲを強力な左翼的院外団体に仕立てることができたわけである」

明治四十三年に、在日カナダ人宣教師の子として生まれたハーバート・ノーマンは、その後カナダに移住して、トロント大学と英国のケンブリッジ大学で古典学と歴史学を学んだ。その後、ノーマンは、アメリカのハーバード大学燕京《イエンジン》研究所で、エドウィン・Ｏ・ライシャワー博士（戦後、駐日アメリカ大使）から日本史の研究指導を受けた。

ケンブリッジ大学時代に、共産党に入党したノーマンは昭和十五年に、ハーバード大学を修了すると、カナダの外務省に入り、翌年に、東京の公使館へ語学官として赴任したが、公務の傍ら東京帝国大学の明治新聞雑誌文庫を訪ね、近代日本史の研究を深める一方で、軽井沢で羽仁五郎について明治維新史を学んだ。

昭和十六年十二月八日に、日米開戦が勃発すると、一時的に公使館に軟禁されたが、翌年七月に交換船で帰国し、外務省の対日情報局に籍を置いて日本側の無線の解読に当たった。

前年に、ハーバード大学燕京研究所に博士論文（題名『日本における近代国家の成立』）を提出したノーマンは、その中で、

「日本が中国大陸で戦争をしているのは、中国在住の邦人を保護するためでも、中国の排外ナショナリズムに挑発されたからでもなく、日本自体が明治維新後一貫して専制的な軍国主義国家であったからだ」

と述べている。

大学院を修了した後、教職への道ではなく、外交官への道を選んだノーマンは、公使館時代に、ＩＰＲから博士論文を出版すると、瞬く間に大きな反響を呼び、歴史学者としての地位と名声を不動のものにする。

真珠湾攻撃以後は、さらに、その論調が過激になっていくわけであるが、例えば、昭和十八年に、ＩＰＲから出版した『日本における兵士と農民』の中で、

「日本共産党の歴史観を援用しながら、明治以降、日本が日本人民を弾圧する残虐な軍国主義

国家であったかのように描き、戦争に勝利するだけでは不足だ。日本の国家体制を容赦なく解体し、アジアの人々や日本人民を解放する責務がアメリカにはあるのだ」

と力説している。

このノーマンの理論がアメリカ側の対日政策に大きな影響を与えたことは、次の証言からも明らかである。例えば、前出のライシャワー博士は、

「ノーマンの初めての著書は、おそらくは戦中、戦後のアメリカや西側諸国の日本に対する政策を決定するうえで、最も影響を与えた学術書であろう」

と述べており、また京都大学法学部教授の大嶽秀夫（政治学）も、

「当時、日本の研究が皆無であったことから言って、日本で育った数少ない専門の歴史家としてのノーマンによる著作が注目を集めたことは、当然のことで何ら説明を要しない。しかし、それに加えて、本書には占領改革のバイブルとなるだけのイデオロギー的要素があったことも見逃せない。彼の分析は改革の担い手となったニューディーラーのイデオロギーに全く適合的であったし、日本社会についての構造的理解を示していて、その分析が改革の指針としての具体的なプランをはっきりと含意していたからである」

と述べている。

こうして、ノーマンの理論は、やがてルーズベルト大統領の対日政策に大きな影響を与え、

戦後の対日占領政策の理論的根拠となっていくのである。

終戦後、マニラを経て米軍とともに来日したノーマンは、対日理事会のカナダ代表となるが、マッカーサーからの強い要請によって総司令部にも出向し、少佐待遇で対敵諜報部（ＣＩＳ）の調査分析課長に就任する。

そして、マッカーサーから日本の軍国主義を根絶するため、「東京裁判の被告の選定や、政治犯の釈放と天皇批判の自由を保証する人権指令の策定など」を一任された。

マッカーサーのアドバイザーとして、総司令部内部にも日本学の専門家として影響力を持っていたノーマンは昭和二十三年に、前出のウイロビー少将から「赤狩り」のターゲットの一人として監視されるのである。

この「赤狩り」によって、多くの総司令部の局員たちは本国に呼び戻されたが、ノーマンも昭和二十五年十月四日に、突然カナダに呼び戻され、カナダ国家警察（ＲＣＭＰ）の特別調査部から「治安審査」の名の下に「国家に対する裏切り」の容疑をかけられるのである。

ノーマンは、六週間の審査を経て、ようやく疑いがはれると翌年六月に、外務省のアメリカ極東部長に任命されたが、わずか五カ月後には、国連のカナダ代表代理職に転任を命じられた。

ところが、今度は昭和二十六年八月七日に、ＩＰＲを「危険」団体とする米上院司法委員会国内治安小委員会で、ノーマンの名があげられるのである。

同年九月、ノーマンは、サンフランシスコ対日講和会議のカナダ代表主席随員を務めた後、駐在ニュージーランド高等弁務官を経て、昭和三十一年に駐在エジプト大使（レバノン公使兼任）となり、翌年四月四日に、赴任先のカイロでビルの屋上から投身自殺を遂げるのである。

冷戦が崩壊した後、当時の関係者の記録などから、今日では「ノーマン・スパイ説」が有力になってきているが、実は、アメリカの対日占領政策に影響を与えたのは、ノーマンだけではなかったのである。

明星大学教授の高橋史朗によれば、ノーマンのように、対日占領政策に強い影響を与えた学者として、イギリスの社会人類学者ジェフリー・ゴーラとアメリカの文化人類学者ルース・ベネディクトの二人がいる。

戦時中、日本人の国民性に関する研究を著したゴーラの論文「日本人の性格構造とプロパガンダ」には、『日本人の国民性の二面性を矛盾の一覧表で例証し、その根底に乳幼児の厳しい用便の躾（トイレット・トレーニング）があるとし、日本人の国民性を①原始的②幼稚及び未熟で不良少年の行動に類似③精神的感情的に不安定で脅迫的な「集団的な神経症」と定義』づけられているという。

この誤解と偏見に満ちた「日本人の国民性」についての見解が昭和十九年十二月十六日と十七日にかけて「日本人の性格構造」を研究テーマにニューヨークで開催されたＩＰＲの臨時

会議で「四十人を越す著名な専門家たちによって基本的に同意された」という。
後に、この論文は、アメリカ政府の情報調査局（ＣＯＩ）が立案した対日心理戦略「日本計画」の基盤となっていくのであるが、アメリカの歴史学者ジョン・ダワーは「容赦なき戦争」の中で、戦時中、アメリカで発表された「唯一最大の影響力のある学問的分析」と高く評価しており、また一橋大学教授の加藤哲郎も、「ベネディクトらに大きな影響を与え、ＯＷＩの対日ホワイト・プロパガンダ（情報源の明らかな広報宣伝—著者注）のバイブルと評している」という。
このゴーラ論文に最も影響を与えたのが、アメリカの政治学者ハロルド・ラスウェル博士である。「彼はロックフェラー財団から二年間の基金を得て、戦時コミュニケーション研究のための実験部を設立し、ＯＷＩを中心とする米国政府の広報宣伝、諜報戦略計画を開発する人材を育成した」が、『ゴーラは彼の情報に基づいて、ジェンダー（文化的社会的性差）に加えて「男性の脅迫観念」という新たな視点に注目し、「日本人の性格構造」を著述する際に、特に男性のサディスティックな攻撃を重視し、これが侵略戦争の心理的背景と分析した。その攻撃心と日本人の性格的二面性の背景には幼少期の厳しい用便の躾があり、それによる不安感、恐怖感がトラウマとなって強迫的な「集団神経症」になり、それが爆発して「侵略戦争」となったというわけである』
このような問題意識が前出のベネディクトにも継承され、彼女の「日本人の国民性」研究は第二次大戦中、主に戦略情報の収集と分析、諜報および特殊活動を行った米陸軍のOSS（戦略事務局、後のCIA）の諜報員やOWI（戦時情報局）の政策立案者だけでなく、占領軍政要員たちにも、大きな影響を与えたのである。

こうして彼らの報告書を読んだハル国務長官とハミルトン補佐官（中国派）が、「日本の軍国主義は国民の伝統に根付いている」と誤解したことが要因となって軍国主義を生みだした日本の統治機構を改革するために、「帝国憲法」を改正することになったと理解してよいだろう。

また先のIPRの臨時会議で、ゴーラが打ち出した「日本人の国民性」についての見解が「四十名を越す著名な専門家たちによって基本的に同意された」ということは重要なことである。

なぜなら、前出のウイロビー少将がIPRについて述べているように、ゴーラもノーマンのように共産党員だったことが考えられるからである。

アメリカの対日占領政策の影響を受けた「日本国憲法」

さらに、戦後、米国務省内の対日占領政策の実権が、IPRのプロパガンダの影響を受けた左派スタッフたちに移ったことも、対日占領政策を分析する上で重要な手掛かりになるであろう。

元『毎日新聞』の外信部長で、国際ジャーナリストの大森実によれば、当時の『フォーリン・ブレッティン』（一九四五年九月十四日号）が、前出のSWNCCの責任者として、対日政策（天皇制と財閥の保全）の立案に当たってきた国務次官のジョセフ・グルー（元駐日大使）と、その右腕であるユージン・ドウマンが辞任したことで、国務省内の政策決定権が、彼らの対日政策の強硬な反対論者だった中国派のジョン・C・ヴィンセントと、新国務次官のディーン・アチソンの手に握られたことを次のように伝えているからである。

「戦争末期において、トルーマン大統領の政策決定に巨大な発言権をもっていた米国務省の有力高官二人の辞任事件は、これからの米国の対日政策の変更に大きな影響をもたらすだろう。辞任した二人は――八月十五日付で国務次官の職を去ったジョセフ・グルーと、国務省日本部顧問のポストを九月一日に辞任したユージン・ドウマンのことだ。

二人は、戦前から米政府内における長い専門家の経験を通して、日本に対する寛容政策が日米間の理解につながるという確乎たる意見をもちつづけてきた。彼らの意見は、真珠湾であのような奇襲攻撃を食っても変わらなかった。

しかし、こんどの両者に入れ替わって、米政府の対日政策案の実権を握った国務省中国部長のジョン・C・ヴィンセントと新国務次官のディーン・アチソンによる政策方向が、日本に対し、米政策を硬化させることは間違いあるまい。

九月一日（米国時間）に、ミズーリ号上で署名、調印された対日降伏文書の中に明記されている無条件降伏条項は、彼らの新しい政策が決定され次第、確実に彼らの硬化政策の軌道上を走ることとなるだろう。日本国を統治すべき天皇と日本政府の権威は、ミズーリ号上の降伏文書に明記されているとおり、天皇が連合国最高司令官のダグラス・マッカーサー元帥に隷属させられることになるだろう。

東久邇政権の重光葵外相は、さる九月七日、連合軍が日本政府を通して出す指令を、〝要求〟という言葉で声明したが、これに対し、マッカーサー元帥が九月九日に発した声明の中で、重光が使った〝要求〟という言葉に代えて〝命令〟という言葉を使ったことをみただけでも、同元帥の態度は明らかである」

この論評に加えて、さらに過激なローレンス・ソールスベリーの論評が、当時の『太平洋問題アメリカン・カウンシル』の機関紙『ファー・イースタン・サーヴェイ』に、次のように掲載されているのであるが、このノーマン理論を彷彿させるような論調を見ると、『太平洋問題アメリカン・カウンシル』という組織も、ＩＰＲ系の組織であると考えられるのである。

「日本の侵略主義の根は深く、ペルリ提督の東京湾入港時まで遡って根ざしていた。当時すでに、日本の軍部と、のちに財閥に成長した商人グループは結託して、日本をコントロールしはじめていたのである。

明治維新後、官僚と政治家の結託は、すでに当時においてさえ、国民大衆を自由民権主義の実体から疎外する動きを始動させていたのだ。日本の議会政治は、寡頭政治のカモフラージュでしかなかったのである。

一九二五年（大正十四年）、日本は普通選挙方式を採用したが、同じ年に、日本政府は治安維持法という思想取締法を施行させていた。かかる仮装政治の元凶が、軍部と財閥の連合グループであったことはいうまでもないが、彼らの存在は、中国侵略と真珠湾攻撃を可能にした。

いま、もしワシントンとマッカーサー元帥が、この旧勢力を保全し、現在の日本政府の既成権力を通じて占領政策を行なおうとすれば、それは連合国に対して、戦争終結を約束しただけの理由で、天皇を保全せんとする変則措置を採るものであり、アメリカ政府当局が日本において、かつて世界のいかなる国でも見せなかったほどの超能力に依存するほかないことを意味しているのである。

アメリカ合衆国の多くの市民は、日本が、天皇を保全したいとするポツダム宣言の条件つき受諾を拒否してきた。アメリカ以外の連合国国民も同様にこれを拒否したはずである。もし、アメリカ政府は、天皇を残すという合意を通じて対日政策をやろうとするなら、それは、天皇の王位をアメリカの兵器で支え、戦争の責任者どもの犯罪の根を永久に再確立することになるだろう。すなわち、このことは、米国市民が拒否したことに対する変則的受諾を意味するものである――」

前出の大森は、その著書で

「米政府における、熱烈な天皇保全者であった米国務次官のジョセフ・グルー元駐日大使と、日本生まれの親日家であったユージン・ドウマンの突然の退陣に入れ替わって、ディーン・アチソンとジョン・C・ヴィンセントという反天皇論者が米政府の枢要ポジションに登場したことによって、ことほどかように醸成されたワシントンの過激世論を背景に背負わぬ限り、筆者は、占領直後のマッカーサー元帥の天皇と憲法に対する挑戦態度を追跡できないと思う」

と述べ、また前出のボートン博士も、その著書で

一九四五年『九月中旬、ジョージア州選出の上院議員リチャード・ラッセルが「裕仁を戦犯として裁くのがアメリカの政策」だとする決議案を上院外交関係委員会に提出した。その十日後、天皇は起訴を免れるべきではなく、戦犯として裁くべきかどうかを決めるためにマッカーサー元帥が天皇の戦時中の役割を調査すべきだと主張したホワイトハウスからの文書が回覧された。実際、国務省極東局内のすべての中国赴任経験者、また専門家の中でも若干名が同じ見解だった。

一方、グルー国務次官、ユージン・ドーマン、ブレイクスリー博士、そして私は、天皇裕仁も天皇制それ自体、戦前日本の超国家主義や拡張政策の原因ではないと固く信じていた。私たちに言わせれば、諸悪の根源は戦前における憲法の条項にあり、これによって軍部首脳や超国

家主義者が、目的達成のために君主を利用する力を得てしまったのだ。けれどもグルーが終戦と同時に国務省を去ったため、私たちの立場も弱くなった」

と述べているように、親日派だった国務省のスタッフたちが国務省を去ることによって米国務省内の対日占領政策の実権が、IPRのプロパガンダの影響を受けた左派スタッフたちに移ったことが、「日本国憲法」成立の要因となったことは間違いないと思われる。

こうしてIPRのプロパガンダに強い影響を受けた国務省スタッフたちの描く対日占領政策の下で、総司令部民政局の作成した「日本国憲法」では、「天皇は政治的機能を大幅に制限され、国家および日本国民統合の象徴となり、主権は国民に与えられた。立法、行政、司法の三権は分立することになった。なかでも国会は、選挙によって選ばれる議員のみで構成され、その地位は国権の最高機関に位置づけられた。また議院内閣制が採用され、行政権は内閣に属することになり、首相の権限が強化された」のである。

では、総司令部民政局の指導の下に「帝国憲法」からの改正という形で作成された「日本国憲法」とは、一体どのような状況の下で誕生したのだろうか。

次に、知られざる「日本国憲法」誕生の舞台裏を見ていこう。

第二部　知られざる「日本国憲法」誕生の舞台裏

第三章　「帝国憲法」の改正はこうして始まった

第一節「帝国憲法」の改正はどのように行われたのか

近衛に重大な影響を与えた岩淵辰雄

マッカーサーが回想録で、

「降伏後、私がまず日本側指導者に告げたことの一つは、明治憲法を改正して欲しいということだった」

と述べているように、東久邇宮内閣の副首相である近衛文麿に対して、マッカーサーが最初に「帝国憲法」の改正を示唆したのは、昭和二十年九月初旬であった。

近衛文麿

この「帝国憲法」の改正の口火を切った近衛に重大な影響を与えたのが、読売新聞政治記者の岩淵辰雄である。開戦前から、近衛と陸軍皇道派の真崎甚三郎大将（予備役）を中心とするグループに接触して政界に

吉田茂

食いこんでいた岩淵辰雄は終戦の年の初頭、吉田茂らとともに近衛グループの和平工作にかかわっていたが、敗戦にあたって、まず「憲法改正」（特に、天皇の大権事項の削除）をやり遂げようと思っていた。

「帝国憲法」では、「軍の最高指揮権である統帥権は天皇に属し、一般国務から独立していた。いわゆる統帥権の独立である」。これを楯に陸軍は独走し、支那事変から大東亜戦争へと突き進んだからである。

戦前、陸軍省詰め記者として陸軍内部の統制派と皇道派の派閥争いを取材していた岩淵は、満州事変以来の陸軍の軍事行動を統制派の独走であると批判し、これを阻止するには、軍の独走を招いた統帥権を天皇から取り上げるしかないと考えたのである。

では、どのようにして「帝国憲法」の改正を実現するのか。岩淵の考えは、自分の「憲法改正」論に賛同していた近衛を使って実現することであった。近衛は昭和二十年二月十四日に、「近衛上奏文」をもって天皇に拝謁し、共産革命の危険性を説いて、戦後も共産革命を何よりも恐れていたからである。

岩淵は回想録で、国体護持のためなら、いかなる条件でも飲む覚悟をしていた近衛に対して、次のように助言したと述べている。

「僕が近衛を説いたのは、皇室を維持するには、天皇というものは、実際には戦争にたいして直接の責任はない。実際にはあるのだけれども、しかしこの戦争を始めたものは天皇でなく、東条やなんか一部の軍人と官僚なんだ。

この事実を明らかにすることが必要だ。そこで近衛が賛成した。ところがその当時枢密院、内大臣というものがあって、これは非常に反対なんだ。憲法改正なんていったら、戦争が負けた後になっても、非常に不忠の臣のようなことを考えているわけだ。そして近衛に上奏させようというのだが、木戸がどうしても拝謁させないんだ。

その時、これは別の意味で近衛に薦めたんだけれども、これは僕と小畑敏四郎と二人で薦めたんだけれども、近衛にマッカーサーに会え、というのは、マッカーサーが占領軍の司令官として日本に乗り込んで来たけれども、日本の事情を知らずに占領政策をやると、非常な食い違いが出て来る危険がある。

その結果は、日本のためにも、またアメリカのためにもならん。アメリカとしても、向うは向うの方針をもって来るだろうが、一応日本の事情というものを、日本側からマッカーサーに説明する必要がある。そういうことで、近衛にそれは近衛が一番適任だから、近衛にマッカーサーに会って、戦争中からの日本の国内事情を説明しろ。そういうことで会見を申し込ませた」

マッカーサーの「憲法改正」示唆

こうして、近衛は九月初旬に、通訳に秘書官の牛場友彦を連れて総司令部のマッカーサーを訪ね、会談することになるのであるが、後から総司令部に問い合わせたところ、マッカーサーには通訳がいるから連れてこなくてもいいということになった。

ところが、一人で総司令部に行ってみると、向こうの通訳というのが日系二世で、日本語があまり上手でないので話にならない。その時マッカーサーは、ただ「日本民主化のために努力することが、日本のためでもあり、プリンス近衛のためでもある」と言うだけだった。

近衛は戻ると、通訳が不充分だったこともあって、岩淵にマッカーサーが「民主化のためだと言ったがどういうことだろう」と聞いた。その時分、近衛をめぐって新党運動というのがあったので近衛は、「マッカーサーの民主化というものは、僕に新党をやれということだろうか」と言ったが、岩淵は、近衛の新党結成には反対だったので、「むしろ国家の基本法、憲法を改正することが先決問題だ」と思った。

「それじゃあ、もう一度マッカーサーに会って、日本の民主化、マッカーサーのいう民主化は何をいうか聞いたらよかろう」ということになり、近衛は、もう一度マッカーサーに会見を申し込むことになった。

後に、近衛に対して、マッカーサーとの会談内容をインタビューした元AP通信東京支局長のラッセル・ブラインズも、昭和二十年十月二十三日付の『朝日新聞』で、近衛は、「九月初旬マックアーサー《ママ》元帥を訪問し、一九三七年以来の自分の公的活動を説明したがその時マックアーサー元帥は自分に自由主義的運動を指導したらよかろうと語った、しかし、この会見の時の通訳はあまり上手でなく、自分の考えが明瞭に表現されなかった憾みがあったので、再び会見を申し込み、十月四日に第二回の元帥訪問を行った」と報じているため、ここまでの岩淵の証言には誤りはないと言えるだろう。

岩淵によれば、近衛が二回目の会見を申し込んでから二、三日経った十月四日に、近衛が通訳を連れて総司令部に行くと、マッカーサーの代わりに政治顧問のジョージ・アチソンが出て来た。そこで「マッカーサーが民主化のためだと言ったが、それは何を指すのかと聞く」と、アチソンは、「それは憲法を改正することだ」と言った。

近衛は、アチソンに「それじゃ一体日本の憲法のどこを改正すればいいのか、といったら、例えば選挙法の如きといった」ので、近衛は「日本では選挙法は憲法の中に入っていない」と述べたところ、アチソンは「とに角、憲法を改正しろ」と言った。

そこで、近衛は、「マッカーサー元帥に会って話した内容を、陛下に報告申し上げるという形で拝謁を願うことになった」。近衛が陛下に対して「どうしても憲法を改正しなくちゃならんという会見の内容を上奏」すると、「そのとき陛下は、それじゃそれをお前がやれ、といって、その場で内命が下った」のである。

ところが、この二回目の会談に、近衛の通訳として同行した元外務省情報部長の奥村勝蔵は回想録で、次のように岩淵とは異なる証言をしているのである。

『十月四日夕方五時、私は近衛さんのお伴をして、日比谷の第一生命ビルの総司令部へ行った。六階の応接間に通ると、やがて副官が現れたが、

「マッカーサー元帥は差支えがありますので、代わりにサザランド参謀長がお目にかかります。しばらくお待ち下さい」

といって、さっさと部屋から出て行った。近衛さんは、とたんに、不機嫌になった。

「話が違うね」

という。

待てども待てども、案内がこない。近衛さんは、ますます不機嫌になる。私は、とりつく島がないような気持ちになった。

およそ二十分ほども待たされたであろうか、やっと副官が現われて、さあどうぞと、廊下を隔てた部屋に案内した。ところが驚いたことには、マッカーサーがちゃんといるではないか。そして横に、サザランド参謀長と外交顧問のアチソンが控えている。

何故、マッカーサーは会えぬといったのであろう。そして、二十分も待たされるなどこれは未だにわからないが、私の推測では、近衛公の話は、国務省代表の資格で来ていたアチソンも、

一緒に聞いた方がよいだろうというので、当時日本橋の三井本社ビルに事務所を開いたばかりのアチソンを、急に呼び寄せるために、時間がかかったのではないだろうか。しかし、これは憶測にすぎない』

この後、近衛が先に口をきって「先日お目にかかったときは、充分意を尽くすことができなかったので、今日は時間をいただき、詳しくお話を申し上げたい」と前置きしてから、マッカーサーに「軍閥と極端な国家主義者とが、世界の平和を破り、わが国を今日の破局に陥れたことについて」話すと、『自分のいおうと考えていたことは、これで大体いってしまったと思ったのか、ここでちょっと調子を変えて訊《き》いた、

「政府の組織および議会の構成について、何かご意見なりご指示があれば、承りたい」

これを聞いて、マッカーサーは、急にキッとなり、特有の軍人口調で、

「第一に、日本の憲法は改正しなければならん。憲法を改正して、自由主義的要素を充分取り入れる必要がある」

と、大きな声で、決めつけるように、いった。

「第二に、議会は反動的である。議会は解散しても、現在の選挙法のもとでは、顔触れは変わろうが、同じタイプの人間しか出てこない。これを避けるためには、選挙を拡張しなければいけない。それには、

第一に家族。婦人参政権を認めること。

第二に労務。物を生産する労働者の権利を認めること。

である」

……そしてマッカーサーは、同席のアチソン外交顧問とサザランド参謀長とを見回わして、何かいうことはないかと促したが、二人とも、何も言うことはありませんと、仕草で示した』のである。


一方、占領中、日本に滞在していたアメリカのジャーナリスト、ジョン・ガンサーも、その著書で次のように二人の証言とは異なった話をしている。

『日本占領が開始されるとまもなく、日本の憲法に修正を加えることが必要になってきた。これについてのはなしは、まだ、これまでに一度も書かれたことがないと思うが、なかなかおもしろいところがある。あるアメリカのニューズ雑誌によると、マッカーサーがみずから筆をとって、日本の新憲法を「書き上げた」のである、ということになっている。しかし、今日では、総司令部の人たちは、あの新憲法は日本側で書いたものである、と主張している。真相はこの両者の中間にある。

一九四五年十月、連合国総司令官は、近衛首相（のち、自殺した）をよんで、日本は明治の旧憲法を「自由主義化」すべきであると、「示唆」した。当時のアメリカ側の政治顧問は故ジョージ・アチソンだった。近衛としては、マッカーサーの示唆は命令にほかならない、と知っていたので、アチソン氏へのもとへ使者を出して（傍線吉本）、どうしたらいいのか、とたずねさせた。これにたいして、アチソンは、旧憲法に修正を加えて、天皇の権能を縮小し、かつ軍を撤廃すればよい、との意見をのべた。当時マッカーサーが考えていたのは、これだけだったのである、とは、その後、わたしが、あるきわめて高い権威筋から聞いたところである』

この二回目の会見で、岩淵は、近衛はマッカーサーではなく、アチソンから「憲法改正」を「命令」されたと述べているが、奥村はアチソンではなく、マッカーサーから「憲法改正」を「命令」されたと述べている。

これに対して、ガンサーは、アチソンが近衛の代理人に対して「憲法改正」（「天皇の権能の縮小」と「軍隊の撤廃」）について意見を述べたと言っている。

この三人のうち、いずれの証言が正しいのか、今となっては分からないが、いずれにせよ、アメリカ側から「憲法改正」を「命令」あるいは「示唆」してきたという点は共通していると言えるだろう。

ところが、この三人とは、まるっきり違った観点から憲法改正の経緯を説明している者がいるのである。かつてマッカーサーの通訳担当副官だったフェビアン・ボワーズは、米国コロンビア放送局東京支局長のブルース・ダニングに対して、次のように述べている。

『どうして日本人が早くこの憲法を廃棄しないのか、私には理解できません。この憲法は巧妙に強制されたものなんですからね。どうしてこんな事に成ったか御存知ですか。

〝ダニング〟いいえ知りません。その点、お話し願えますか。

〝ボワーズ〟宜しいですよ。本当に面白いんです。……占領後間もなく、ある日、近衛首相が……、後日、彼は自殺してしまう訳なんですが、マッカーサーのところへやってきまして、非常に優雅な英語らしい英語で尋ねたんですね。その時に、戦後日本はどういう組織(constitution)を持つべきかといった。近衛にすれば、どういった種の……、つまり、戦後の荒廃から日本をどうして再興すべきかと言いたかった。ところが、マッカーサーは、〝Constitution〟という言葉を聞いて、日本国民はどういう組織を造るべきなのかという意味であることを理解できず、「憲法」それは素晴らしい考えだ、よし「新憲法」で行こうといった。これが憲法改正の経緯です(訳者注――constitutionという語には「構造」「組織」という意味と、「憲法」という意味がある)。』(『憲法改悪の強要』嵯峨野書院)

ボワーズは、ここで近衛が通訳を通じて言った〝Constitution〟(組織、構造)という言葉をマッカーサーが意味を間違って「憲法」と理解したと言っているが、果たしてどうなのだろうか。英語の辞書によれば、「憲法」の意味として"Constitution"を使う場合は、定冠詞のtheを"Constitution"の前に置かなければならないことになっているからである。

もし近衛の通訳が、文法通り定冠詞のtheを付けずに"Constitution"を「組織、構造」の意味で使ったとすれば、アメリカ人であるマッカーサーが、"Constitution"の意味を「憲法」と間違えるとは考えにくい。

"Constitution"の意味が多岐にわたる場合、通訳は、必ずマッカーサーが意味を間違えないように、注意して発音をすると思うからであるが、もし、この話が本当なら憲法改正は、意味の誤解から出てきた単なる思い付きからきているということになってしまう。

だが、先に述べたように、マッカーサーは回想録で

「降伏後、私がまず日本側指導者に告げたことの一つは、明治憲法を改正して欲しいということだった。私は新しい日本を築くためには民主的な政府を作ることが不可欠であり、日本の社会を確実に民主化するためには人権について明白な法規を定め、しかもそれを一般にはっきり理解してもらわなければならない、ということを強調した」

と述べていることから、マッカーサーが憲法改正を「示唆」あるいは「命令」したのは、あくまで、"Constitution"の意味を誤解して言ったのではなくて、最初から意図して言ったこと

だと思われるのである。

ボワーズは、近衛とマッカーサーとの会談を直接に通訳したとは言っていないので、後述の『朝日新聞』にもあるように、マッカーサーが近衛に対して、あくまでも憲法改正を意図的に「示唆」あるいは「命令」したという説の方が定説であると思われる。

後述するように、十月九日に幣原内閣（日本自由党と日本進歩党との連立政権）が成立した後に、松本委員会がつくられると、総司令部は翌月の一日に、近衛の「憲法改正」に関知せずとの声明を発表し、十一月三日付の『朝日新聞』に、「憲法改正」における近衛の役割を否定する、次のような記事を発表すると同時に、それを肯定する近衛の談話も発表するのである。

①「昭和二十年十一月三日夜総司令部発表のステートメント」

「日本国憲法の改正にあたり近衛公が演じている役割について、重大な誤解が存在するように思われる。連合軍当局としては、憲法改正のために近衛公を選んだのではない。東久邇内閣が辞職するまでは、近衛公は首相代理たる副首相であった。したがってこの近衛公に対し、日本政府が憲法を改正しなければならないことを伝えたのである（傍線吉本、以下同様）。翌日、東久邇内閣は辞職し連合軍当局に関するかぎり、近衛公は憲法改正問題についてそれ以上何らの関係を有してはいない。最高司令官は、新首相幣原にたいし、憲法改正の指令を伝えた。それ

幣原喜重郎

以後近衛公が憲法改正問題と関連しているのは、まったく皇室との関係から生じているのであって、連合軍総司令部の支持によるものではない。（後略）」（『朝日新聞』昭和二十年十一月三日付）

②「憲法改正における近衛公の役割否定」

『近衛公は陛下の御下問によって憲法改正準備に着手していることについては右のステートメントでは「近衛公と皇室との関係に止まる」と解しており、これは司令部と何ら現在において関係はなく、また司令部は近衛公を支持するものではないと明白に声明したことは、頗《すこぶ》る注目されるだろう』（右同）

③「日本の決定に基く　マ元帥からは命令されず」

「右につき近衛文麿は二日午後左の如く語った。

自分は十月四日マッカーサー元帥に面談した際、憲法改正に着手してはどうかとの示唆をうけこの趣を陛下に奏上した（傍線吉本）、その結果自分に憲法改正の下準備のため調査せよとの御下命を拝したが、自分も予《かね》て日本の情勢に適応するよう憲法を改正し日本民主化のための基礎たらしむべきであると考えていたので御下命を拝受し現に着々その準備を進めている、この御下命に関する陛下の御意志は幣原首相、木戸内府、平沼枢相などに予め伝えられており従って内容も諒解ずみの問題と思う、即ち自分が今憲法改正の下準備を行っているのは素々マッカーサー元帥からの示唆にその端緒を発することは事実であるが、マッカーサー元帥から特に自分個人に命令乃至委嘱《いしょく》をうけたのではない、自分がこの大役を担当するに至ったのはあくまで日本側の決定に基づくものである」（右同）

この日、近衛との会談に立ちあった政治顧問のアチソンも、十一月五日付のトルーマン大統領宛の書簡で、

「米国と日本の新聞で批判の対象となっている近衛公爵の動きの背景で、奇妙な話がある。小官は十月四日に行われた近衛自身のイニシアチブによる近衛のマッカーサー訪問に立ちあった。元帥は日本の行政機構を改革すべきだと述べた。近衛の通訳は、これを正確な日本語に翻訳したとは思えない（この通訳自身が、あとで小官に対してこの事実を認めた）。この通訳は、彼自身の考えで、元帥の言葉を、日本国憲法を改正すべきだと翻訳してしまったのである。

その三日後、近衛が小官を訪れてきた（傍線吉本）。近衛は憲法改正についての、小官の勧告《アドバイス》と指示《サゼスチヨン》を求めてきた。小官は、近衛と、近衛に同行した男に、日本国憲法に関し、小官が悪いと思う点を一般論として述べておいた。その結果、近衛は天皇により、憲法問題に取り組

むよう任命を受けることとなった」

と述べているが、奥村とアチソンの証言が事実だとすると、総司令部が発表した近衛の談話やアチソンの書簡は、マッカーサーが近衛に対して「憲法改正」を押しつけたことを隠すための言い逃れであろう。

先に述べたように、岩淵は十月四日に、アチソンが近衛に対して

「とに角、憲法を改正しろ」

と言ったと述べているが、これはマッカーサーとの会談が終った日から数えて三日後に行われた近衛とアチソンとの会談で、アチソンが近衛に言った言葉ではないだろうか。

先に述べたラッセル・ブラインズは昭和二十年十月二十三日付の『朝日新聞』で、近衛から十月四日の会談内容について

「元帥は会見劈頭日本国憲法を自由主義化する必要のあることをはっきりと言明し、自分にその運動の先導をなすよう示唆した（傍線吉本、以下同様）、自分は憲法改正は天皇陛下の御発意によってのみ行い得る旨を答えたが、元帥の意志を陛下にお伝えすることを約束した、そしてこのことを御報告申し上げたら、陛下は自分に憲法改正に着手せよと命ぜられ、自分は内大臣御用掛を拝命した」

と聞いたと述べているが、マッカーサーが近衛に対して「憲法改正」運動の先導を「示唆」

したという部分は作り話であろう。

だが、この中で、近衛が述べている「憲法改正は天皇陛下の御発意によってのみ行い得る」という言葉は重要である。なぜなら「帝国憲法」の改正案は、第七十三条（「将来此ノ憲法ノ條項ヲ改正スル必要アルトキハ勅命ヲ以テ議案ヲ帝國議會ノ議ニ付スヘシ」）によって、天皇陛下みずからが発案される以外はできないことになっており、また「帝国憲法」が欽定憲法の性格上、議会は協賛権を持つが御提案に対しては修正を行う権限を持っていないことになっているからである。

奥村は回想録で、この点について触れていないが、この法理に基づいて憲法改正案のイニシアティブを握った近衛は十一日に、「内大臣府御用掛に任ぜられ、宮中で憲法改正の準備をすることになり、恩師である京大名誉教授佐々木惣一博士を補佐役に委嘱するため、京都のその住居に秘書の細川護貞氏を派遣、佐々木博士は十二日夜入京、二十四日から箱根の奈良屋別館にこもって、いわゆる佐々木草案の作成」にとりかかるのである。

マッカーサーの「憲法改正」命令

ところが、近衛がマッカーサーと会談した同じ十月四日に、総司令部は「内務大臣、内務次官、警保局長、警視総監などの内務省首脳を含めて、特高警察に関係したものを、一斉追放したため、東久邇宮内閣は翌十月五日に総辞職し、同九日幣原内閣」が成立するのである。

岩淵によれば、その後に、新首相となった幣原喜重郎が「憲法改正」の話を聞いて、「これは怪しからん。一体マッカーサーがそんなことを命令するはずがない。俺が行ってひとつ聞いて来ようと」いうことになり、十一日にマッカーサーを訪問して、次のような話し合いを行った。

「あなたは近衛公爵に憲法を改正しろということをいったそうだが、それは本当か」「マッカーサーは本当だ。それじゃ憲法のどこを改正しろというのかというと、マッカーサーは大日本帝国憲法のことをしらないから、例えば選挙法の如しという、アチソンがいったと同じことをいった」

幣原は、「では憲法でなしに、選挙法を改正すればいいじゃないかといったらしいんだ。そこでマッカーサーはちょっと行詰まったらしいが、自分は占領軍司令官だからこれは総司令官としての命令だ。日本政府に対する命令だ。日本政府に対する命令だというんで、これじゃあ幣原も抗弁のしようがない。そこで幣原は今度は憲法改正は国務だから、内閣でやると言いだした」

この日、マッカーサーは、幣原首相に対して
「ポツダム宣言を履行するにあたり日本国民が何世紀もの長きにわたって隷属してきた社会の秩序伝統を矯正する必要があろう。日本憲法の自由主義化の問題も当然この中に含まれてくるであろう」(『朝日新聞』昭和二十年十月十三日付)

と述べるとともに、「五大改革」（婦人の解放、労働組合の助長、学校教育の自由主義化、秘密警察制度の廃止、日本経済の民主化）の指示も行っているが、実際には「憲法改正」の「命令」を行っているのである。

駒澤大学法学部名誉教授の西修は、その著書『図説　日本国憲法の誕生』（河出書房新社）で幣原首相が『ここでマッカーサーから憲法改正の示唆を受けた。ただ、近衛に対するような「憲法改正」という明確な言葉を含んではいない。

マッカーサーは、「五大改革」を示して「ポツダム宣言」を実現するに当たり、「疑いもなく憲法の自由主義化を包含すべし」と述べた。

この「憲法の自由主義化」が帝国憲法の改正を意味したものかどうかが問題となるが、幣原は「憲法改正」に直結するとは考えなかった』とも言っている。

だが、これに対して岩淵は回想録で、幣原首相がマッカーサーから「憲法改正」を「示唆」されたのではなく、近衛と同じように、マッカーサーから「憲法改正」を「命令」されたと、はっきりと言っているし、また十一月三日付の『朝日新聞』にも、

「右ステートメント中重要な点は、最高司令官が幣原首相に対し憲法改正に関する総司令部の命令を伝えたことを明白にしていることで、このことは今日まで政府筋においては明らかにされてこないことであった」

と記述されていることから、マッカーサーが近衛と幣原首相に対して、「憲法改正」を「命令」したことは確かであろう。
これを裏付ける証言として、元NHKアメリカ総局長で四十年以上にわたって日米関係を見てきた米ハドソン研究所主席研究員の日高義樹は、その著書『アメリカが日本に「昭和憲法」を与えた真相』（PHP研究所）で、昭和二十一年六月から日本政府との折衝の責任者として総司令部民政局に配属されたウイリアム・ブラウン博士から平成九年十月一日に、ワシントンで次のような回答を得ている。

日高　繰り返しになりますが、新しい憲法を作る指令がワシントンから出され、マッカーサーがその指令に基づいて憲法を作ったのですね。
ブラウン　マッカーサー将軍が最初にしたのは、東久邇首相に旧憲法の改正が最も重要であると知らせたことです。東久邇内閣というのは降伏した内閣でしょう。東久邇首相は間もなく退陣し、幣原首相が就任し、憲法改正の重荷を背負いました。旧憲法改正の大部分は、幣原内閣のもとで行われたのです。
日高　言い換えれば、旧憲法改正の命令がマッカーサー将軍から日本の首相に出されたわけですね。

ブラウン　その通りです。マッカーサー将軍は、日本政府が憲法を改正する権限と責任をすべて持っていることを明確にしました。憲法改正は日本政府の仕事です。日本政府の責任で、内容についていちいち占領軍当局に干渉されるものではない。マッカーサー将軍は、この点を、ことあるごとにはっきりと述べています。

日高　そこで実際には何が起きたのですか、東久邇首相と幣原首相が憲法改正の指令を受けて、彼らは何をしたのですか。

ブラウン　幣原首相はマッカーサー将軍から、「憲法の改正は最も重要なものであり、直ちにとりかかれ」と言われました。その命令を受けた首相は、松本烝治《じょうじ》博士を憲法改正委員（ママ）会の委員長に任命しました。（後略）

憲法問題調査委員会の設置

松本烝治

こうした政情の変化にもかかわらず、近衛は、「着々と憲法改正の準備を始め、十月八日には高木八尺、松本重治、牛場友彦の三氏を同伴して、総司令部にアチソン政治顧問を訪問、司令部の考えている憲法の改正点十二項目の指示」を受けるのである。

このような近衛の動きに横やりを入れたのが、前出の商法学の大家、松本烝治博士である。

東京帝国大学教授を辞した後、山本権兵衛内閣で法制局長官、貴族院議員、斎藤実内閣で商工大臣などを歴任した松本博士は戦時中、軍部と折合わず、久しく第一線を退いていたが、東久邇宮内閣が倒れたとき、外相の吉田茂からの誘いで幣原内閣の国務相として入閣していた。

後述の佐藤達夫（当時内閣法制局第二部長）が回想録で
「憲法問題調査委員会の末席に列って、たびたび先生に接触しているうちに、実にさわりやわらかい折目の正しい老先生として親近感を抱くようになった。しかし、いったん議論となると、自信満々、かみそりのような鋭い論理を展開され、容易なことでは引っこまれなかった。わたしはその議論を聞いていて、本来商法専攻であられるはずの先生が、憲法の分野においてもひろい学識をもっておられるのにおどろいた」

と述べているように、松本国務相は専門に限らず、幅広い学識を持った学者であり、政治家であった。

その松本国務相が十日に、幣原首相と数人の閣僚とともに外相官邸に集まって、

「どうも憲法改正ということがやかましくなりそうだから、内閣で早く調査を始めた方がいいのではなかろうか」

と提案するのである。

後述するように、十月以降、各政党、団体、研究会、民間から様々な憲法改正案が公表されるようになって、中には共産党のように「天皇制廃止」を内容とした憲法改正案が出てきて、新聞・雑誌・ラジオなどでも天皇制論議がさかんになっていた。

だから、ここで保守政権の幣原内閣としても、「それに対抗して天皇制維持を内容とする憲法改正案を用意しておく必要」があったのである。

ところが、木戸内大臣や近衛から、ひそかに総司令部の意向を聞いていた幣原首相は、「憲法改正」に消極的だったため、その問題には触れずに黙ったままだった。

「しかも、近衛公や木戸内府の計画は、宮中で憲法改正の準備をすることになっていたことから、内閣側で調査しようという松本国務相との主張とが対立する」ので、幣原首相は黙って返事をしようとはしなかったのである。

後の憲法問題調査委員会で補助員として資料整理を担当した佐藤功（後に内閣法制局参事官）は回想録で、当時の幣原内閣が「憲法改正」に消極的だった理由について次のように述べている。

『当時の政府としては非常に消極的であった。それはなぜかといいますと、明治憲法というのは今の日本国憲法と違って条文も少ないし、規定も簡単であります。したがって、憲法の規定そのものを改正しなくとも、法律の改正とか、実際の憲法の解釈や運用などによってポツダム宣言の要求する日本の民主主義化は十分達成できる、だから憲法改正の必要はないという考え方が一つです。

それからもう一つは、改正の必要はあるかもしれないが急ぐ必要はない。といいますのは当時、一つの風潮として「憲法より飯だ！」というような空気がありました。とにかくあのような敗戦直後の異常な社会的混乱、しかも占領下というような状況下で憲法の改正というような長期的な問題を扱うべきでない。もっと事態が落ち着いてから、また占領が終わってからやるべきだ、急ぐ必要はない、そういう考えが当時の政府としても強かったし、また一般にも強かったのです』

翌十一日の閣議の途中で、幣原首相は、石渡宮内大臣から電話で「陛下から近衛公に憲法改正問題について調査するよう正式に命ぜられた」ことを伝えられた。

幣原首相が、そのことを閣議に報告すると、直ちに松本国務相は次のように反対した。

「それは筋が違うでしょう。憲法改正は最も重大な国務で、内閣がやらないで誰がやるのですか。そういう変な話はちょっと考えられない。直ちにそのことを抗議していただきたい」

そこで、幣原首相が電話で交渉した結果、十三日に、近衛と首相官邸で話し合うことになった。午後一時から『首相の部屋で行われた幣原、松本、近衛の三者で会議が行われたが首相はあまりしゃべらず、主として松本国務相から、閣議の発言と同趣旨のことを述べたところ、近衛は、「憲法改正は陛下の御発議によるべきものだから」と主張、松本氏は重ねて「それにしても、これは国務だから国務大臣の補佐によって陛下が発議されるべきだ」と反論、結局、宮中の調査は私事で、国務としての調査は内閣で行うことになり、この会談は近衛公の敗北に終った』のである。

これは「要するに、内閣の態度は、宮中で憲法改正問題の調査を行うことは自由であるけれども、内閣としては重要な責任があるから、すでに宮中でそのようなことが正式に決まった以上、内閣でも積極的に取上げる必要があるというわけである。

かくて、十三日の閣議では、この方針に全閣僚一致し」、松本烝治国務相を主任として内府側とも緊密に連絡をとって「憲法改正」に踏みだすことになるのである（『朝日新聞』昭和二十年十月十四日付）。

十八日に、松本委員長が記者団に対して、憲法問題調査委員会（以下、松本委員会と略称）の基本的性格を発表した後、二十五日に、内閣に松本委員会が正式に設置され、松本国務相を委員長に、委員七名、顧問三名の氏名が発表された。

その中には、日本を代表する次のような当代一流の憲法学者が名を列ねていた。

（一）「委員」〔東京大学教授宮澤俊義、九州大学教授河村又介、東北大学教授清宮四郎、枢密院書記官長石黒忠重、内閣法制局長官楢橋渡、同第一部長入江俊郎（後に内閣法制局次長）、同第二部長佐藤達夫（後に第一部長）〕

（二）「顧問」（帝国学士院会員清水澄、同美濃部達吉、東京帝国大学教授野村淳治）

同日、松本委員長は、内閣記者団との会見で、

「この委員会は、必ずしも憲法の改正を目的とするものではなく、改正の要否と、もし改正が必要と思われたとき、その諸点を明らかにすることである」

と述べ、また佐藤功も回想録で、

『委員会の名前も「憲法改正調査委員会」ではなくて「憲法問題調査委員会」とされたのも、そのような状況を反映しています。つまり憲法を改正するということを決めてから調査をするわけではない、憲法の改正が必要であるか、必要でないかということから考えるのだというので、「改正」という字をわざと抜かしたということもあるわけであります』

と述べているが、それはあくまでも建て前であって、実際には「調査」の結果がいかようであろうとも、十一日に、マッカーサーから受けた「命令」によって「憲法改正」を避けて通ることができなかったことは、岩淵の証言から明らかであろう。

後述の「憲法研究会」で幹事を務めた田畑巖穂《いずほ》も回想録で「委員会の名称にも〝改正〟の二文字を使用することを避けていた。これは憲法を改正するかどうかを研究するのであって、改正することに決まったわけでないというたてまえで（傍線吉本）、それが幣原首相、松本国相を始め閣僚全体の考え方であった」と述べている。前出の大森も、岩淵の証言を補足するように、

「十月十一日、新政局の担当者となった幣原喜重郎は、就任挨拶のためマッカーサー元帥を訪問したのであるが、このときマッカーサーは幣原首相に対して、力をこめて改革のウェッジ（斧）を振りおろしたのである。マッカーサーは初めて、公式に幣原首相に対して憲法改正を指示し、これをつぎのような声明文として新聞に発表させたのであった」

と述べているが、この声明文とは、先に述べた「五大改革」であることは言うまでもない。

こうして、当初の「憲法改正」の作業は、二つのグループ（近衛グループと松本グループ）が同時に実施するという二重構造になっていくのである。

こうした中で、主導権を政府側へと主張する松本委員会側の学者と、内大臣府側の佐々木博士との意見の対立は、宮澤委員が十六日付『毎日新聞』紙上で「宮中における憲法改正調査に反対し内閣で行うべきだ」と主張したのに対して、佐々木博士は二十一日付の同紙大阪版で反論しているように、激しい論争を繰り広げていくのである。

また同委員会の顧問、美濃部達吉も、二十日から二十二日にかけて『朝日新聞』紙上で「憲法改正」を論じ、「憲法改正は独立後にやるべきことだ」と強調したが、幣原首相とは違って、最後まで主張を変えることはなかったのである。

ところが、総司令部は、松本委員会が設置されると、近衛に追い打ちをかけるように、近衛の「憲法改正」に関知せずとの声明を十一月一日に発表するのである。

「アメリカ国内で、近衛は戦犯の疑いがあり、憲法改正の主導権を渡すのは適当ではないという声が強まっていた」からであり、前出のノーマンも、『戦争責任に関する覚書──近衛文麿』という報告書を総司令部に提出して「近衛を中心とする戦前からの保守支配層」に対して、厳しい批判を行っていたからである。

前出のボートン博士は、その著書で、この覚書を読んだ政治顧問の「アチソンはノーマンの意見を支持してこの覚書の写しを国務省に送ってきたが、そこにはGHQの戦犯容疑者のリストに近衛の名前も載っているという情報も添えられていた」と述べている。

こうして近衛は内外ともに評判が悪いため、総司令部からハシゴをはずされ、宙に浮いた形となり、ただ単に「憲法改正」の火付け役として踊ったにすぎなくなる。

こうした政情の中で、近衛と佐々木博士は二十二日に、「意見書」(『帝国憲法改正ノ必要』)および「草案」(『帝国憲法ノ改正ニ関シ考査シテ得タル要綱』)を陛下に上奏し、二十四日に、佐々木博士が「草案」を進講したが、この「草案」の中に、かつて岩淵が唱えた天皇の統帥権を剥奪する改革案が織り込まれていたことは言うまでもない。しかし、この草案は、「その後の憲法改正審議の中で顧みられることはなかった」のである。

近衛は十二月六日午後四時半に、かねてから噂のあった戦犯容疑で、総司令部から逮捕命令を受けるのであるが、対日理事会のイギリス連邦代表W・マクマホン・ボールの日記（昭和二十一年六月二十五日付）によれば、近衛の逮捕はマッカーサーの本意ではなく、国務省からの指示によるものであった。

だが、戦犯裁判を拒否した近衛は出頭日（十六日）の未明に、東京・杉並区荻窪の自宅、「荻外《てきがい》荘」で服毒自殺を遂げ、短い生涯を閉じるのである。

近衛を通じて「憲法改正」を実現しようとした岩淵の構想も、こうして頓挫することになるのであるが、後に岩淵が

「私の考えていたことはこれでおしまいだと思った。吉田茂は幣原内閣の外務大臣になると、さっぱり我々のほうとは連絡をしないし、私は近衛公を中心として革新的な憲法改正を実行させることを、あきらめざるを得なかった。残る道は民間から強い世論をもちあげることだった」

と述べているように、後述の民間団体、憲法研究会に「憲法改正」の場を新たに作り始めようとするのである。

松本委員会の審議

かくして、松本委員会は十月二十七日に、第一回目の総会を開いて「憲法改正」の要否について審議を進めることになったが、当日、首相官邸で調査の目的、方法、順序等に関し意見を交換した結果、次のことを決定した（『朝日新聞』昭和二十年十月二十八日付）。

一、先ず憲法全般に亘る内外の立法例、学説等に関する十分なる研究をなすとともに、各条項につき改正の要否を検討する。
一、憲法の増補の要否をも研究する。
一、各条項の性質と緩急度とに応じ各委員会が分担を定めて調査を進める。
一、委員会の他に随時小委員会的な会合を開き出来る限り迅速に調査を進める。

だが、このとき、顧問の野村淳治は、民主主義を徹底する上で、次の天皇に関する条項の改正についても、検討することを提起するのである。

第一条「大日本帝国ハ万世一系ノ天皇之ヲ統治ス」

第四条「天皇ハ国ノ元首ニシテ統治権ヲ総攬シ此ノ条規ニ依リ之ヲ行フ」

これに対して、松本委員長は、

「ポツダム宣言では、この問題は日本人の自由意思にもとづいて決定すべきものとしているから、アメリカといえどもこれに命令し強制することはできない。日本人の総意は山の如く動かぬのである。したがって、第一条・第四条に触れる必要はない。第一条・第四条に触れなければデモクラチックにならぬなどということがあるはずはない」

と言って拒んだが、十一月十日の第二回総会では、近衛が総司令部によって解任されたこともあって、一転して天皇の条項を含めた「帝国憲法」改正の検討を行うのである。

その結果、松本委員会では、天皇の条項については「改正の必要なし」と判断され、原則として手をつけないことになった。

このため松本委員長は、十二月八日の第八十九臨時帝国議会の衆院予算委員会で、次の「憲法改正の四原則」（以下、「松本四原則」と略称）を発表して「憲法改正」に対する幣原内閣の姿勢を示すのである（『朝日新聞』昭和二十年十月九日付）

第一　天皇が統治権を総攬される憲法の大原則は、なんら変更を加えない。

第二　議会の議決に必要なる事項を拡充する。その結果、天皇大権事項はある程度、削除される。
第三　国務大臣の責任を国務全般にわたらせ、国務大臣以外のものが、国務への介入の余地をなくさせると同時に、国務大臣は議会に責任をもつ。
第四　人民の自由と権利の保護を強化する。

これに対して、野村顧問は十二月二十六日に、第六回総会で「憲法改正に関する意見書」を提出して「日本国民に於て民主政治（デイモクラスイー）を実行することを要す」との改正案（天皇条項の廃止、大統領制の導入、裁判制度の改革、土地の国有化、重要産業の国有化）を述べるのである。

だが、松本委員長は、先の帝国議会での発表と「松本四原則」を見れば分かるように、「帝国憲法」の本質的な改正を行わずに、あくまでも憲法の解釈内で、天皇大権を護持しようとする意図から野村顧問の改正案を顧みずに、後述の「憲法改正試案」を完成させるのである。

「憲法改正試案」の作成

松本委員長が昭和二十一年元旦から鎌倉の別荘に籠って、各委員の作成した「憲法改正」の試案を参考にしながら、「憲法改正試案」を完成させたのは一月四日であった。

この「憲法改正試案」は、別名「松本試案」とか甲案とも呼ばれるもので、後に宮澤委員が手を加え、「憲法改正要綱」という形でまとめられたものであったが、例えば、第三条の「天皇ハ神聖ニシテ侵スベカラズ」を、「天皇ハ至尊ニシテ侵スベカラズ」と修正するなど、単に「帝国憲法」の部分的な改正に留まった。

これに対して、松本委員会の会議であらわれた各委員の意見を幅広く取り込んで、作り上げたものが「憲法改正案」と呼ばれる乙案である。

この甲案と乙案を比較すると、「乙案のとり上げた改正点は甲案よりも多く、また、条文によってはA案・B案・C案というように代案をならべていた」が、「天皇の地位については基本的な考え方に違いはない」

また『「大日本帝国憲法」を「日本国憲法」に、「臣民」を「国民」に、「帝国議会」を「国会」に改めていたというような点で進歩的な色彩をもつとともに』、「ただ軍の規定に関して、甲案は軍を存置させ、その暴発を阻止するための方策を講じているのに対し、乙案には軍の規定がおかれていない」

その理由として、前出の佐藤達夫は回想録で、

「これもいろいろ議論の出たあげくのことであるが、この際、日本はいさぎよく裸になって平和国家として再出発することを内外に示すことが適当であろうということでそうしたのであった。

もっとも、これには、いまの第九条のように将来の軍備を禁止するというところまでの積極的な意図は含まれていなかったといっていい。さきの法制局の研究試案で軍の規定を削っていたのも同じようなことで、ポツダム宣言において日本の武装解除がうたわれていたことがむしろその直接の原因であり、あとはあとにのこして、当分持てもしない軍備のことを憲法に書いたところで仕方がないというようなことであった」

と述べている。

また乙案では、新たに教育を受ける権利・義務、勤労の権利・義務が規定されている点が注目されたが、「この甲乙案とも明治憲法に部分的な手なおしを加えるに止まるものだった」のは、後からいろいろな意見が出て改正点が増えることも予想して、原案としては必要最小限度の改正ということにしたのである。

甲案・乙案とも、天皇制の根本に触れる改正を加えなかったのは、「ごく一部の例外はあろうが、日本国民の総意は絶対に天皇制を支持するものと確信する」という考え方に基づいたものであったからである。

かくして、松本委員長は一月七日に、この草案を約二時間にわたって天皇陛下に説明し、陛下から受けた御注意によって一点だけを改めた。さらに一月三十日から二月四日にかけて行われた臨時閣議で憲法問題を審議し、乙案を参考にしながら甲案を説明して決定した。最後に、この「草案」を二月七日に、陛下に奏上して一切の手続を完了するのである（『朝日新聞』昭和二十一年二月八日付）。

この「松本草案」の基礎になっている原則が、先に述べた「松本四原則」であったと言ってよいだろう。ただし、この「松本草案」は、「委員会の正式決定によるものではなく、全く松本委員長の試案たるにとどまり今後事情の許す限り推敲検討される」（『朝日新聞』昭和二十一年一月十日付）ものであって、政府原案として決定するには、今後もなお閣議において慎重な討議を必要とするとされた。

そこで、松本委員長は、とりあえず「改正案が出来たら、次に正式の憲法改正審議会とでも称すべき、格の高い審議会を設けて、そこで正式の政府の憲法改正案を確定するという段取りを考えて」いた。

また「この調査委員会の審議は、別に司令部との関係もなしに、日本側だけで自主的に進められていたが、同時にその内容については厳重に秘密が守られ、甲案・乙案のプリントなども会議のつど各委員から返却してもらうなど周到な注意がされていた」

ところが、この草案がある事件をきっかけに、総司令部から拒否され、「マ草案」に基づいて、新しい憲法改正案が作成される運びになっていくのである。

『毎日新聞』にスクープされた「松本試案」

『毎日新聞』の第一面のトップに、突如「松本試案」が大きく取り上げられたのは、昭和二十一年二月一日金曜日のことであった。

それには、「憲法改正・調査会の試案　立憲君主主義を確立　国民に勤労の権利義務」の見出しとともに、『憲法問題調査委員会試案』の表題のもと、第一条から第七十六条までの全文が掲載されていた（『毎日新聞』昭和二十一年二月一日付）。

この松本委員会の審議内容は、極秘扱いとされていたため、これを見た松本委員会のメンバーが驚いたことは言うまでもないが、後に、このスクープ記事は、総司令部自らが草案を作成して日本側に提示する引き金となるのである。

前出の佐藤功は回想録で、

『この「試案」というのは総司令部に提出しようとしていた松本案そのものではなく、その一歩手前の段階での案の一つだった』が、このスクープをものにした毎日新聞政治部記者の西山柳造について、「どこからこれを手に入れたかは、当時、内閣でもいろいろ調査したのですが、結局、分かりません。取材源の秘密ということで、今後も西山氏は発表しないでしょう」

と述べている。

ところが、この草案を入手した西山記者は昭和四十八年二月九日に、東京大学法学部教授田中英夫（英米法専攻）のインタビューに対して、次のように「委員会の事務局から特ダネを取った」という真相を明らかにしたのである。

「一月三一日、私が（松本）委員会の事務局から特だねをとったのです。……事務局にあったから『もらった』ただそれだけなんですよ。……それですぐ社に帰りまして、プリントになっていたのですが、そのプリントの綴じをほぐして、デスク以下全員が手分けして書き、プリントは元のとおり綴じ直して返したわけなんです。二月一日の朝刊に報道されたのは、ただ、一月三一日に取材したからというだけです。……あの時は〔松本委員会の審議は〕全くの極秘で、箝口令がしかれてどこからも取材できないくらい厳しかったのですけれども、ぼくが偶然にとって載せただけです。〔吉田外相の〕アドバルーンでも何でもないのです。

ぼくは、その時まだ二九歳の駆け出し記者で、ただもう特だねを取るのが新聞記者の役目だということで情熱を燃やしておりましたから、それで取ったのですね。

あれが乙案〔に近い宮沢甲案〕だということはあのときはわかりませんからね。後で乙案〔に近い宮沢甲案〕だということがわかったのですが、〔この案を取ったのは〕全くの偶然ですね」

西山記者は、この中でスクープ記事は、「〔吉田外相の〕アドバルーンでも何でもないのです」と述べているが、田中によれば、「この案が新聞に掲載されたのは、吉田外相がわざと観測気球を揚げたのだろうと推測した」という。つまり、これは、偶然を装って「甲案と乙案のどちらか——特により保守的な甲案——を流して反応をうかがう」という松本委員会の「作為による偶然」だったというのである。

だが、このスクープ記事の問題で、いちばん重要なのは、松本委員会の試案がなぜ外部に漏れたかということよりも、むしろ総司令部の検閲をなぜパスできたのか、ということにあると思う。後述するように、新聞の「事前検閲」は、前年十月五日から開始されていたことから、当然、この新聞記事も、当時検閲を担当していた総司令部参謀第二部の民間検閲支隊（ＣＣＤ）によって事前検閲を受けていたはずだからである。

もし、このことが発表されると、松本委員会としては困ることになるのではないか。では、なぜ総司令部は、あえて「松本試案」のスクープ記事を『毎日新聞』に掲載することを許可したのだろうか。この問題については、後述の第六章の第一節で検討していきたいと思う。

この『毎日新聞』の記事を読んだ総司令部側は、ただちに幣原内閣に対して「憲法改正」の草案を正式に提出するように要求してきた。

その日の内に、幣原首相は、非公式に「憲法改正の要旨」を提出したが、七日の総会で「甲案を一応の政府試案として決定し、それに説明書をつけて翌八日」に、総司令部側に英文に訳した「憲法改正要綱」（以下、「松本試案」と略称）を正式に提出した。

日本国内でも、「この毎日の記事に対しては、さっそく各方面の反響があったが、政府試案は不徹底であり、一向革新的なところが認められない、というのが新聞などにあらわれた一般の批判であった」「松本大臣や楢橋書記官長が、あわてて、これは本物とはちがうという声明を発表するなど、大さわぎであった」

このとき、幣原内閣が提出した「松本試案」について、前出のホイットニーは回想録で、次のように述べているが、「後で述べるような事情によって、ついに日の目を見るに至らず、乙案とともに、正式には発表される機会」はなかったのである。

『委員会はついに一月末《ママ》に、二通の文書を非公式に総司令部に提出した。一つは「憲法改正の要旨」と題され、他の一つは、「政府作成の憲法改正草案総説」と題されていた。しかし改正勧告案は正式には一度も提出されなかった。

私は当時総司令部の民政局長の任務に着き、日本政府の改組と、日本の法律の必要な改正を行う仕事の責任を負わされていた。私はもちろん、右の「要旨」と「総説」とを部下に回して研究させたが、間もなく、この二つの文書は旧明治憲法の用語を変更する以外のことはほとんど何も勧告していないことを発見した。たとえば、天皇制には手をつけずに、そのまま保持されていたし、天皇は改正案によれば〝神聖にして犯すべからず《ママ》〟というよりは、むしろ〝至上至高にして犯すべからず〟ということになり、そして国家を統治する天皇の権限は従来とほとんど変わっていなかった。

憲法の基本的人権の章にいたっては、松本案は国民の権利を増大するどころか逆にこれを削減するように見えた。すべては一般法令に従属するようにつくられていた。すべての立憲的特権は〝法律によって、別段に規定される場合を除き〟という制限が付されていたからである。松本委員会が提出したその他の憲法改正案のほとんどすべては、きわめて貧弱で少しの重要性もなく、そして、結局、明治憲法と同様に支配階級が圧力をかけてもいいと解釈しやすいように、一般的に憲法に伸縮自在な余地を残したのであった。われわれは、この憲法改正案が少しも改正になっていないことを一見して知ることができた』

また総司令部民政局の記録にも、「松本委員会の政治的見解は、これではっきりとした。明治憲法の辞句の修正を超えるものではないことがよくわかった」と記されており、後に「マ草案」の起草者となる総司令部民政局行政課長のチャールズ・L・ケーディス大佐も、「毎日新聞を見て仰天した」と述べている。

チャールズ・L・ケーディス

この「松本試案」が提出されると、すぐに総司令部側は、吉田外相らに会いたいと言ってきたため、二月五日の火曜日に、ホイットニーと吉田外相との間で「松本試案」についての会談が約束された。

だが、翌二日に、外務省の代表者が総司令部を訪れて、会談を七日まで延期してほしいと申し込んできたため、ホイットニーは、様々な可能性を考えて会談を二月十二日まで一週間延期することを提案した。マッカーサーが「日本側の優柔不断はあまりにもひどすぎるとの結論に達したからである」

本年の四月十日に行われる戦後初の総選挙が、わずか二カ月先に迫っていた。そこでマッカーサーは、「新しい憲法に関する判断を日本国民自身がすれば、〝日本国国民の自由に表明せる意思に従い〟というポツダム宣言の目的にも適う」ので「総選挙が憲法改正案に対する一つの非公式な国民投票になるように、恥ずかしくないりっぱな改正案ができあがらなければならぬと決意していた」

当時、この総司令部側の内情については、松本委員会のメンバーは知るよしもなかったが、今日、われわれは、カナダのジャーナリスト、マーク・ゲイン、アメリカのジャーナリスト、ジョン・ガンサー、民政局のホイットニー、ワイルズ博士およびベアテ・シロタの著書、ケーディス、ブラウン博士、ウイリアムズ、プール、エスマン、ハウギ、ゴードン、ベアテ・シロタの証言、ケーディス、エラマン、ラウエル、ハッシーが残した文書、また後述の『日本の政治的再編成』(Political Reorientation of Japan)の第三章の「日本の新憲法」の中で、その内幕を知ることができる。

例えば、ブラウン博士は、このときの内情について、前出の日高義樹に次のように述べている。

ブラウン　松本博士は日本の優れた学者で立法専門家でした。政府当局者を集め、委員会を設置し、秘密のうちに三カ月にわたって会合を開きました。そして、憲法についての提案を作成しましたが、それは内容についての提案で、憲法の条文そのものを作ったわけではなかった。委員会は憲法改正の要旨を作っただけでした。

憲法の要旨についての提案は二つの文書から成っていました。明治憲法をあまり大きくは変えないというもので、天皇の地位もそのままにしておくべきであると提案しました。国民の権利と義務については少し変更が加えられました。提案は松本博士からマッカーサー将軍に提出されました。

日高　それはいつのことでしたか。正確に何月の何日でした。

ブラウン　私の記憶では一九四六年の二月一日だったと思う。そして、マッカーサー将軍はその提案を検討するために、ガバメント・セクション（吉本注：民政局）の会議を二月五日に開きました。ホイットニー将軍を呼び出して、松本博士からの提案を見たかぎり、受け入れ難いと述べて、受け取ることを拒否しました。

マッカーサー将軍はホイットニー准将に対して、「その場に腰を下ろして、首相に手紙を書き、ガバメント・セクションの考えを伝えよ」と命じました。そのあと、マッカーサー将軍はホイットニー准将にガバメント・セクションの会議を開き、憲法の内容を書くように命じました。それがマッカーサー司令部の新しい憲法の草案になった。ガバメント・セクションは七日かけて草案を作りました。

一方、ホイットニーは回想録で、このときの内情について、さらに詳細に述べている。

「もし、日本側がもうほとんど四ヵ月間も責任を回避して遅滞したように、さらにこれ以上逃げるならば、国民は明治憲法の写しと同じような憲法に対して賛否の投票をする以外には道がないわけとなったであろう。

そこで松本委員会に対して、同委員会の草案は、とうてい受諾できないほど反動的なものであることを誤りなく、はっきりさせる唯一の方法は、われわれ自身の草案を用意して、これを将来の交渉の基礎とすることであった（傍線吉本）。

二月三日の朝、マッカーサーは第一生命ビルのオフィスに着くとすぐに、私に対し右の措置をとるよう指令した。私は、その仕事に着手するに当たって、次の規定以外には全面的な自由裁量を与えられた。

(イ)　天皇は保持されるが、それは立憲的制約の中に置くように修正し、また国民の究極的意志に従うよう修正する。
(ロ) 戦争と戦争権を放棄する——この概念は後にも述べるが、これは幣原首相からマッカーサーに提案されたものである。
(ハ) あらゆる形の封建主義は廃棄されること。

これらの指令を受けて民政局は日本側の考慮を促すために草案の作成にとりかかった。私は直ちに私の代理である敏腕家のチャールス・エル・ケーディス陸軍大佐を委員長とし、ミロー・イー・ローエル陸軍大佐、アルフレッド・アール・ハッセイ海軍中佐のふたりを委員とする運営委員会を任命した。三人とも卓越した法律家であった。彼らは勤勉ぞろいの助手たちをひきつれて、この重大な仕事にとりかかった。

……民政局は他のことを差しおいて、六日の間この仕事に没頭した。運営委員会の助手連は憲法に関する各種の問題別に専門家のグループに分けられた。たとえば長年弁護士としての経験を持つ有能なフランク・ヘイス中佐は議会に関する条項をつくりあげた。また以前にヴァージン・アイランドの議員と知事をしていたガイ・スウォープ海軍中佐は内閣の部面《(ママ)》を特に担当し、予算関係の項は技術家から経済学者になり、私が日本を去った後、私の後継者となった特に有能なフランク・リゾー少佐が起草した。これらの専門家と他の人たちは助手とともに改正憲法に関する彼らの草案を起草し、これを運営委員会に提出した。そして運営委員会の委員は草案を一条、一条検討して憲法改正の最後的勧告案を用意した。

われわれの意気は、さかんなるものがあった。われわれは、われわれにいどみかかる仕事に対して、必然的にわいて出る熱意に燃えて仕事をした。しかし、またみんな最近まで戦闘部隊の将校として得た経験から来る一種の献身的な気持ちもあった。戦争中われわれは、いたるところ破壊と残忍な死を見たのだが、ここでは戦争にかりたてた軍国主義のウイルス菌を振り捨てようとする一国家を助ける機会に恵まれたのであった。

われわれは草案起草の締切日を勝手に二月十二日のリンカーン誕生日と定め、そのとおり間に合わせた。草案はわずかに一つ重要な変更をしただけで、マッカーサーの承認を得て、ミメオグラフ版のコピーがつくられ、日本側の委員に提出されることになった」

ホイットニーは、この中で触れていないが、実は、日本政府が「松本試案」を正式に提出してくる前に、ホイットニーは、『毎日新聞』のスクープ記事を分析した次のような覚書をマッカーサーに渡しているのである。

「この改正案は、きわめて保守的な特質を備えており、天皇の地位は実質的に変更をされておらず、統治権のすべての権利を有しています。改正案は、新聞論調でも世論でも、評判はよくありません。

……私は、正式な改正案が提出される前に、かれらに指針を示す方が、われわれの受け入れがたい改正案を提出されるのを待って、それを最初から起草し直すよう強制するよりも、すぐれた戦略だと考えました」

さらにホイットニーは同じ日に、憲法改正に関する最高司令官の権限を分析した次のような「覚書」も、マッカーサーに渡している。

「私（ホイットニー）の意見では、極東委員会の政策決定がないかぎり――いうまでもなく同委員会の決定があれば、われわれはそれに拘束される――、閣下は、憲法改正についても、日本国の占領と管理に関する他の重要事項の場合と同様の権限を有します」

ここで、ホイットニーが述べている極東委員会（ＦＥＣ）について説明しておこう。極東委員会とは昭和二十年十二月二十七日に、モスクワで開催された米・英・ソ三国外相会議で設置が決定された日本の占領管理に関する連合国の最高政策決定機関のことである。

当初、極東委員会の構成国は、アメリカ・イギリス・ソ連・中国・フランス・オーストラリア・オランダ・ニュージーランド・フィリピン・カナダ・インドの十一カ国であったが、後にビルマとパキスタンが加わって十三カ国となった。

本来、アメリカは、日本占領の主導的地位を確保しておきたかったが、ヨーロッパでの連合諸国との協調を前提とする占領形式とは矛盾するため、その妥協策として同年八月二十二日に、イギリス・ソ連・中国に対して、極東委員会の前身である極東諮問委員会（FEAC）の設置を提案した。

ところが、イギリスがこの提案に反対したため、同年九月十日に、米・英・ソ・中・仏の五カ国によるロンドン外相会議を開催して、もう一度提案するが、今度はソ連が反対した。

だが、日本を降伏に追い詰め、最初から単独で日本占領を行ってきたアメリカとしては、これに応じることはできなかった。そこで、アメリカは、「占領を独占しているという批判をかわすためにも、ソ連に譲歩して」先に述べた米・英・ソ三国外相会議をモスクワで開催してワシントンに極東委員会を、東京に連合国最高司令官の諮問機関として対日理事会（AJC）を設置することを話し合い、それらの設置を決定するのである。

しかし、極東委員会が設置されると、たとえ連合国最高司令官であっても、その決定に従わなければならないため、それまで絶対だったマッカーサーの権限も、一定の制限のもとに置かれることになる。

言い換えれば、「極東委員会が政策決定してしまった後に、GHQが日本政府に指令を出すことは問題であるが、それ以前の段階ならば、最高司令官が権限を有している。つまり憲法改正作業をＧＨＱが進めるのなら、極東委員会が活動を開始する以前でなければならない」ということである。

つまり、「極東委員会が開かれる二月二十六日までは、マッカーサーに憲法改正のイニシアチブはあるというのがホイットニーの解釈」であった。

以前からマッカーサーは、松本委員会の基本的性格や「松本四原則」の情報を新聞の発表と終戦連絡事務局（日本政府と総司令部の間の事務連絡を担当）から集めて、ある程度日本側の「憲法改正」の作業を把握していた。

だが、総司令部は『毎日新聞』のスクープ記事を見て、ポツダム宣言の趣旨やアメリカの国益、そして「松本試案」を批判した日本のマスコミの論調から、この試案を受け入れることは到底できなかった。

このままでは、実質的に国民投票となる総選挙（四月十日）で、「帝国憲法」の焼き直しに過ぎない「松本試案」が承認されてしまうことにもなりかねない。

マッカーサーが回想録で、

「天皇は私が話合ったほとんど、どの日本人よりも民主的な考え方をしっかり身につけていた。天皇は日本の精神的復活に大きい役割を演じ、占領の成功は天皇の誠実な協力と影響力に負うところがきわめて大きかった」

と述べているように、昭和二十年九月二十七日以来、何度も天皇と会談していたマッカーサーは、天皇は日本人の誰よりも民主的な考え方の持ち主であると判断していた。

このためマッカーサーは、以前から日本人が精神的支柱としてきた天皇を戦犯として追及するよりも、天皇を利用して民主化をスムーズに実行した方が得策であると考えるようになっていた。

そこで、マッカーサーは翌日、一旦はホイットニーに対して「松本試案」を拒否する理由書を作成するように命じるが、後からホイットニーの覚書を読んで、天皇制の廃止を主張する極東委員会が発足する前に、民政局自身の手で天皇制を存続させる憲法草案を作成して、それを日本政府に提示する方がより得策であるという結論に達するのである。

これについては、後述の総司令部民政局で「マ草案」の作成に深く関わったミルトン・J・エスマン陸軍中尉も、次のように証言している。

「日本国憲法の改正作業は、日本政府が率先して実施し、準備することが望ましかったでしょう。しかし、実際は、松本案は極めて保守的で、明治憲法をわずかに変更したものに過ぎませんでした。そこで、少しでも満足の行く憲法草案を幣原内閣に期待することは絶望的であるとマッカーサーは判断しました。と同時に、極東委員会が独自に憲法を起草することで、問題が複雑化することも防がなければなりませんでした。

マッカーサーは、極東委員会が憲法の制定に干渉し始めることを恐れていたのです。彼の任務は、先手を打って極東委員会を阻止すること、つまり干渉される前に草案を起草することにありました。マッカーサーは、憲法の草案の作成を極東委員会ではなく自らの責務と感じていたのです」

そこでマッカーサーは、自分の権限には一定の制約があったにもかかわらず、統合参謀本部（JCS）の許可を取らずに、勝手に「マ草案」の作成に着手するのである。

このことは、後述の総司令部民政局内に設置された「人権小委員会」で「マ草案」の作成に深く関わったハリー・エマーソン・ワイルズ博士が、その著書で次のように述べていることからも明らかである。

マッカーサーは、ホイットニーを通じて「その配下に、昼夜兼行で日本の新憲法を起草することをせきたてた。その目的はおそらく、FECが、その内容について命令を出す前に、新憲法起案の仕事を終り、できればこれを日本に受諾させておきたかったのであろう。

……こうして大急ぎで起草された新憲法は、あとからの思いつきだった。

日本についたとき、マカーサー《（ママ）》は一八八九年憲法（吉本注：「帝国憲法」）をアメリカ側で指図してつくらせた憲法でもっておきかえるという考えは、明らかにほとんどなにも持っていなかった。統合参謀本部命令も、彼にそのようなことをする権限を与えてはいなかった。

ＪＣＳ命令は政府機構に変更を加える要求を出してもよいことは許可していたが、それは、天皇あるいは他の日本当局が降伏条件を満足に実施することを怠った場合にそなえただけのものだった。

マカーサーは、確かに政府の封建的あるいは独裁的な面をいかようにも修正することを《許し、かつ支持する》ことはできたが、そういった修正は日本人側から発意さるべきものであると諒解されていた」

吉田外相の側近で、総司令部と日本政府との橋渡しを行った元終戦連絡中央事務局次長の白洲次郎が回想録で、

「この憲法の草案なるものは日本の占領が始まる余程以前から準備されていたという事実を私は信じる。本土進攻作戦の準備と時を同じうして準備されていたものだ。

新憲法制定の問題が起こった時に、日本側にその草案の提出を求めたが、日本側が依然として主権在君式の考え方を固執していたことは、彼らが準備して来た草案を強制的に日本人のものとしておしつけるには理想的の環境であった」

と述べているように、前出のアチソンは、国務長官のバーンズから、次のような「憲法改正」に関するアメリカ政府指示の公電を受け取っているのである。

国務長官バーンズからの「憲法改正」の指示

大量のアメリカ政府秘密文書の中から、この公電を発見した前出の大森によれば、「幣原喜重郎首相が、政府閣議において憲法を実質的に改正する意思なきことを明言した日から、五日目」の昭和二十年十月十七日（ワシントン時間では十月十六日）に、国務長官バーンズから、アチソンに発信された公電には、次のようなことが併記されていた。

『一九四五年十月十六日、ワシントン発

米国務長官（バーンズ）より、アチソン補佐官補へ

憲法問題に関し、国務省が検討してきた米政府の態度は次のとおり総括される。

日本国憲法の修正は、広範囲な国民代表の選挙の投票の結果に基づき、その票を反映するような政府の構成を条件づけるべきである。――改正憲法条章では、政府の行政機関の権限の中から、選挙の民意を反映する母体（註・議会）に属すべきあらゆる権限を剥奪してしまわねばならない。もし、天皇制が保全されない場合には、天皇制に関する憲法上の保護条章が不必要なことは明確であるが、そのときでも、次の条章は必要である。

1、議会が財政と予算を完全に統御する。

2、日本人民は日本人以外の人民も含めて、その基本的人権は完全に保障される。

3、国家元首の行動は明白に、彼を代表する職権に従うだけのものとする。
もし、天皇制が保全される場合には、改正条章に次のような安全弁をつけることが必要である。
1、天皇に勧告と助言を与える内閣は、責任ある国民代表の立法機関（註・議会）の勧告と同意によって選ばれるべきである。
2、貴族院や枢密院のような機関に拒否権を与えてはならない。
3、天皇は内閣が推薦し、議会が承認した憲法の修正を行うことが要求づけられる。
4、立法府（議会）は立法府の意思で召集される。
5、将来、許可されるかもしれぬ軍隊の全閣僚はシビリアン（文官）でなければならず、彼らが天皇に接近しうるあらゆる特権は排除されなければならぬ――』

この公電を受け取ったアチソンは、十二月十三日付のワシントン宛報告の中で、マッカーサーに対して、次のような「憲法改正」の勧告の覚書を書き送ったことを報告している。
『連合国最高司令官に対する覚書
われわれ政治顧問団は、米国務省から、①米国務省が国務、陸、海三省調整委員会（註・米対日政策の立案機関）に対して行なった、十月二十二日の〝日本の政治組織改革〟に関する初期報告と、②十一月十三日付の同報告の〝結論部分〟を受け取った。

両報告は、とくに〝結論部分〟の内容を読むと、日本の政治改革に対する考え方が、本質より形式に流れているきらいが感ぜられるので、次の諸点を追加すべきである。

A、現行憲法第一、三、四条の天皇大権《プレロガティブス・オブ・エンペラー》の修正が、人民の意思を反映した民主政府の確立のために必要であることを示唆すべきである。

B、日本政府の内務省権限の縮小が、地方選挙による日本人民の地方自治促進のために必要であることを示唆すべきだ。

松本烝治は、現行憲法第一条―第四条の改正の要なきことを、すでに二回にわたって言明してきた。十一月初旬、小官らの近衛文麿との非公式交渉が中断されて以来、アメリカ当局と日本政府間の作業者レベルでの〝議論〟はなくなった。いまや日本政府は、米側意図をまったく無視して、憲法改正作業を継続している状態となったので、効果的な接触ルートを再開しない限り、真に危険な情勢が醸成されようとしている。

アメリカ側意図を満足しないような日本側の憲法改正草案を起草段階において、もし米側が、日本政府に、彼らの草案と米政府案が違うことを警告し、その変更を命令せねばならぬような事態を招けば、米国案を日本人民に対して、長期的に受け容れさせる可能性は著しく減少されることになるだろう。

然《しか》るがゆえに、ここから小官らは、連合国最高司令官に対する考慮を求めるものであるが、連合国最高司令官は日本の松本委員会に対し、米国政府の考えを具体的かつ明確に知らせることが望ましく、ＧＨＱ民政局と松本委員会の作業者レベルにおける接触の確立化を望むものである。ここに連合国最高司令官に対し、米政府の憲法改正案（十一月十四《（ママ）》日作成）を届けることにしたい。もちろん、この改正案は米政府の最終案とはいえないが、われわれの見解では、本案は米政府の考えを強く反映しているもので、米政府最終案において、本案に重大なる修正が加えられることはないと信ずるものである――』

　この中で、アチソンは、アメリカ政府による最初の憲法改正案が作成されたのは、十一月十四日だったと言っているが、前出の白洲次郎が回想録で、アメリカ政府の憲法草案の準備は、「本土進攻作戦の準備と時を同じうして準備されていた」と述べているように、それよりも前から始まっていたことは確かであろう。

　では、アメリカの憲法草案の準備は、具体的にいつ頃から始められたのだろうか。

　前出の日高義樹は、その著書で

「日本では憲法が占領軍によって与えられたというのが一般的な理解だが、実際には昭和憲法は、まだ日本との戦いが終わっていない、しかも原爆が日本に投下される前に、その骨格が決まっていたのである」（前掲書）

と述べ、前出のブラウン博士から、次のような回答を得ている。

ブラウン博士によれば、元々、日本の「憲法改正」は、ポツダム首脳会談（昭和二十年七月十七日から二十六日まで）で決定された「ポツダム宣言」第十二項（「前記の諸目的が達成せられ且つ日本国国民の自由に表明せる意思に従い平和的傾向を有し且つ責任ある政府が樹立せらるるに於ては連合国の占領軍は直に日本国より撤収せらるべし」）の考えがもとになっているという。

当初、アメリカ政府は、この第十二項にあるとおり、日本人自身の手で諸悪の根源である日本の政治制度を定めた「帝国憲法」を、真に民主的な憲法に改正させようとした。

だが、そのうち、極東委員会の影響力を排除するために、アメリカ政府の政策決定機関であるＳＷＮＣＣは、下部機関の極東小委員会（ＳＦＥ）で検討された憲法改正案を承認し、先のアチソンの報告書にもあるように、十月二十三日に、その基本的な枠組みをアチソンに伝え、アチソンから「憲法改正」の勧告の覚書という形でマッカーサーに伝えられた。

さらにＳＷＮＣＣは翌年一月七日に、憲法改正の最終案を決定し、それを十一日にマッカーサーに伝達するのである。

では、ＳＷＮＣＣからマッカーサーに伝達された憲法改正の最終案とは、具体的にどのようなものだったのだろうか。次に、この問題について見ていこう。

「マッカーサー草案」のガイドラインになった「SWNCC二二八文書」

マッカーサーがSWNCCから憲法改正の最終案――「日本の統治体制の改革」（大森訳では「日本の政治組織改革」）に関する初期報告を受け取ったのは昭和二十一年一月十一日であった。

この「日本の統治体制の改革」（Reform of the Japanese governmental system）に関する初期報告（以下、「SWNCC二二八文書」と略称）は十月二十三日に、アチソンが受け取っていた憲法改正案と、ほぼ同じ内容のものであるが、『最初に「結論」という見出しで指針を示し、次に問題点を一二の条項に分けて論じ、最後にポツダム宣言の一部と八月一一日の日本降伏に対する回答文、さらにアメリカ合衆国の占領目的を掲げて結んでいる』

日本の統治体制の改革については、

「①選挙権を広範囲に認め、選挙民に対して責任を負う政府を樹立すること、②立法府は選挙民を完全に代表し、予算のあらゆる項目を減額し、増額し、削除し、または新たな項目を提案する完全な権限を有すること、③日本国民および日本国の管轄権内に所在するすべての人に対して、基本的な人権を保障すること、④日本国民の自由な意思を表明するような方法で、憲法を改正し、または憲法を起草し、かつ採択すること、といった内容のものである。

天皇制については、日本国民がその存置を必要としないと判断する場合には、天皇制は当然に廃止されるが、存置を必要と決定した場合には、①軍事に関する天皇の権能はいっさい失われるべきこと、②天皇は、すべての重要な事項については内閣の助言にもとづいてのみ行動しなければならないこと、③皇室の全収入は、公庫に繰り入れられ、皇室費は、立法府により年次予算のなかに充当されるべきこと、などの規定を設けるように日本国政府に示さなければならない」という内容が書かれており、最高司令官は、日本の統治体制の改革を日本政府に対して指示しなければならないとされていた。

そして、「最高司令官がさきに列挙した諸改革の実施を日本国政府に命令するのは、最後の手段としての場合に限られなければならない。前記諸改革が連合国によって強要されたものであることを日本国民が知る時には、それを、将来、日本国民が承認し、支持する可能性は著しくうすれるのである」と明記されている。

先に述べたように、戦後の日本とアメリカでは、一般に総司令部民政局による「マ草案」の作成は、あたかもマッカーサーの独断で行われたかのように考えられているが、事実はそのようなものではないことは、次の証言からも明らかであろう。

例えば、前出の西修名誉教授は、その著書で

〔この『日本の統治体制の改革』（以下で『統治体制の改革』という）は「参考資料」ないし「情報」とはいえ、二月六日の民政局の会合で、「拘束力のある文章として取り扱われるべき」性

質のものであることが確認されている。内容的にも、日本の統治体制のありようをかなり具体的に提示しており、また後述する『総司令部案』（『マッカーサー草案』）作成の指針にもなったもので、きわめて重要な意義を有する」（前掲書）

と述べている。

また西修名誉教授によれば、ケーディスも「同案の作成にあたり、たえず座右において参考にしたのが『ポツダム宣言』と『統治体制の改革』であった」ことを明かしており、総司令部民政局国会課長として日本政府との交渉役を務めたビクター・ジャスティン・ウイリアムズ中佐（元ウィスコンシン大学歴史学部教授）も、

「この『統治体制の改革』文書があったからこそ、マッカーサーは松本委員会案を拒否し、民政局に対して、日本国憲法案の作成を命じることができたのです。もしマッカーサーのポケットにこの文書が入っていなかったら、もっと弱気になっていたかもしれません」

と述べて、「日本国憲法」誕生の舞台裏を明かしているのである。

また、この「SWNCC二二八文書」を作成したボートン博士も、その著書で次のように「マ草案」は、「SWNCC二二八文書」をガイドラインにして作成されたものであると述べている。

『この報告書（吉本注：「SWNCC二二八文書」）は、私が国務・陸軍・海軍三省調整委員会（SWNCC）のために起草したものだが、マッカーサー元帥の司令部が日本の新憲法を草

案する際のガイドラインになるものであった。……GHQが示した憲法改正草案の写しを国務省が入手すると同時に、私は当時極東局にいたジョン・エマーソンと二人がかりで、SWNCC二二八で提起された指針と前もって照らし合わせてみた。その結果、三月十二日にヴィンセントに次のような報告をすることができて、ほっと胸を撫で下ろした。

改正草案は、日本側の示した改正草案の原稿を入手しなければ判明しない細かい点を除けば、大筋においてSWNCCの文書と一致しているようだ。もし、「the people」が日本語で「国民」と書かれていたら、非日本人の権利を守るための条項を作るべきであろう。その他の点では、提案された憲法改正草案はSWNCC文書の勧告よりはるかによいものであり、平和的傾向を持つ責任ある日本政府の樹立に確実につながっていくだろう』

前出の大森も、その著書で

「まさに、この『SWNCC-二二八号指令』こそ、日本国新憲法の〝原液〟であったといえるだろう。それは、あとで紹介するGHQ民政局(ホイットニー代将の命令でケーディス大佐)が起草した『マッカーサー憲法』の草案と比較すれば歴然としている。

ケーディスが、この『SWNCC-二二八号指令』に拠って『マッカーサー憲法』草案を起草したことは、多くの説明を必要としないはずである。『SWNCC-二二八号指令』とケーディス原案の唯一の相違点は、新憲法第九条（『マッカーサー憲法』では第八条に入っていた）の戦力放棄条章であった。『SWNCC-二二八号指令』には第九条に関する指示がないのが注目される。

……『マッカーサー憲法』はマッカーサー元帥とその幕僚たちの手で作成されたが、〝原液〟は、この『SWNCC-二二八号指令』であり、マッカーサーに許容された裁定範囲は、この『SWNCC-二二八号指令』が許容した範囲に留まらなければならなかったことは、歴然としているのである。アメリカ合衆国はシビリアン・コントロールの国であったのだ」

と述べ、「マ草案」の内容は、マッカーサーと民政局員の考えだけで作成されたものではなく、アメリカ政府から指令された「SWNCC-二二八文書」をガイドラインにして書かれたものであるという見解に立っている。

ところが、前出のブラウン博士は、日高義樹のインタビューに対して、次のような証言を行っているのであるが、この証言が誤りであることは、これまでの議論からも明らかであろう。

ブラウン　ワシントンの政府機関連絡委員会、国務、戦争、海軍の合同委員会はSWNCCと呼ばれていて、日本降伏後の最初の活動として、マッカーサー将軍にその命令が下りました。

日高　その内容のどこまでがワシントンで決定されたのでしょうか。どこまでが決定事項として、マッカーサー司令部に伝達されたのですか。つまり私が聞きたいのは、憲法の中身はワシントンで決まったのでしょうか。

ブラウン　ワシントンが決めたのはほんの少しだけで、大部分はマッカーサー将軍に任されました。

日高　つまり、日本の新しい憲法は大部分をマッカーサー将軍が決めたと言っていいのですね。

ブラウン　その通りです。マッカーサー将軍はホイットニー准将と、ガバメント・セクションの協力を得て憲法を作りました。

後述するように、マッカーサーは、アメリカ政府の政策決定機関であるSWNCCの下部機関である極東小委員会（SFE）の作成した指令書（「SWNCC二二八文書」）を拠り所にして、「マ草案」を作成したというのが真相である。

だが、ここでわれわれは、著者が第二章の第二節で述べたように、米国務省内の対日政策の実権が、昭和二十年九月の段階で既にIPRのプロパガンダの影響を受けた左派スタッフたちの手に移っていることに留意しければならないだろう。

すなわち、先に述べた『フォーリン・ブレッティン』（一九四五年九月十四日号）が伝えているように、国務省内の政策決定権がSWNCCの責任者だった元駐日大使の国務次官ジョセフ・グルーと、その右腕であるユージン・ドウマンから、中国派のジョン・C・ヴィンセントと、新国務次官のディーン・アチソンの手に移って、「SWNCC二二八文書」が作成されているという事実である。

だが、こうしたソ連のスパイは、米国務省の中にだけいたのでない。神戸大学名誉教授の吉田一彦が、その論考で「アメリカの政策決定に関連する全ての機関にソ連のスパイが潜んでいた」と述べているように、「第二次大戦中のアメリカ政府部内に潜んでいたソビエトのスパイは、三百二十九人に達し、ニューヨークにある内務人民委員部の本拠からモスクワに送られたマイクロ・フィルムは、一九四二年の五十九巻が一九四三年には二百十一巻と大幅に増えている」のである。

では、このIPRのプロパガンダの影響を受けた「SWNCC二二八文書」を基に作成された「マ草案」とは、具体的にどのようなものだったのだろうか。次に、この問題について見ていこう。

「マッカーサー・ノート」の指示

こうした裏事情を何も知らずに「SWNCC二二八文書」を受け取ったマッカーサーは二月三日の朝、第一生命ビルのオフィスに到着すると、ホイットニーを呼んで、「草案の内容は、民政局に任せる。しかし次の三点だけはその草案に入れてくれ」と言って、黄色い紙に書いたメモを渡して憲法草案の作成を命じるのである。

一　天皇は国家の元首の地位にある。
皇位の継承は、世襲である。

天皇の義務および権能は、憲法に基づき行使され、憲法の定めるところにより、人民の基本的意思に対し責任を負う。

二　国家の主権的権利としての戦争を廃棄する。日本は、紛争解決のための手段としての戦争、および自己の安全を保持するための手段としてのそれを放棄する。日本はその防衛と保護を、今や世界を動かしつゝある崇高な理想に委ねる。
いかなる日本陸海空軍も決して許されないし、いかなる交戦者の権利も日本軍には決して与えられない。

三　日本の封建制度は、廃止される。
皇族を除き華族の権利は、現在生存する者一代以上におよばない。
華族の授与は、爾後どのような国民的または公民的な政治権力を含むものではない。
予算の型は、英国制度に倣う。

これが、いわゆる「マッカーサー・ノート」（以下、「マ・ノート」と略称）とか「マッカーサー三原則」（以下、「マ三原則」と略称）と呼ばれるものであるが、「戦争放棄」と「戦力不保持」の部分を別にして、これが「ＳＷＮＣＣ二二八文書」の指令に基づくものであることは言うまでもないだろう。

ここから、次のような「マ草案」の作成の準備が始まっていくのである。

「二月三日は、日曜日だったと思います。確か一一時前でした。同じ民政局のアルフレッド・ハッシー中佐から電話がありましてね。民政局のホイットニー将軍が、すぐ出てくるように言っているというんですね。

用件はわかっていました。その前の金曜日（二月一日）から、憲法についていろいろな動きがありましたからね。でも、何かあるとは予感していましたが、あのような事態になるとは思ってもいませんでした」

占領中、総司令部民政局行政部で行政課長を務めたチャールズ・Ｌ・ケーディス陸軍大佐は一九九二年に、元朝日放送報道局次長の鈴木昭典から受けたインタビューに対して、このように述べているが、この日の午前中に、ケーディスは新橋の第一ホテルを出て、総司令部民政局の事務所のある日比谷の第一生命ビルへと向かった。

ケーディスは、民政局の事務所に着くと室内にある自分の席からメモ用紙を取り出して、そのままホイットニーの部屋へと向かったが、既に、ハッシー中佐とラウエル中佐が緊張した面持ちで彼を待っていた。

ケーディスが椅子に座ると、ホイットニーは、これまでのいきさつを説明してから、グリーンの罫線の入った黄色いメモ用紙を取り出して次のように言った。

「われわれが草案を作成するにあたって、最高司令官は、三つの原則を書かれた。この文章がそれだ。最高司令官は、我々民政局の能力をきわめて高く評価している。絶対にその期待に応えなければならない」

この「マ・ノート」の解釈について、ケーディス大佐ら三名は、かなりな時間にわたたって、ホイットニーから説明を受けると、他の局員たちよりも早く出勤して、「マ・ノート」のタイプを打つなど、次の日から始まる憲法草案作成のための準備に取りかかっていった。

第二節「マッカーサー草案」はどのように作成されたのか

二月四日月曜日（第一日目）

「マッカーサー草案」作成の指示

占領当時、『シカゴ・サン』紙の特派員として来日していたマーク・ゲインによれば、ホイットニーは翌四日の月曜日、午前十時に、民政局で働く行政部のメンバーを総司令部の会議室に召集して、次のように述べた。

「紳士ならびに淑女諸君、これはまさに歴史的な機会である。私は今諸君に憲法改正制定会議の開会を宣する。

現下日本におけるもっとも緊急の問題は憲法制定である。しかるに日本側によって準備された草案のすべてはまったく不満足なもので、総司令官――（彼は『コマァンダー』と力を入れて発音した）――は、今や自分が介入する必要があると感じられるにいたった。かくてわが民政局は新憲法を起草すべき命を受けた。日本側のまったく意表を衝き、彼らが効果的な反抗を企だてえぬようにするため、極度の迅速と機密が要求される。

私は、総司令官がわが民政局にかかる短期間に憲法を起草する能力があると考慮させられているという事実に、絶大な喜びを感じるものである。私は、憲法起草にさいし遵守さるべき原則について、総司令官の指示をお願いしたところ、総司令官は、あげてわが民政局の練達なる判断に任せると言われた。――ただ次の三つの事項を例外として……」

ここで、ホイットニーは前日に、マッカーサーから指令された次の「三原則」を読み上げた。

一　日本は戦争を永久に放棄し、軍備を廃し、再軍備しないことを誓うこと。

二　主権は国民に帰属せしめられ、天皇は国家の象徴と叙述されること。

三　貴族制度は廃止され、皇室財産は国家に帰属せしめられること。

この第一点について、その前夜の非公式会議に出席した人々には、全くの不意打ちであったが、ある者は、次のような質問を行った。

「第二点から見て、天皇は戦犯として裁判に附せられることはないと思うが？」

この推測に同意したケーディスの見解によると、「占領に対する心底からの協力によって天皇は、すでに彼の過去の過ちのすべてを償ったと」、マッカーサーは考えているとのことだった。

さらにホイットニーも付け加えて、

「天皇が連合国に対してなしたあらゆる奉仕にもかかわらず、もし戦犯として裁判に附せられるのだとしたら、私はそれは信義へのはなはだしい裏切りだと考える」と述べた。

最初、ホイットニーは、この草案を十日間で書き上げたいと思っていたが、二月二十二日のワシントンの誕生日に、新憲法を日本政府が発表できることを希望した。

その他に、ホイットニーは、この会合で

「二月一二日までに、民政局の新憲法草案が完成し、マッカーサー将軍の承認をうけることを希望する。二月一三日に、自分は日本の外務大臣その他の係官と、日本側の憲法草案についてオフ・ザ・レコードの会合をもつことになっている。

この日本側の草案は、右翼的〔=保守的〕傾向の強いものだろうと思われる。しかし、自分としては、外務大臣とそのグループに、天皇を護持し、かつ彼等自身の権力として残っているものを維持するための唯一の可能な道は、はっきりと左よりの〔=進歩的な〕道をとることを要請するような憲法を受け容れ、これを認めることだ、ということを納得させるつもりである。

自分は説得を通じてこういう結論に達したいと希望しているが、説得の道が不可能なときには、力を用いるといっておどすことだけではなく、力を用いること自体の授権を、マッカーサー将軍からえている（傍線吉本）。

外務大臣とそのグループが、彼らの憲法案の針路を変え、リベラルな憲法を制定するべしとするわれわれの要望をみたすようにするのが、われわれのねらいである。このことがなされたときは、出来上がった文書が日本側からマッカーサー将軍にその承認を求めて提出されることになる。マッカーサー将軍は、この憲法を日本人がつくったものとして認め、日本人の作ったものとして全世界に公表するであろう」

と述べているように、ここから、もし日本側が「マ草案」を受け入れない場合は、アメリカは力ずくでも押しつけようとしていたことが分かるだろう。

後述の「人権に関する小委員会」で、女性の人権規定の草案を書いたベアテ・シロタ（当時二十二歳）も、その著書で、このときのホイットニーの言葉を次のように伝えている。

『どよめきで部屋がふくらんだように感じた。私には、この言葉が何を意味するか理解ができなかった。ジョークともつかないホイットニーの次の言葉に、耳をそばだてた。

「諸君は、さる二月一日の毎日新聞がスクープした日本政府の憲法草案について、知っていることと思う。その内容は、明治憲法とほとんど変わるところがない。総司令部としてしても受け入れることはできないものである」

私は、遠慮がちに部屋の隅に立っていたが、ホイットニー准将のすぐそばだった。あから顔で、頭の毛のうすい将軍の額から汗が滲んでいるのが見えた。

「なぜなら、民主主義の根本を理解していないからだ。修正するのに長時間かけて日本政府と交渉するよりも、当方で憲法のモデル案を作成し提供した方が、効果的で早道と考える。そこで、ポツダム宣言の内容と、これから発表するマッカーサー元帥の指令に沿った憲法のモデルを作成する作業に入る」』

さらにベアテは、先ほど著者が傍線を付したホイットニーの言葉について、

『今私は、エラマンさんが書き残した「エラマン・メモ」を見ながら、当時を想起している。が、その時はそんな重要な発言だと感じた記憶はない。

何しろこの会合全部が、私にとっては衝撃的な命令だったたし、たぶん民政局の高級将校とて同じだったに違いない。この部分は、のちの一九四六年に至って、我々の起草した日本国憲法草案が〈押しつけ〉であると問題になり、ラウエル中佐が、〈この発言はなかった〉と宣誓口供書で取り消している。

私個人としては、エラマンさんのメモは、抜けて足らない部分はあっても、創作して書き加えるようなことはないと信じる』

と述べ、エラマンの書いた「ホイットニーの発言」について誤りがないことを認めているのである。

「憲法制定会議」の設置

最後に、ホイットニーが、「通常の仕事は一時的にストップし、今週中に書き上げること、トップ・シークレットである」と述べると、再び民政局行政部のメンバーはどよめいたが、ホイットニーは話が終わると、さっさと自室へ引き上げていった。

こうして憲法草案の一章もしくは数章を分担して書きあげていくために、その日から民政局行政部の中に「憲法制定会議」が設置され、その下に次のような小委員会と、それを統括する運営委員会が編成され、全体の仕事を調整することが決まった。

そして、この運営委員会の責任者には、まだそのときは民政局の次長ではなかったが、一番くらいの高いケーディス大佐が務めることになった。

ケーディス大佐は、日本についての知識が全くないにもかかわらず、突然の命令でマッカーサーより二日早い八月二十八日に、占領軍の先遣隊の一人として厚木入りしていた。

彼は「軍人でありながら、法律家としても経験を積んでいた。コーネル大学とハーバード・ロー・スクールを卒業している彼は、ニューヨークのホーキンス・デラフィールド・ロングフェロー法律事務所の所属弁護士として活躍をしていた。その意味で並の軍人ではなかった」
(一)「運営委員会」(チャールズ・L・ケーディス陸軍大佐、アルフレッド・R・ハッシー海軍中佐、マイロ・E・ラウエル陸軍中佐、書記のルース・エラマン)
(二)「立法権に関する小委員会」(フランク・E・ヘイズ陸軍中佐、ガイ・J・スウォープ海軍中佐、オズボーン・ハウギ海軍中尉、ガートルド・ノーマン)
(三)「行政権に関する小委員会」(ミルトン・J・エスマン陸軍中尉、サイラス・H・ピーク、ジェイコブ・I・ミラー)

（四）「人権に関する小委員会」（ピーター・K・ロウスト陸軍中佐、ハリー・E・ワイルズ、ベアテ・シロタ）

（五）「司法権に関する小委員会」（マイロ・E・ラウエル陸軍中佐、アルフレッド・R・ハッシー海軍中佐、マーガレット・ストーン）

（六）「地方行政に関する小委員会」（セシル・G・ティルトン陸軍少佐、ロイ・L・マルコム海軍少佐、フィリップ・O・キーニー）

（七）「財政に関する小委員会」（フランク・リゾー陸軍大尉）

（八）「天皇・条約・授権規定に関する小委員会」（ジョージ・A・ネルソン陸軍中尉、リチャード・A・プール海軍少尉）

この会議のメンバーには、これらの委員の他に、秘書二名（シャイラ・ヘイズ、エドナ・ファーガソン）と通訳二名（ジョセフ・ゴードン陸軍中尉、I・ハースコウィッツ陸軍中尉）も含まれていたが、昭和五十八年十一月十三日に、前出の西修名誉教授から、インタビューを受けたケーディスは、人材の適所適材について

「私はホイットニー局長から、マッカーサー元帥の指示を聞かされたとき、民政局で日本国憲法の草案作りに乗り出すことは大変な挑戦であり、とても難しいものになると思いました。な

ぜなら、そのとき私たちの手もとには役に立ちそうな資料が非常に乏しかったからです」

しかし、「憲法の専門家こそいませんでしたが、立法や行政の経験者、政治学者、ジャーナリストなど、さまざまな能力を持ったメンバーが揃っていたので、誰をどの担当にするかで苦労しました。リゾー大尉には、一人で財務委員会を担当させ、苦労をかけました。ハッシーは、（憲法）前文をぜひやらせてほしいと申し出てきました。

戦争放棄の条文は、さまざまな議論が起こることが予想されましたので、私自身が担当することにしました。おそらく私がやらなかったら、議論が百出《（ママ）》してまとまらなかったと思います」

と述べているが、果たして「この局員たちに憲法草案を起草し得るほどの能力があったかどうかは疑わしい」だろう。確かに、ケーディスが述べているように「マ草案」の作成に関わった民政局行政部員二十五名の大部分が、アメリカでもトップレベルの大学や大学院を卒業した者ばかりで、中にはホイットニー、ケーディス、ラウエル、ハッシー、ヘイズのようにロー・スクール出身の法律を専門とする者もいたが、松本委員会とは対照的に憲法を専門とする者は、一人もいなかったからである。

例えば、占領史研究家の東京経済大学名誉教授竹前栄治も、その著書で、

「憲法草案の作成という、かなり複雑で専門的な仕事に必要な、老練な資質を持っていた人は一人もいなかった。また、一部の職員以外に、日本の、それも伝統や政治制度といったものに、

戦前から深い関心をいだいていたと思われるものは一人もいなかったし、精通したとみられるような者もいなかった。憲法改正という、非常に基本的なしかも重大な問題にとっては、彼らの資格には考えさせられることは多かった」（『憲法制定史』第一巻、小学館）

というアメリカ人の評価を紹介して、彼らの能力に対して疑義を唱えている。

また前出のジョン・ガンサーも、その著書で「マ草案」の起草者は、「およそ、政治学関係の分野を専攻しているもので、いつかは一度、ユートピア建設の設計図をつくりあげてみたいと思わないものはあるまい」と述べている。

一方、戦前、慶応大学で二年ほど教壇に立った経済学者のワイルズ博士も、その著書で「占領軍の首脳部で日本の歴史を深く知っているものは、ほとんどいなかった」

と述べている。

このように、民政局のメンバーたちは、日本の歴史、伝統、文化に対する知識が乏しい上に、そのわずかの知識もまた誤解や偏見に基づいていたにもかかわらず、マッカーサーからの指令によって憲法草案の作成に挑戦していかなければならなかったのである。

では、憲法と日本についての知識が乏しい彼らが、後の「日本国憲法」の原案となる「マ草案」を作成するために各小委員会で、どのような議論を行い、また小委員会と運営委員会で、いかなる議論を行ったのだろうか。

次に、現在残されている「運営委員会の書記役を務めたエラマンの手書きメモ、運営委員のハッシーが将来、著書を刊行するために整理していたハッシー文書、おなじく運営委員のラウエルが個人的にファイルしていたラウエル文書など」の資料を参考にしながら、時系列で、この問題について見ていこう。

「マッカーサー草案」作成の開始

ベアテによれば、この日の会議では、ケーディスを中心に、ラウエル、ハッシー、エスマンなどの法律の専門家の間で次のような議論が進められた。

「これから自由討議に移る。意見のある者はどんどん言って欲しい。とりあえず、原則のようなものを決めておく。

まず、民政局としては、憲法の起草にあたって、構成、見出し、その他の点で、現行の大日本帝国憲法にならうものとする」

「草案には、細かな点を多く書きこむ必要はない。国民の基本的権利を護るために必要な場合には権力に対する制限をはっきり規定すべきだ。

現行の明治憲法では、天皇の権限と権利について、明確な規定があり、保障されている。われわれは、これを完全に覆さなくてはならない」

「新しい憲法では、憲法上の権利は、成文憲法のないイギリスほど流動的であってはならない。しかしフランスほど詳細であってもいけないだろう。

新しい憲法を起草するに当たって強調しなければならない点は、主権を完全に国民のものにするというところにある。天皇の立場は、社交的君主の役割だけである」

「国連憲章からの引用と明示する必要はないが、国連憲章の諸原則は、われわれが憲法を起草するにあたって、念頭に置かれなくてはならない」

『最後に、作業の心得を確認しておく。

1、この作業の一切について、GHQ内といえども完全に極秘にされなければならない。

2、この作業に対しては、暗号名が用いられるべきである。

3、この作業で作成された草案、ノートの類は、すべて「トップ・シークレット」として処理されなければならない。

4、作業は、実行小委員会に分けて行われる。各小委員会の作業は、全体委員会か運営員会によって調整される。

5、仮草案は、週末までに完成すべきである。

以上、これで本日の憲法会議は終わる。この期間、これまでの仕事はすべてストップしてよろしい。民政局の大部屋の廊下側の大きな扉は、この期間閉ざされる。レストルームなど、部屋の外に出るときは横の扉を利用すること。この仕事は、米占領軍としての最高機密だから、両親、兄弟といえども他言無用』

『これが極秘であることは、私のその後の大きな制約として残り続けた。私が憲法について五〇年近く黙秘を続けたのも、この命令に違反しないためだった。実際に、「もう話してよろしい」という命令を、私はかつての上官から受け取っていない』

ベアテは、その著書で、このように述べているが、当然、この作業については秘密厳守で、もし、この秘密を漏らした者は軍法会議にかけられるということになっていた。

ケーディスの説明が終わったのは、十二時過ぎであった。その後、すぐに民政局の「廊下側の入口は閉ざされ、トイレに行くには一番端の入口だけを使うように命令が下りた。書類を机の上に置いて部屋を出ることを許されず、すべてロッカーの中にしまいこむようにという厳命が下された」

このときから、日本の戦後体制を決定した「日本国憲法」のモデルとなる「マ草案」の作成が第一生命ビル六階にある民政局の大部屋（六〇二号室）で始まっていくのである。

会議の終了後に行われた討議の内容については、前出のエラマンの書き残したメモが残されており、「議事録は、このメモをもとにタイプされ、二月四日から一二日までの密室の九日間が、会議ごとに記録」されている。

前出の鈴木がインタビューしたハウギ元中尉とプール元少尉の回想によると、「この第一日目の最初の会議はそれほど長い時間ではなかった」らしい。

そのときのエラマンのメモを見ると、ベアテも述べているように、「憲法の起草に当たっては、構成、見出し、その他、現行の明治憲法の例に従うものとする」と書かれており、ケーディスも、これについて、

「基本的に日本に対する指針をつくるのが目的なので、明治憲法にならって作成するよう指示しました。日本政府が草案を作った形で公表するには、どうしてもそのスタイルを踏襲する必要があったからです」

と述べている。

このケーディスの証言からも、アメリカには、「あくまで日本政府自身が憲法改正を作成した形をとるという」ことにしておかなければならないという事情があったことが分かる。その一つが、「ポツダム宣言」の第十二項であり、それに加えて次の「ハーグ陸戦法規」（「陸戦法規慣例に関する条約（ハーグ条約）付属書規則」）第四十三条という国際条約の規定である。

「国の権力が事実上占領者の手に移りたる上は、占領者は、絶対的の支障なき限り、占領地の現行法律を尊重し（傍線吉本）、成るべく公共の秩序及び生活の回復を確保するため施し得べ

き一切の手段を尽くすべし」

もう一つは、既に極東委員会が設置されているため、アメリカ政府の指針を「指令」や「命令」という形ではなく、「情報」として一月十一日に、マッカーサーに伝えた「SWNCC二二八文書」の(a)の（七）の項目（「日本国国民の自由意思を表明するごとき方法で、憲法の改正または憲法の起草をなし、採択すること」）である。

こうした理由から、どうしても総司令部民政局は、「日本国憲法」が「帝国憲法」から改正されたように見せる必要があったのである。

その他に、この日のエラマン・メモの中で、特に注目されるのは、

「国連憲章に明示的に言及する必要はないが、国連憲章の諸原則は、われわれが憲法を起草するに当たって念頭におかれるべきである」

という一文であろう。

当時の総司令部民政局のメンバーが、「マ三原則」の一つである「戦争放棄」の理論的根拠を、昭和二十年四月二十五日に発足したばかりの国際連合憲章の前文と第一章の「国際平和と安全のための脅威の除去」に求めていたとは驚きである。

この「マ三原則」の一つである「戦争放棄」についての理論的根拠を、国連憲章の中に求め

るように指示したのは、恐らくマッカーサーではなかっただろうか。この第九条の問題については、第九章の第二節で検討していきたいと思う。

この会議が終わると、前出のベアテは、憲法草案作成の資料を探すために、ジープに飛び乗って焼け野原になった東京の街へと飛び出して行くのである。

ベアテは、二月四日から憲法草案の作成が始まると、ロウスト中佐から女性の権利を書くように言われた。これをとても喜んだベアテは、方針を立てて「まず日本の女性にとって、どんな条項が必要なのか？　そのためには、手本になる憲法を見つける必要があると思った」

次に、ベアテは、ロウスト中佐から外出許可をもらって、ジープに飛び乗ると、世界中の憲法や関連書物を手に入れるために、昔住んでいた都内の図書館や大学を回った。彼女が原書を含めて十数冊の資料を両手にかかえて民政局に戻ると、皆が「貸してくれ」「貸してくれ」と言って、とてもポピュラー（人気者）になった。

一方、彼女と同じ発想で日比谷図書館や知人の政治学者、蠟山《ろうやま》政道（東京大学教授）を訪ねて資料を集めてきたのが、「行政権に関する小委員会」（以下、「行政権小委員会」と略称）に所属したミルトン・J・エスマン中尉だった。

エスマンは昭和十七年に、プリンストン大学で政治学と行政学の博士号を取得した後、合衆国人事院の行政分析担当官、バージニア大学軍政学校、ハーバード民事要員訓練所を経て、二十八歳の若さで民政局に派遣されてきた学者だったが、彼も憲法の専門家ではなかった。

後に、彼は、民政局の主導で憲法草案を作成することに対して、次のように大きな驚きと危惧を抱いたと証言している。

「私たちは、衝撃を受けました。世界の主要国の一つである一国の憲法を、占領軍の少人数のグループが草案するという事実に衝撃を受けたのです。そのような職務を遂行するよう要請されるなど、思いもしませんでしたから」

「日本人が一人も参加せず外国の占領軍の特定の人々によって作成された憲法は、外国からの押しつけとみなされ、占領終了時には、日本人がこの憲法をそっちのけで独自の憲法を起草するのではないかということでした。私は、そのことを懸念していました」


こうして、民政局の机の上には、「マ草案」の作成に必要な参考資料（日本、アメリカ、フランス、ドイツ、ソ連、スカンジナビア諸国の憲法や、イギリスのマグナカルタ、当時発表されていた各政党や民間学者の憲法草案など）が次第に集まっていったが、この日の仕事は、民政局員にとって一番長いものとなった。ベアテが集めた参考資料を貪り読む人、小委員会ごとに、額を寄せ合って相談する人、早くもタイプのキーを叩き始める人などの姿が朝まで、民政局のあちらこちらで見られたからである。

二月五日火曜日（二日目）

偽装された憲法草案

この日、「憲法制定会議」のメンバーは、八時前には出勤して「草案執筆のはるか前段階の、基礎的な知識をつける作業に専念していた」

ホイットニーが出勤してくると、ケーディスは、「憲法制定会議」のメンバーに会議を始めることを告げた。

エラマン・メモによると、この日の出席者は、立法権のハウギ、ヘイズ、スウォープ、ノーマン、行政権のピーク、司法権のラウエル、財政のリゾー、書記のエラマン、そしてケーディスの九名で、「人権に関する小委員会」（以下、「人権小委員会」と略称）のロウストと「天皇・条約・授権規定に関する小委員会」（以下、「天皇小委員会」と略称）のプールは欠席していた。

このとき、ケーディスは二月十二日に、「松本試案」を論議するための会合が開かれる前に、「憲法制定会議」が憲法草案を書くにあたって、あたかも「帝国憲法」から改正したように見せるために、次のように述べている。

「できる限り日本流の術語と形式を用いる。これは、昨日ホイットニー将軍も言っておられたように、この我々の草案は、日本政府によって書かれたものとして発表される。だから、彼らの表現を用いなければ、疑いの眼を持たれるだろう……」

これに対して、スウォープとヘイズは、次のように述べた。

「それは、当然だ。占領軍が被占領国の国内法を変えることは、国際法にもとることになるし（傍線吉本）……」

「しかし、民主主義についての用語や、人権に関する考え方は、日本にはない。意図するところを伝えるには、困難が多いのではないか？　しかも、我々にとって日本的表現は、あまり得意ではないが？」

「確かにそうだ。アメリカ式文言を使った方が、我々の意図するところが明らかになる場合は、日本式の形式を使わず、アメリカ式の用語を使うことにしよう」

アメリカはなぜ一院制を採用しようとしたのか

ここで、ケーディスが、マッカーサーが日本の議会は一院制の方がよいと言っていると発言すると、誰かが「立法権については、日本の政治の発達の歴史を見ても、二院制をよしとする利点は見当たらない。簡明という点で一院制がよいという発言」をした。

言い換えれば、民政局側が「一院制を提示し、日本側がその採用に強く反対したときには、この点について譲歩することによって、もっと重要な点を守ることが」できるということである。

この点については、ケーディスも、

「確かにそう発言しました。日本の民主化のために重要な部分は譲れないが、大筋に問題がなければ、日本の主張は受け入れて行こうというのが、私たちの基本的な考えでした。だから、特別にマッカーサー元帥が言われたことでも、私には変更する権限があると思っていました。もちろん、ホイットニー将軍は律儀な人ですから、マッカーサー元帥に報告はしたでしょうが……。後にこの点で譲歩することになったときも、元帥からは何も言ってきませんでした」

と述べ、このときの状況についてハッキリと覚えていたようだが、実は、二月十三日と二十一日の松本委員長とホイットニーとの会談で、このことが大きく取り沙汰されることになるのである。

この日、ベアテも朝から人権委員会の仲間とともに、ワイマール憲法とソビエト憲法の人権規定を読んで、「日本の女性が幸せになるには、何が一番大事か」を考えていたため、ケーディスから午前中のミーティングの声がかかっても、他の仲間と一緒に欠席した。

ベアテが、その著書で

『会議の内容は、エラマン女史が伝えてくれた。一院制か二院制かの問題や内閣などが、出席した委員たちの話題だったようだが、これだけは大切と丸をつけたメモには、「日本流の術語を使うように」とあった。

「日本政府が作ったものとして発表する」とした条件を満足させるためだ。人権という概念の無い日本に、日本式の術語でどれだけ表現できるか？　自信など持っていなかった』と述べているように、この一文からも、彼らは、あくまでも日本政府の手で憲法改正を作成したという形に偽装しようとしていたことが分かるだろう。

最高裁の違憲立法審査権の限界

また、この日の会議では、多くの条項について論議されたが、その中の重要議題の一つに、最高裁判所の違憲立法審査権の限界についての問題があった。

このとき、ケーディスが「ＳＷＮＣＣ二二八文書」のⓒの（一）には、「政府の他のいかなる機関も、憲法改正を含めての、国民代表たる立法部の承認する立法措置に関し、暫定拒否権を有するにすぎない」

と書いてあるので、「最高裁判所にも、暫定的拒否権を与える以上のことはできない」と述べたところ、ハッシー中佐は、「その制限は、最高裁判所による立法的拒否権の行使における制限に留まるのではないかと思う。我々は、憲法の解釈の問題については、最高裁判所に完全な審査権を与えることができるのではないか」と述べた。

後に、ケーディスは、自分はハーバード大学ロー・スクール出身の弁護士ではあったが、憲法の専門家でもなく、日本についての知識もなかったので「ＳＷＮＣＣ二二八文書」は、「憲法草案作成の極めて重要な下敷きとなった」と、次のように告白している。
「ラウエル中佐は、法規課長として日本の民間研究者や政党の憲法草案に目を通していたし、アメリカ側の資料にも精通していましたが、私も含めてほとんどの民政局員は、大変な勉強から始めなければなりませんでした。その意味でも、二〇日ほど前に届いていたＳＷＮＣＣ‐228は、単なる〈情報〉ではなく、ずっと重みのあるものでした。各小委員会に、草案に書いた内容をこのＳＷＮＣＣ‐228に照らして合わせて、矛盾がないようにチェックしておくよう注意しました」

「憲法草案」の作成に深く関わったケーディスら元民政局員たちに対して、インタビューを行った前出の鈴木も、その著書で
「ＳＷＮＣＣ二二八文書」の最後に、「最高司令官が、さきに列挙した諸改革の実施を日本政府に命令するのは、最後の手段としての場合に限らなければならない。というのは、前記諸改革が連合国軍によって強要されたものであることを日本国民が知れば、日本国民が将来ともそれらを受け容れ、支持する可能性は著しく薄れるであろうからである」
『ＳＷＮＣＣ‐228の基本精神からすると、日本の政治改革は、本来、日本政府の手で行わ

れるべきことであった。
その政治改革の根本である「憲法改正」を、民政局の手で行うこと、つまり文中にある「最後の手段」をとることの重みは、運営委員会のメンバーには、よくわかっていた。それだけにSWNCC‐228の分析には時間を費やしたと思われる』
と述べ、現行憲法の元になる憲法草案の作成が日本人の手によってではなく、最終的にアメリカ人の手によって行われたことを強調している。

天皇制の問題

次に、この日の重要議題として天皇制の問題があった。各小委員会のメンバーは、ベアテの集めた参考資料との格闘に追われていたため、この日の会議には出席してこなかったが、「天皇小委員会」のプールとネルソンは、既に草案の作業を始めていた。

マッカーサーが回想録で、

「ワシントンが英国の見解に傾きそうになった時には、私は、もしそんなことをすれば、少なくとも百万の将兵が必要になると警告した。天皇が戦争犯罪者として起訴され、おそらく絞首刑に処せられることにでもなれば、日本中に軍政をしかなければならなくなり、ゲリラ戦がはじまることは、まず間違いないと私はみていた。けっきょく天皇の名は、リストからはずされたのだが」

と述べているように、「憲法改正」を急いだ理由の一つは、先に述べた極東委員会が設立される前に、天皇を何とか戦犯から守りたいというマッカーサーの意志が働いていたことは明らかであろう。

またケーディスは前日の会議で、

「現行の明治憲法では、天皇の権限と権利については、明確な規定があり、保障がなされている。われわれの草案では、これを覆さないといけない。新しい憲法を起草するに当たっては、主権は完全に国民の手にあるということを強調しなければならない。天皇の立場は、社交的君主の役割のみとされるべきである」

と述べているように、ここからマッカーサーが日本をどのように改造しようと考えていたかが分かるだろう。

即ち、内閣総理大臣のコントロールがきかない「帝国憲法」の統治権と統帥権の両立こそ、日本の軍国主義の根源であるから、この権限を天皇から取り上げて、日本を非武装化しない限り、日本の軍国主義化の復活は必至である。したがって、「天皇は、新しい存在として護られるけれども、神格化された天皇制は払拭されなければならないというのが、一貫したマッカーサー元帥の考え方」だったのである。

そこで、マッカーサーの意向を考慮して、プールたちはヨーロッパの君主制や王政国家の憲法を調べて次々と読破していくのであるが、この中で、いちばん参考にしたのが英国の制度であった。

「ＳＷＮＣＣ二二八文書」では、「ポツダム宣言」の第十二項を尊重していたため、天皇制に関して日本国民は、二つの方向のどちらかを選べるようになっていた。

一つは、天皇制を廃止すること、もう一つは天皇制を存続させることである。そこで、プールは、「ＳＷＮＣＣ二二八文書」では、「天皇が象徴的存在であっても、その権力は最小限にする、など細かいことがたくさん書かれて」いたため、イギリスの王室のような制度を考えて、「天皇は、国を支配する権力は持たなくても、国民から尊敬される存在になればいいと」考えつくのである。

著者は、第二章の第一節で明治十六年八月三日に、ヨーロッパから帰国した伊藤博文は、君主権の弱いイギリス型の立憲君主制よりも、君主権の強いプロイセン型の立憲君主制をモデルに日本の立憲君主制を考えたことを述べたが、プールは、伊藤たちとは対照的に君主権の弱いイギリス型の立憲君主制をモデルにして、戦後の日本の立憲君主制を考えたのである。

前出の鈴木は、プールに対して「日本国憲法」の第一条にある「象徴」は、一九三一年に制定されたウエストミンスター憲章の前文からとったのかと質問したところ、彼は、

「そうです、〈シンボル〉という言葉は、旗とか紋章とかの物質を連想しやすいのですが、英語では精神的な意味も強く含んだ言葉です。日本の憲法学者は、現行憲法第一条の〈シンボル〉という表現がどこから来たか非常にこだわっているようですが、アメリカ人ならば十人が十人とも、〈精神的な要素も含んだ高い地位〉という意味を、すぐ理解する言葉です。〈シンボル〉というのはよい表現だと思いました」

と答えている。

一方、前出の西修名誉教授は、その著書でネルソンに対して天皇の地位を「象徴」であるとした理由について質問したところ、

彼は、〔イギリスの著名な憲法学者、ウォルター・バジョットの著書『英国憲法論』(初版一八七六年)にイギリスの国王を「象徴」と表現していたことにヒントを得て、憲法草案に書き込んだ〕

と答えている。

今となっては、その真相は藪の中であるが、いずれにせよ、現在、メリーランド大学に保存されているケーディスのタイプした「マ・ノート」の第一条(「Emperor is the head of the state」「天皇は、国の元首の地位にある」)の「head」には印が付けられ、その上に「symbol」という文字が書かれているが、このメモをいつ頃書いたのかは、二人とも、はっきりとは覚え

ていないようである。

だが、プールは、「半世紀たった今日でも、どのような文章がどのようにカットされ、どんな言葉を書きいれたか忘れていないという」

後述するように、「天皇小委員会」は、早くも六日に第一稿を書きあげ、運営委員会と最初の検討を行っている。

この日、ベアテも、女性の人権規定を憲法草案に書くことに没頭していた。気がつくと、窓の外は夜に変わり、時計の針は六時を回っていた。ベアテは、一番大事なことを書き終わってホッとしたが、大部屋では誰もが草案の作成と格闘していた。

この日の夜、ホイットニーは、「翌日マッカーサーに報告する文章を作るためにタイプに向かっていた。日本政府から憲法改正案が二月七日に届けられるという連絡を受けての報告書だが、そこに民政局内の作業の進捗ぶりを次のように」織り込んでいた。

「私は、憲法改正についての民政局の作業を、完全に秘密にしてありますので、来週の火曜日(二月一二日)に、日本側の案について私と会談することになっている日本の係官が、我々の案について事前に情報を得ていることはないと、確信しています」

「我々の憲法改正原案は、細かな点の修正を後回しにすれば、週末までには閣下の検討を仰ぐために提出できる見込みです。目下の進行状況からみて、この原案は満足すべきものになるだろう、と確信しています」

戦争放棄の条項

ケーディスは二月四日から、自身の手で「マ・ノート」の文言を添削することから始めた。

「重要な変更は、草案を数カ所カットしたことです。それは私がやりました。自分でやったのを覚えています。

まず〈自己の安全を保持するための手段としての戦争をも〉という部分をカットしました。

さらに、〈日本は、その防衛と保護を、今や世界を動かしつつある崇高な理想に委ねる〉の部分もカットしました」

「自衛権の放棄を謳った部分をカットした理由は、それは現実離れしていると思ったからです。どんな国でも、自分を守る権利があるからです。だって個人にも人権があるでしょう？　それと同じです。自分の国が攻撃されているのに防衛できないというのは、非現実的だと考えたからですよ。

そして、少なくとも、これでひとつの抜け道を作っておくことが出来る、可能性を残すことが出来ると思ったわけです。（草案の中には）はっきりと〈攻撃を撃退することはできない〉と謳われていないわけですからね。

この条項について、皆で議論していたら、一週間かけても結論は出ないだろうと思ったのです。それで、これは自分一人でやってしまおうと心に決めました」

後に、ケーディスは、鈴木に対して自衛権放棄の削除について、このように述べているが、人間には生存権があるのと同じように、国家にも生存権があるのだから、それを否定するようなことを憲法上に明記することは非現実的であることは間違いないだろう。

またケーディスは、鈴木に対して

「ホイットニー将軍は、〈戦争と武器の放棄〉の条文は、きわめて重要なので、第一条に持ってくるべきだと考えていたと思いますね。そんなふうに私は記憶しています。ところが、私自身が、二月四日でしたか、かなり早い段階の会議の時に、出来るだけ明治憲法の章の構成と同じようにした方がよいと発言しました。つまり天皇の章を第一章に持ってくるべきだと言ったのです」

と述べているように、「戦争放棄の条項を、憲法全体のどこに位置づけるかが最も大きな問題」であった。

前出のウイリアムズ中佐は、鈴木に対して

「ケーディスは、第九条そのものが気にいらなかったんです。憲法草案の中で、ケーディスが書いた条項を読むと、数ヵ所マッカーサーが反対しているにもかかわらず、問題提起しているところがあります。彼の提案は、採用されたものもあれば、そうじゃないものがあります。第九条については、その後者の方です」

と述べていることから、ケーディスは、自分の独断で勝手に「戦争放棄」の条項を削除したのではなく、マッカーサーに対して第二章の第八条に「戦争放棄」の条項を置くことを提案して、次のような形にしたことは間違いないだろう。

第八条　国権の発動たる戦争は、廃止する。いかなる国であれ他の国との間の紛争解決の手段としては、武力による威嚇または武力の行使は、永久にこれを放棄する。

陸軍、海軍、空軍その他の戦力をもつ権能は、将来も与えられることはなく、交戦権が国に与えられることもない。

二月六日 水曜日（三日目）

日本の民間団体の作成した憲法草案

この日の東京は、朝から日本海に横たわる寒冷前線の影響で寒気に覆われていた。ベアテが八時に民政局に出勤すると、既にタイプの音が大部屋で快いリズムで鳴り響いていた。

寝不足で出勤したケーディスは、民政局の大部屋の隣の会議室に「憲法会議」のメンバーを招集して、次のように述べた。

「確認事項を通達する。この憲法草案作業の進行中は、日本人は民政局には一人たりとも入れてはならない。このことは、この会議に出席していないスタッフに注意しておくように……。書類や資料類は、夜間は一切金庫の中に入れておくこと。この中に〈ナラハシ・パーティー〉に招待されている者もあると思うが、どのような性質のものであっても、政治問題を議論しないように注意してほしい」


この日、連合軍の将校と日本政府との間で交流を円滑にするために、内閣書記官長の楢橋渡主催のパーティー（通称「ナラハシ・パーティー」）が予定されていた。このパーティーは、「華族の婦人や令嬢なども交えて時々催していた晩餐会」で、「たぶんその招待状を持って誰かが民政局の部屋を訪ねてきていたのだろう」

エラマン・メモによれば、ケーディスは、

『機密保持には厳重に注意するようにという言葉で結んだあと、作業日程を通達する。

「各小委員会の第一次草案は、明日二月七日までに完成すること。この試案は、原本一通、カーボン・コピー三通、ダブル・スペース（一行ずつ空白をあけて）でタイプアップすること」

明日！　全員から驚きともなんとも言えない声が漏れた。しかし、当初の予定より一日遅れて二月一三日に設定されている日本政府との会談に間に合わすことが至上命令だ。マッカーサー元帥の承認を取りつける時間を考えると、週末の九日にはほぼ完璧な草案にしなくてはならない。となると物理的に第一次草案は明日中という計算になる』からである。

このとき、「人権小委員会」のロウスト中佐から次のような意見が出された。

「日本流の術語と形式を使ってという方針が昨日の会合で確認されたが、民政局で考えた憲法を、完全に日本側の手になる文書として公表することは、心理的信憑性の点で問題があるのではないか？」

確かに、日本の文化や政治には、神風特攻隊の例を見ても分かるように、封建主義的な武士道の精神が宿っていることから、天皇と国家のために命を捧げることが最高の忠義であるとされていた時期があった。だからといって、日本人に「西欧文明が何世紀もかけて到達した人権の概念を自力で書けるはずがない」というのは、日本人に対する偏見であろう。

後に、ケーディスが、このロウスト中佐の発言に対して、

「確かにロウスト中佐が指摘するような問題の存在は、認めざるを得ないだろう。しかしアメ

リカの政治イデオロギーと、日本の中での最良、または最もリベラルな憲法思想の間には、日本政府案との不一致ほどのギャップはないと思う」

と述べているように、ちょうど松本委員会が憲法草案を作成していた頃、政府以外にも民間団体や個人から、様々な改正案が提示されており、その中でも東京帝国大学教授の高野岩三郎（統計学専攻）を中心とする「憲法研究会」の作成した『憲法草案要綱』が新聞で大きく取り上げられ、総司令部でも政治顧問のアチソンやホイットニーがいち早く分析して、リベラルで自由主義的な草案として高く評価していたからである。

最後に、ケーディスは、この日の打ち合わせを次のように締めくくった。

「ところで、第一次草案が出来る段階で、ＳＷＮＣＣ‐２２８との整合性どうするかだが、私はＳＷＮＣＣ‐２２８を拘束力がある文書として取り扱うべきと考える。各小委員会の委員長は、それぞれの提案がＳＷＮＣＣ‐２２８に矛盾しないかどうかチェックして貰いたい。時間がないので大変だと思うが、民政局員としてこの仕事はどうしてもやり遂げなければならない。マッカーサー元帥も、大きな期待をもっておられる。頑張って欲しい」

こうして、この日の作業は開始されていったのであるが、「明日までに何としてでも第一稿を間に合わせなくてはならない」ため二月六日は、彼らにとって非常に慌しい一日となった。

人権条項の作成

この日、「人権小委員会」は、民政局の中で最も重要な役割を担うことになった。「マ・ノート」には、全く人権条項に関する条件が書かれていなかったからである。このため「人権小委員会」は、基本方針を決定するところから始めなければならなかったが、社会学者のロストウ中佐、経済学者のワイルズ博士、そして弱冠二十二歳のベアテの他に、法律の専門家はいなかったのである。

この日、ベアテは民政局に出勤すると、昨日の草案を読み直して、「母性の保護」に関する条項に取り組んだが、「人権条項を書くための資料として、ドイツのワイマール憲法の他にスカンジナビア憲法、人権宣言、アメリカ憲法、ソビエト憲法、国連憲章などを参考」にした。

この中でも、特にスカンジナビア憲法が役に立ったというが、「彼女が参考にした資料の原典をたどってみると、日本国憲法の条文のルーツがわかる」だろう。

ベアテは、「自分にまかされた、女性の権利と教育を受ける権利の条項を、二日間」で書き上げ、後はロウスト中佐とワイルズ博士にチェックしてもらう作業が残っていたが、彼らは、自分たちに与えられた持ち分が出来上がっていないので、彼女まで手が回らなかった。

後に、彼女が作成した家庭条項は、「日本側との折衝において、大幅に整理され、現行憲法の第二十四条（婚姻の自由、家庭と生活における個人の尊厳と両性の平等）に結実されている」

天皇条項の作成

この日、草案の第一稿を書き上げたのは、「天皇小委員会」であった。六日の午後に提出された草案を手にしたケーディスは、

「それでは、検討に入ろう」

と述べ、先のことを考えて、少しでも作業を前に進めようとした。「法律家のいない小委員会の草案は、実際に書かれたものを見るまで不安で仕方なかった」からである。

ケーディスは、草案の検討に入る前に、次のように前置きした。

「天皇の章については、マッカーサー元帥の三カ条のメモ（マッカーサー・ノート）にも注意されていたが、きわめて重要な問題なので、論議に入る前に確認しておく」

「運営委員会としては、天皇の有する権限を厳重に制限しておくこと、および天皇は装飾的機能のみを有する旨を、疑いの余地のない明白にしておくこと、を改めて強調しておく。さて、それでは、第一条から検討して行こう」

プールの証言とエラマン・メモによれば、第一条（「日本の主権は日本国民に存し、それは国民の意思により動く国家により行使される」）の最初の二行がいきなり削除された。「マ草案」の前文に「主権は国民に存する」と書かれているからであった。

また次の第二条も、ラウエル中佐の発言で冒頭の二行（「日本国は、その皇位が世襲により継承される歴代の天皇により君臨される」）が削除された。君臨という言葉が「統治する」という政治的な意味合いを含んでいるという理由であった。その代わりに「天皇は日本国の象徴であり、日本国民統合の象徴であって……」という一文に改められた。

その後も、検討は続いた。例えば、ケーディスは、第五条の天皇の権限を制約するために、「天皇は、内閣の助言と同意のもとにおいてのみ、一定の国の職務をなしうる」という文言を追加するように提案した。このように、プールは、ケーディス、ラウエル、ハッシーの助言に従って、四種類の草稿の第一稿の内、カットした条項に線を引いて、追加や変更、書き直した部分を明記した。

皇室費に関する条項

エラマン・メモを見ると、この「第一稿の原稿には、その皇室の財政に関する訂正のあとも残されている」。例えばプールの原案では、「皇室は、国会が決定した皇室典範によって運営され、その費用は国家予算に含まれる」と書かれている。

だが、ケーディスは、『SWNCC‐228の立場を守って、国民がいつまでも天皇を必要としない意思決定が出来るよう、訂正を加えている。原稿は線で消されて、第二稿の、「国会の決議がない限り、皇位に対し金銭その他の財産を与え、または皇位が支出を行うことはできないという文言が」プールによって明記されている。

一方、前出の西も、「財政に関する小委員会」（以下、「財政小委員会」と略称）のリゾーに対して皇室の費用と公金の宗教団体等への支出禁止をどのように考えていたのかを質問している。

これに対して、リゾーは、

「皇室費に関する規定は、『日本の統治体制の改革』（前述）の文言を引き写したもので、当時は皇室財産が解体され、帝国憲法のような聖域がなくなっており、占領政策の延長上のものです。また公金の宗教団体等への支出禁止は、《人権に関する委員会》のロウストや民間情報教宣局のバンス博士から示唆を受けました。私たちは、帝国憲法下で政府が個人の信教の自由に干渉した、神道を悪用したという共通認識をもっていました」

と答えている。

憲法改正の条項

この日に作成された条項の中で、著者が最も注目したのは、プールとネルソンによって作成された憲法改正の条項である。

この条項は、昭和三十（一九五五）年まで憲法改正を禁止するというもので、その後は、「十年ごとに国会で特別会を開いて憲法改正問題を審議する、特別会での改正手続きは国会で三分の二以上の多数を得なければ提案されず、四分の三以上の賛成を得て成立するという厳しいものであった」からである。

では、ケーディスは、この条項を読んで、どのような印象を受けたのであろうか。エラマン・メモによれば、ケーディスは、次のような反対意見を述べている。

「(この草案の中で)国民の(憲法)改正権について厳重な制限がついている点——一九五五年までは憲法の改正を一切許さないこと、改正については、国会の三分の二以上の提案がなければ発議されず、国会の四分の三以上の多数を得ねば承認されないこと——には反対だ。これは理論的には、後世の国民の自由意思を奪うことになる。また、憲法を保護するためにこのような制限をするのはよくないと思う(傍線吉本)」

これに対して、彼らは、次のように反論している。

「私たちの考え方を言いますと、第一に日本国民には、まだ民主主義の運用ができないと思います。しかも我々は、今なお神がかり的(ミステリアス)な考え方をする国民のために民主主義的な憲法を起草するという立場に置かれています。ですから、一〇年間改正を禁止することにすれば、日本国民が新しく獲得した民主主義を学んでいる間に、自分たちで自主的に運用する技術を失ってしまうことを防ぐことができます。

一九五五年以降になれば、国会の特別議会を召集して憲法改正について検討でき、そして、このような特別議会は、その後も一〇年ごとに開かれるとしています。また、憲法改正の提案と承認を、三分の二と四分の三という高率の賛成が必要であるとした点は、単に多数派というだけの勢力による政治的気まぐれで、憲法が改正されることをなくすためであります（傍線吉本）」


言い換えれば、「このプールの言い分は、日本にはいまだ民主主義が普及されておらず、反動を抑えるいわば学習期間として十年の期間を設けるべきだと考えたというものである」。

ところが、ケーディスは、前出の鈴木のインタビューに対して、このエラマン・メモの記述は、次のように正確ではないと述べているのである。

「憲法改正のための発議を定数の三分の二以上とすること、そして議決を四分の三以上という高率に設定するというのは、後世の歴史まで制限するので、私はこの記録にあるよりも、もっと強く反対しました（傍線吉本）。このエラマン・メモは、記録文書をチェックするという公式記録のための手続きを踏んでいませんので、正確とは言えません。

エラマン・メモの基本的骨組は正確ですから、今となっては非常に価値があります。しかし、これがすべてという訳ではありません。

確か、四分の三という部分は、カットした記憶があります」

一方、エラマン・メモによれば、このときのケーディスの発言は、最後に次のような言葉で結ばれている。

「自由主義的な憲法の起草は、責任感のある選挙民を前提にしなければならないし、また、どの世代にあっても、次の世代が憲法を改正する自由を制約する権利があるわけではない。憲法は相当に永続性のある文書であると同時に、弾力性のある文書でなくてはならない。その改正手続きは、複雑であってはならず、簡明である必要がある」


このとき、ケーディスは、「一〇年ごとの再検討条項も外すことを主張している」が、これに対して、ハッシー中佐は、

「憲法改正は、国会が総議員の三分の二の賛成によって発議し、選挙民の過半数以上の賛成によって承認されるものとしてはどうだろうか?」

と提案した。このときのハッシーの提案は、今日の「日本国憲法」第九十六条に明記されている改正手続の原型になるのである。

ベアテは、その著書で後から、この日の小委員会と運営委員会との会合で「この憲法は一〇年間は改正を禁止するというような話題まで出た」ということを聞いて、「人権条項、特に女

性の権利に関しては同じような思いがあった」と述べている。

「封建的支配になれている日本人は、面従腹背がひとつの生き方の文化になっている。占領軍のおっしゃることだからご無理ごもっとも、なんでもハイハイと従って、強い人がいなくなったら、さっさと改正してしまうかもしれない」からである。

一方、このプールとネルソンの発言を裏付けるものとして、前出の日高が平成九年十一月三日に、前出のウイリアムズ中佐から得た憲法改正についての証言は重要である。

フロリダ州ベニスのゴルフ場の中にあるウイリアムズ中佐の自宅を訪れた日高が「憲法のことを取材しにきました」と挨拶すると、中佐は、

「日本の憲法は簡単には変えられない。変えることが難しいように作ったからだ（傍線吉本）」

と述べたからである。

残念なのは、民政局が憲法草案の作成に取りかかったとき、ウイリアムズ中佐は、ちょうど漆《うるし》にかぶれて入院中だったことである。このため中佐は、直接に草案の作成に関わることはなかったのであるが、この発言を見れば分かるように、中佐が退院した後、草案の作成の事情を同僚から聞いていたことは間違いないはずである。

われわれは、ここから「日本国憲法」第九十六条の改正手続がなぜ複雑なものになっているのかが分かるだろう。ウイリアムズ中佐から、この重大な証言を聞き出した日高は、その著書

で次のように述べているが、著者も同感である。

『このあと本文で詳しく述べるが、ウイリアムズ中佐が言ったのは、いま安倍政権が改正しようとしている憲法第九十六条のことである。

憲法第九十六条は、国会の両院で、全議員の三分の二の同意による発議によって改正の手続きが始められ、国民投票で過半数の同意がなければ憲法を改正できないと決めている。しかしアメリカやフランスの場合は、憲法改正の発議について複数の方法を決めており、国民投票についてもアメリカの場合は必要としておらず、フランスの場合は必ずしも必要としていない。

ウイリアムズ中佐によれば、国会の全議員が国会に出席して決議しなければならないという、常識では考えられないような案も出されたという。アメリカは日本という国を変えるために憲法を作り、日本をその憲法で厳しく縛りつけようとしたのである。

……日本の現在のシステムの基本になっている憲法を与えるとともに、その憲法を変えることを難しくしたのはアメリカだが、平和主義の理想を貫くその憲法の背後に潜んでいるのは、戦勝国による〝報復〟である。アメリカの言う侵略戦争に日本が敗れたという前提があり、日本は報復を受けたのである。

……日本の憲法を書き直すにあたっては、まずこうした歴史の流れを見なければならない。日本とアメリカの関係を、歴史という大きな流れのなかで捉え、日本の憲法がいかに作られたか、なぜアメリカが変えることの困難な憲法を作ったかを考察しなければならない。

……日本の人々は憲法を考えるにあたって、まずアメリカが、太平洋戦争をまったく自分たちに都合の良い形で日本国民のアタマに詰め込んだことを知らなくてはならない。日本にとって大東亜戦争は、近代国家として生きるための資源や市場を求めての経済戦争であった。だがアメリカはこの事実を全面的に否定し、「他民族を圧迫する侵略戦争である」と決めつけたのである』（前掲書）

彼の言っているように、日本人は、憲法問題を考えるときに、まず大東亜戦争の原因と戦前のアメリカ人の日本人観の考察から出発して、最後にアメリカは、なぜ改正が難しい憲法を日本に押しつけようとしたのかを考察しなければならないだろう。

この他に、この日の会議では、条約の締結権、弾劾、反逆罪、最高法規、承認など、多岐にわたる問題が詳細に検討された。

二月七日木曜日（四日目）

司法権の条項

この日の朝、ベアテは、西から吹く木枯らしで顔が痛いほどであった。気持ちをあせりながら、いつよりも早く民政局の大部屋に出勤すると、ほとんどのメンバーが顔を揃えていたが、その中には昨日から徹夜した人たちもいた。

ベアテは、昨日に引き続いて「タイプしたものを読みなおし、訂正し、またタイプしなおして二人の上司に見てもらうチャンスが来るのを待った」

「人権小委員会」のロウスト中佐は、この日、人権条項の一部を書き上げていた。アメリカの歴史には奴隷制度があるため、「人権としては最悪の傷を持っている」。このためアメリカ人は、どの人も「人権に関する理想像を持っている」

ベアテは、「すべての自然人は……」から始まるロウストの原稿をタイプしながら、「その一語一語に興奮を覚えた」。インドでカースト問題を研究していたロウスト中佐のコスモポリタン的な考え方が反映されていたからである。

ロウストの書いた「自由権」や「社会的権利および経済的権利」には、アメリカにもないようなリベラルなものがあった。

司法上の人権を担当したワイルズ博士も、「戦前の特高警察の思想犯の扱いや憲兵による不法逮捕を知っているだけに、実に事細かく書き込んでいた」

ベアテは、「その行き届いた配慮に、なるほどと頷いたが、心配も大きくなった。この原稿が全部憲法になったとしたら、電話帳のような世界最大の憲法になるかもしれなかったからだ」

一方、この日、「司法に関する小委員会」の提出した「第一稿で一番問題になったのは、司法権があまりにも大きな権限を与えられていることにあった」

エラマン・メモによれば、ケーディスが、

第五十七条には「裁判官は終身官として任命され、司法部自身の規律以外の一切の規律から独立して」おり、「もろもろの行政的裁判は禁止され、かつ最高裁判所に最高の規則制定権が与えられている」が、このような「性格の最高裁判所だと、政府の他のすべての部門を支配する〈司法的寡頭制〉が出来上がるように思える」と述べると、ラウエルは、これに対して次のように反論した。

「これまでの日本の裁判所は、威厳もなかったし、独立もしていなかったんですよ。裁判所は検察の道具だったとも言えます。裁判官の昇進は、警察の意向に従順であるか否かによって左右された。だから裁判所の権限は、これまでの無力な立場を補うために、意識的に高くしたんです。

この憲法では、国会の権限は非常に強化されたし、独立性を与えられた司法部が、国会の権力を侵すということはないと思います。〈司法的寡頭制〉によって憲法が曲げられることは、起りそうもありません。その理由は、国会に、権利章典にある規定に関する判決以外の一切の判決を審査する権限が与えられているからです」

このように、「憲法制定会議」のメンバーの作成した第一稿には、日本の旧体制の復活に歯止めをかけるための文言がどの条項にも現れていることが特徴であろう。

このときの「司法に関する小委員会」のメンバーは、運営委員のラウエルとハッシーが兼任したため、ケーディスが保守的な立場で議論を展開した。

財政に関する条項

この日、運営委員会は、リゾー一人の「財政小委員会」と会合を行った。

ケーディスが、リゾーの作成した原案に対して、

「原案の第五条では、国会はその年度に見込まれた歳入を越える額の歳出を認めてはならないとしている。これでは、公共事業につきものの長期計画は不可能になるから、この制限は賢明かどうか疑問がある。こういう計画の総資金は、一年の歳入と借入金でまかなうのは不可能で、国会は、初年度に支出を認めるほか、年度を越えて継続して資金の支出計画を立てるべきだと思うがどうだろうか？」

と述べると、リゾーは、

「それは原案にあるように、国会には予算の削減、追加の権限がある。つまり国会は、毎年の予算を批判的に検討することが可能でなければなりません。国会は、歳出ばかりでなく、歳入

の面からの要請も考えないといけないし、ある年の国会が、それ以降の国会による支出を約束する権限を持つのは、よくないと思いますが……」

と反論した。

エラマン・メモによれば、このやり取りが終ったあと、ケーディスは財政に関する条項が直接に民主主義の根幹に触れないことから、リゾーの見識に任せて自説を撤回し、「原案通りに承認した」

この財政に関する条項のほとんどが「帝国憲法」の中身に対応する形をとっており、中には「帝国憲法」の条項を英訳しただけのものすらあったようである。

こうして、この日の会合は、ごく短い時間で終了した。

行政に関する条項（1）

この日、初めて運営委員会と会合を行ったのが「行政権小委員会」であった。

この小委員会の作成した原案は、最初十一条項で会合ではその原案に沿って進められ、最終的には第二十九条から三十四条までのわずか六条項となった。

まず運営委員会のハッシーが、

第三十条の「内閣総理大臣は、天皇によって指名される」という文章だが、「これは内閣総理大臣の任命について、天皇の手に裁量権があって委ねられているという意味になるのではないだろうか?」

と反対意見を述べると、これに対して、ケーディスは、次のように述べた。

「天皇については、天皇の有する一切の権限を厳重に制限しておくこと、天皇は装飾的機能のみを有することを、疑いの余地がないよう明白にしておくという大前提があるから、この文章は、こういうふうにしたらどうだろうか?〈天皇は、国会の指名した者を内閣総理大臣に任命する。〉この条項は、天皇条項に入れることにしよう」

一方、この会合では、内閣総理大臣が国務大臣を選任するのに、国会の助言と同意が必要かどうかという問題も議論された。

例えば、エラマン・メモによれば、運営委員のラウエルは、

「閣僚の任命については、国会の内閣に対するコントロールを強化する必要があると思います。〈国務大臣は、国会が承認した特定の地以外には、任命され得ない〉とすべきではないでしょうか? つまり、国会がある人物を郵政大臣に任命することを承認した時、その人物を外務大臣につけるには、再度国会の承認が必要ということです」

と述べている。

また原案の第一稿には、閣僚の「文民条項」が規定されていることも重要であろう。この条項が後に、「日本国憲法」第六十六条第二項にあるシビリアン・コントロール（文民統制）の原型となるからである。

このように、二月四日から連日にわたって運営委員会と小委員会の間で活発な議論が行われていたわけであるが、ちょうどその頃、先に述べた「松本試案」も、一月三十日から二月四日にかけて臨時閣議で憲法問題を審議し、乙案を参考にしながら甲案を説明して決定したのである。そして、二月七日に、この「松本試案」を陛下に奏上して一切の手続を完了するが、このときの日本政府は、この四日間に行われていた民政局による草案作成のドラマを知るよしもなかったのである。

二月八日 金曜日（五日目）

人権に関する条項

この日の東京は、朝からどんよりと曇っていた。そして天気予報は、夕方から雪になると告げていた。ベアテのようなシビリアンは、「運営委員会との会合が、今日できなければ大変なことになるので、今夜は雪の中を深夜に帰ることに」なりそうだった。そこで、ベアテは、大きなマフラーを用意して宿舎の神田会館から徒歩で民政局に出かけることにした。いつも神田会館から乗るジープに余裕がないときは、ほとんど徒歩で通勤していたからだった。

四日間も寝不足が続いて体が重たい。民政局に着くと、大部屋の大きな扉は閉じられていた。横の入口から回って大部屋に入ると、ロウスト中佐とワイルズ博士は、どうやら昨夜は徹夜だったようで、既に手書きの原稿にチェックを入れていた。

訂正が入るため、「運営委員会に提出する草案は、ダブルスペースで三部コピーをとることという指示が出ていた」「当時はコピー機などないから、カーボンを間に入れてコピーをつくるしかない。ミスタイプしたら、カーボンをめくっては消しゴムで訂正するのだから手間のかかること夥しい」

「人権小委員会」の原案の第一稿は、「総則を受け持っているロウスト中佐の部分が完成していないので」、「締切日を丸一日過ぎていても、まだ完成して」いなかった。

唯一の救いは、エスマン中尉の「行政権小委員会」と運営委員会がもめていたことで、最初の会議の予定が伸び伸びになっていたことだった。

ようやく午前中に、原案のタイプを終えて、「人権小委員会」のメンバーが午後一時に、全部で四十一条からなる原案を持って、運営委員会の部屋に入ると、ケーディス、ラウエル、ハッシーの三人と、スウォープ中佐、そして書記のエラマンが待っていた。

この小委員会の作成した原案は、現在の「日本国憲法」に定められている人権規定の原型となるだけあって、ベアテの書いた原稿だけでも、ダブル・スペースで数ページもあり、膨大な分量となっていた。

この日の会議の様子についても、エラマン・メモやケーディスとベアテの証言が残されているので、興味深い部分を抜き出して見てみよう。

この会議で最初に口火を切ったのは、ハッシーだった。

「人権の章の原稿第二条だが、この憲法に列記されていない権利は、国民に留保されているとしているのは反対だね。残された権能も国会にある。国民が、国民自身が創設した国会の定めたことに反する権利を持つということは矛盾している。この憲法は、他の条文で、国会を通じて行使される国民の意思が最高だと定めてあるが、どうかね?」

この第二条では、「この憲法には、国民の諸種の自由、権利および機会が列記されるが、このことをもって国民になお留保されるその他の諸権利が否認ないし軽視されるものと解してはならない」となっていたからである。しかし、会議の結果、次のような条文となって、今日の「日本国憲法」の第十三条と第九十七条に定められている。

「この憲法が、日本国民と協議して保障する基本的人権は、人類の多年にわたる自由獲得の努力の結果、これらの権利は、過去の長い時間と経験を通して、現在および将来の国民に対して侵すことのできない、永久の権利として信託されたものである」

この会議での議論は一条ごとに行われたが、第三条については一部を削除することで話がまとまった。次に問題となったのは、以下の第四条である。

第四条　この憲法の後日での改正と、将来できる法律、法令は、すべての人に保障された平等と正義、権利を廃止したり、限界をもうけることはできない。

公共の福祉と民主主義、自由、正義はいかなることがあろうとも、将来の法令によって侵されない。今ある法律は、この基本のないものがあれば、すべて無効となる。

ケーディスは、これに対して、

「これには、この新しい憲法以後に定められる憲法、法律や命令は、この憲法が保障しているいろいろな権利を制限したり破棄することを禁止している。しかも、公共の福祉と民主主義より以上に尊重される事項を作ってはいけないと書いてある。これには､反対だね。……つまり、これは、暗黙のうちに、この憲法の無謬性を前提としている。一つの世代が、つまりわれわれのことだが、他の世代に対して自分たちの手で問題を解決する権利を奪うことになる。原案のままだと、権利章典の改正は不可能になる。つまり権利章典の変更は、革命を起こすしか方法がなくなる。とても賛成できないね」

と反対意見を述べた。だが、これに対して、ロウスト中佐は、次のように反論した。

「しかし大佐！　現代はある発展段階に達しており、現在人間性に固有のものとして認めている諸権利、つまり〈基本的人権〉は、将来の世代が廃止するということは、許されるべきではないと考えます。

大佐がお考えのように、今回の憲法改正は、日本に民主主義政治を樹立するだけでは、不十分です。今日までに、人類が達成した社会および道徳の進歩を、永遠に保障すべきだという、理想を掲げなくてはなりません」

ワイルズ博士も、次のように反論した。

「この第四条を削除すれば、日本がファシズムへの扉を開くことは、避けられないと思いますよ」

運営委員のハッシーは、この反対意見に対して

「第四条は、政治についての意見と論理を、憲法という高次元の存在としようとするものであるだけでなく、実際的でないことをも指摘しておきたい。この条項の趣旨は、憲法に厳密に書き込んでおくというよりも、最高裁の解釈の問題だと思うが……」

と反論した。

「人権条項の位置づけを、人類に普遍的な道徳として固定的に考えるか、その時代の人間がそれぞれ決定するべきものだという民主主義の原則を基本にして考えるか、これを議論しても結論がでるというものではない」からである。

先に述べたように、「帝国憲法」というのは、当時のヨーロッパの憲法と比べても、非常に開明的で、人権規定の多い憲法であった。また憲法草案を審議した「枢密顧問官のうち保守派が天皇の大権を字面通り解釈していたが、伊藤は枢密顧問官に対して、臣民の権利を保護し、君主権を制限することが必要である」と考えていた。

このため「帝国憲法」の下では、例え天皇であっても、「帝国議会で可決された法律や、内閣の上奏に対して拒否権を行使することはなかった」のである。

ところが、この「帝国憲法」の構造を表面的にしか理解していない「人権小委員会」のメンバーは、「帝国憲法」と日本の封建社会の中で、人権がないがしろにされてきたと考え、「将来またよからぬリーダーが現れて時計の針を逆戻りさせることを恐れ」て、このような条項を考え出したのである。

だが、これは、前出のプール少尉が「ミステリアスな日本人は信用できないといって、一〇年間憲法改正をしないという草案を書いたのと同じ発想」だったのである。

この論議は、解決しないまま翌日に持ち越されたが、作業も六日目を迎えた大詰めのことだったことから、結局、ホイットニーとマッカーサーに下駄を預けることになった。

この日の会議は、「自由権」と「社会的権利および経済的権利」の条項に入ると、さらに白熱していった。

例えば、「自由権」を規定した第十一条では、「完全な人身の自由を謳った表現が包括的すぎるという問題提起」が、次のようにケーディスからなされた。

「この条項が憲法にあると、国が何か措置をとろうとした時、その行動が人身の自由を侵害するという理由で反対することが可能になる。この条項の趣旨は、人間は誰もが〈物〉ではないことを定めることだと思う。したがって、〈何人も、奴隷、農奴、その他いかなる種類にせよ奴隷的拘束を受けない〉とすれば十分だと考えるが、どうかね？」

ケーディスは、「簡潔明瞭に短く、詳細はそれぞれの法に委ねる、というポリシーの持ち主」で、「フランス憲法のように何でも書いてしまうというのは、避けたかったようだ」

こうして、「レポートのような分厚い人権委員会の条文は、この論議の中で見事に整理されていった。そしてＳＷＮＣＣ２２８にしたがって、制限条項は極力削られた。

第一四条の言論、出版、表現の自由についての、〈名誉毀損に対する例外規定〉、一六条の集会の自由にあった、〈平穏な討議のために〉という限定句は同じ精神でカットされた。条文は見事に短縮された」

午後一時からの会議で、ベアテの書いた「女性の権利」についての厳しいチェックと分析が始まったのは、ようやく夕方からであった。

ケーディスがベアテの書いた「男女平等や結婚・離婚の選択の自由、女性も財産権・相続権がもてることを謳った条項」について、

「このような具体的な指示は、有益かもしれないが、憲法に入れるには細かすぎる。原則を書いておくだけにとどめ、詳細は制定法によるべきだと思うがね。憲法に記載するレベルのことではないのではないだろうか？」

と述べると、ロウスト中佐が、

「大佐！　社会保障についての諸規定を憲法に入れることは、最近のヨーロッパ諸国の憲法では、すでに常識となっています。日本では、このような規定を入れることは、特に大事だと思います。これまで日本には、国民の福祉に国家が責任を負うという観念がなかったからです。この観念を国民に受け入れるようにするには、憲法に謳っておく必要があります。現実に、今の日本では、婦人は商品と同じです。子供を父親の気まぐれによって、庶子を嫡出子に優先することもよくありません。米の作柄の悪い時には、農民は娘を売るのですよ、これは本当の話です」

と述べた。だが、スウォープ中佐が、

「しかし、乳幼児をかかえている母親の保護や子供を養子にすることについて、詳細な指示を憲法に折り込んでも、それを補う立法を国会が行わない限り、事態は良くならないだろうね」

という疑問を投げかけると、ワイルズ博士は、

「その通りです。だが、われわれはこれらの事項について、日本政府に確約させなければならない。これは、是非ともやらなくてはならない。人権侵害は、日本では常識的に行われているのですよ！　民権という単語はありますが、人権という日本語はまだないのです」

と反論した。ラウエルが、

「でも、社会保障について、完全な制度を設けることまでは、民政局の責務ではないよ。もし、この規定を入れることを強く主張したら、多分強い反発が起こるかもしれない。日本政府は、われわれの憲法草案を全面的に拒否するおそれもあると思うが……」

と述べると、ワイルズ博士が、次のように抗議した。

「われわれには、日本社会に革命をもたらす責任があり、その近道は、憲法によって社会の形を一変させることにあります」

　この激論の中で、ベアテの書いた「女性の権利」は、無残にも一つずつカットされていった。

結局、議論は深夜まで続いたが、半分も進まなかったため、この問題もホイットニーに下駄を

預けることになった。

後からホイットニーが出した結論は、「社会立法に関する細々とした規定は削除して、社会保障制度を設けるという一般的な規定のみを置く」というものだった。

行政に関する条項（2）

こうしてベアテたち、「人権小委員会」のメンバーが会議を終えて戻ったのは、深夜だったが、他の小委員会のメンバーは、まだ全員が部屋に残っていた。

だが、その中で、どういうわけか、「行政小委員会」の「ミルトン・エスマン中尉の席だけが空白で、机の上がきちんと片づけられていた」

この日の会議は、朝から「行政小委員会」と運営委員会との間で激論が交わされていたが、この小委員会での問題の発端は、エスマンとミラーの書いた「内閣総理大臣は、天皇によって指名される」という内閣総理大臣の任命と権限についてだった。

運営委員会は、この条文では、天皇に裁量権が委ねられているので、「天皇が指名した者を内閣総理大臣に任命する」という条文に改めて天皇の章に入れることを決めたが、これに対して、エスマンは、

「内閣総理大臣は、政党政治の上にある権威によって任命されるべきであり、それ故に天皇に

よって任命されるべきであると考えます。それは次のようなケースを考えた場合、どうなるかということです。

つまり、国会が多数の小政党から成り、その間には妥協できぬほどの相違があり、どの党も明確な多数を確保できないことが予想される時です。こういう状況のもとでは、内閣総理大臣の選任が、数週間にわたる論争のあとの妥協的な選択という以上のものにはなりません。したがって妥協の産物となるために、内閣総理大臣が内閣の政策に対する国会の支持を長期間保つことは難しくなります。

一方、天皇ならば、多数の支持を得られる者を短い日時で総理大臣に選任することが期待できます。ですから天皇に任命権を与えれば、政治の空白の発生を防止できます」と説明した。だが、ラウエルは、「天皇によって内閣総理大臣が選任されることはSWNC-228に反することになるが、どうかね」と反論した。

さらに、ケーディスは、次のようにエスマンに反論した。

「こういうケースもあるのではないかね、エスマン中尉。国会が、天皇が最初に指名した人物を拒否し、二回目以降の指名も拒否することもあり得る。また、天皇が、内閣総理大臣任命についての裁量権を、国会抜きで国政を運用するための手段として利用するかもしれない。いずれにしろ、国会が内閣総理大臣の任命をするという手続きの能率の悪さの方が、天皇とその側近に裁量権を与える危険よりもましだと思うがね」

またエスマンは、

「行政権は、合議体としての内閣にではなく、内閣の長としての内閣総理大臣に属する旨、明確にすべきだと考えます」「国家の内部が混乱した時には、絶対に強力な行政府が必要なことは、歴史が事実として証明しています。なかなか理解いただけないので、文書にして提出させていただきます」

と反論したが、結局、彼らを説得することはできなかった。

こうしてエスマンは、上司からうるさい厄介者のレッテルを張られることになった。「憲法の草案を短期間で仕上げねばならないのに、協力的でない人間がいると困ると考えた」からである。このためエスマンは委員からはずされ、しばらく日光で休暇を楽しむように言い渡された。

二月九日 土曜日（六日目）

人権条項についての論争

この日、「各小委員会は、運営委員会との検討を終わって、条文を確定する作業に入っていた」。ベアテたち、「人権小委員会」も、「週末までに各委員会は、第一稿を書き終えること」という命令をなんとか達成した。

「しかし、四一カ条もの条文を、ひとつずつ運営委員会と検討するには、八日の午後からの時間では足りなかった。作業は、九日の午前中まで持ち越された」

ベアテは、民政局に着くと「昨夜検討のすんだ原稿を、なんとか文章にする仕事で頭が一杯だった」ため、朝からの会合には出席せずに「前日に訂正、補筆することが決まった条文の手直しの仕事にかかった」

一方、ロウスト中佐とワイルズ博士は、「社会的保障をふくらませて、できるだけ多くの事柄を憲法に織り込もうと」していたが、「すべて簡潔、原則主義のケーディス大佐と意見が合わなかった」ため、「成り行きを心配したホイットニー准将は、九日は朝から会議の席に座ったままだった」

エラマン・メモを見ると、この日の会合でも、二人は、運営委員会を敵に回して大激論をかわしていることが分かる。例えば、ケーディスが、

「原案の、〈第三条　この憲法によって定められた自由、権利および機会は、国民の自律的協力に由来する〉とある自律的という言葉は、意味が曖昧で、誤って解釈されると思うがどうだろうか?」

と意見を述べると、ラウエル中佐も、

「同じように第二六条にも曖昧な字句がある。原案の〈第二六条　法律は生活のすべての面につき、社会の福祉並びに自由、正義および民主主義の増進と伸長のみを目指すべきである〉という条文だが、社会福祉以外の目的を目指す法律が、数多くあるのは当然だ。もし、このような法律がすべて無効となると、私的な契約も、多くのものが無効になる。この種の規定は、私事に関する立法の干渉になるのではないか？」

と述べた。結局、この第三条は、

「この憲法が宣明した自由、権利および機会は、国民の絶え間ない警戒によって、保持されるものである」

と修正されたが、後に、この条文は、「マ草案」の第十一条となり、最終的には「日本国憲法」第十二条「この憲法が国民に保障する自由及び権利は、国民の不断の努力によってこれを保持しなければならない。又、国民は、これを濫用してはならないのであって、常に公共の福祉のために、これを利用する責任を負ふ」となるのである。

ラウエルの指摘した第二十六条は、ベアテの書き直した条文だったが、ベアテは、冗長な文章を直すように命じられ、仕方なく何度も打ち直しては会議室に持っていった。

「四一カ条もあった第一稿は、第二稿で三三カ条になっているが、それでもかなり膨大なもので」あった。原案第二十六条の第二稿目の条文を見ると、「この段階でも、まだまだ法律の条文としては冗長な文案」であったが、「運営委員会は限られた時間で成案に持っていかなくてはならない」ため、頭脳明晰なスタッフたちでも、さすがにたった一週間で条文をまとめるのはハードな仕事だったようである。

ホイットニーが、ベアテの書いた「原案三二条は、労働者にストライキ権を認める明文を置いているが、私には異議がある。この条項は、憲法がストライキを奨励しているものだというような、不幸な解釈を産む可能性があると思うがどうかね」と発言すると、鶴の一声でこの条文は、「マ草案」の第二十六条（「勤労者の団結する権利および団体交渉その他の団体行動をする権利は、これを保障する」）となり、後の「日本国憲法」の第二十八条の中に取り入れられるのである。

レッド条項

前出の鈴木のインタビューの中で、プール少尉が「エラマン女史のメモは、要約が書かれているだけです。会合の中で討議された内容はもっと複雑で日本の民族性や歴史についてまで話し合いました」と述べているように、エラマン・メモは、エラマンが「小さなメモ・ノートに書いたほんの少しのメモを、記憶をたどって後に整理した」もので、「喋った日時が違っていたり、割愛されたものも多い」ようである。

しかしながら、「人権小委員会」でのやり取りは詳細に書かれており、この日の運営委員会との激論についても克明に描かれている。

この日の論争の中で、特に著者がユニークだと思うのは、後に、日本側で「レッド（共産主義）条項」と呼ばれた次の原案の第三十六条である。

「土地および一切の天然資源に対する終局的権原は、国会に与えられる。従って、土地およびその資源に対する所有権は、賃貸借と解釈され、不当にも使用または継続的不使用があれば、それらのものに対する権利は国に復帰する」

後述するように、総司令部民政局には、「ニューディーラーが多かったが、憲法草案に大きな影響を持ったのは、ワイマール憲法とソビエト憲法であった」。その最も影響を受けた条文が、この「レッド条項」で執筆者はロウスト中佐だった。

例によって、ケーディスが、この条文について、

「この条項を厳格に解釈すると、不動産に対する私的所有権は、すべて否認されることになりはしないか？　土地および資源に対する私的所有権は、〈賃借権〉と呼ぶべきではないか？」

と鋭く指摘すると、これに対してロウスト中佐は、

「この条文は、個人はその土地に対して、一般の福祉に考慮を払うことなく、何でも好き勝手

にできるという、昔ながらの考えを弱めることを、意識的に目指したものです。現代は、国という公の目的も視野に入れる必要があると考えたからです」

と述べた。これに対して、ケーディスは、

「確かに、すべての土地とその資源の終局的権原は、国にあり、土地やその資源を、公の用に供する必要があるときは、どんな土地や資源でも、これを収用できる権利を持つことは必要だろう。しかし、このような財産の収用が行われる時は、充分の補償がなされるべきだという規定は、書いておかなければならない」

と反論した。結局、ロウスト中佐が最初に作成した「社会的権利および経済的権利」の中にある、この条文は、運営委員会の勧告を考慮して、次のような「マ草案」の第二十八条に落着した。

第二十八条　土地および一切の天然資源にたいする終局的権原は、国民全体の代表としての資格で国に存する。土地その他の天然資源は、国が、正当な補償を支払い、その保存、開発、利用および規制を確保し増進するために、これを収容する場合には、このような国の権利に服せしめられるものとする。

こうして、「人権に関する草案」の数は、冗長な条文を簡潔かつ明瞭にまとめたことで、最初の四十一条から三十三条を経て、三十条まで減少した。最後に完成した「マ草案」は、全部で九十二条だから、人権条項だけで三分の一を占める膨大なものだったことが分かる。

この第一草稿を明日中に、マッカーサー元帥に届けるということが決まると、「各小委員会は、運営委員会の手で修正された草稿の仕上げに汗を絞っていた」

そして「ついに間に合わなかった地方自治の条項を除いて、マッカーサー元帥に草案が届けられたのは、もう夜中に近かった」が、ベアテは、この運営委員会と「人権小委員会」の会合が終わると、凍てつく夜の道を歩いて宿舎の神田会館へと戻っていった。

二月十日日曜日（七日目）

最後の手直し

「マ草案」の作成が開始されてから、早くも七日目を迎えたが、ベアテには「わずか七日しか経っていないことが、不思議だった。もう何年もこんな生活が続いているような感じだった」からである。

ベアテは、「とにかく秘密を守れという厳命にたいして、ひと言も漏らしてはいけない立場だったので、原宿の父母にも連絡も取らなかった。民政局の現場は、そんな私的なことの入り込む余地がない〝戦場〟だった」からである。

「実際、人権条項は運営委員会との会合のあと、もう一度書き直していわゆるマッカーサー草案として完成している。つまり第三稿まで修正が行われて、最後に完成案になった」

ベアテの「手元には、その途中の文書がいっぱい残っている。手書きの単語やセンテンスが、乱雑に書き込まれていて、この文書の次にこの文書という順番も追跡できないほどだ。草案完成の作業は、この週末に集中した」が、当時のベアテには「〝こんな重要なことを、どうしてそんなに急がなくちゃならないの?〟というのが最大の疑問だった」

「この日、どの委員会も昨日に続いて、全員が最後の手直しに熱中していた。運営委員会では、この草案の各章について、どういう考えで書いたかをマッカーサー元帥に説明するための書類を作るという、余分な仕事」が残されていた。

地方行政に関する条項

一方、ティルトン少佐を責任者とする「地方行政に関する小委員会」(以下、「地方行政小委員会」と略称)の第一稿は、地方自治の権限について問題があるという理由で、運営委員会の手によって全面的に書き直された。出来が悪かったというよりも、運営委員会と地方行政に対する考え方が違ったからである。

ティルトン少佐は、「極東の経済・行政の研究家で、それまでに日本、中国、朝鮮を旅行した経験」もあり、昭和二十年十月に、民政局にやって来てからは「地方行政について東京帝国大学の田中二郎教授をＧＨＱに招いて熱心に学んでいる」「その意味で、日本の地方自治にはある程度通じていた」

「問題は、現在でも道路交通法まで違う、州の自治の個性が非常に強いアメリカと、小さな府県単位でそんなに規則を変えられない日本の事情をどう判断するかにあった。明治憲法は、地方自治にはまったく触れておらず、実務は、内務官僚による完璧な中央集権体制によって行われていた」

このため「アメリカの州の自治のような形は現実的ではないという」ことになったが、結局、十日中には、「地方行政小委員会」の草案は、間に合わないことになり、マッカーサーには、その部分を除いた草案が手渡されたのである。

「マッカーサー草案」の前文

この一週間の作業の中で、もう一つの重要なことは、ハッシー中佐が担当したとされている「マ草案」の前文であろう。

アメリカにおける「日本国憲法」制定過程研究の第一人者セオドア・マクネリー教授によれば、「マ草案」の前文には、以下のような歴史的諸文書を参考にしながら、ハッシーの理念が挿入されているという。

①アメリカ合衆国憲法（一七八七年）
②リンカーン大統領のゲティスバーグ演説（一八六三年）
③マッカーサー・ノート（一九四五年）
④米英ソ首脳によるテヘラン宣言（一九四三年）
⑤米英首脳による大西洋憲章（一九四一年）
⑥アメリカ独立宣言（一七七六年）

前文

われら日本国民は、正当に選挙された国会における代表者を通じて行動し、われらとわれらの子孫のために、諸国民との協和による成果と、わが国全土にわたって自由のもたらす恵沢を確保し、政府の行為によって再び戦争の惨禍が起ることのないようにすることを決意し、ここに主権が国民の意思に存することを宣言し、この憲法を制定し確立する。この憲法は、国政は〔国民の〕厳粛な信託によるものであり、その権威は国民に由来し、その権力は国民の代表者がこれを行使し、その福利は国民がこれを享受するという、普遍の原理に基づくものである。われらは、これに反する一切の憲法、法令及び詔勅を排除する。

恒久の平和を念願し、今や人類を動かしつつある、人間相互の関係を支配する崇高な理想を深く自覚するが故に、われらは、われらの安全と生存を、平和を愛する世界の諸国民の公正と信義に委ねようと決意した。われらは、平和を維持し、専制と隷従、圧迫と偏狭を地上から永遠に除去しようと目指し、それに献身している国際社会において、名誉ある地位を占めたいと思う。われらは、すべての国の国民が、ひとしく恐怖と欠乏から免れ、平和のうちに生存する権利を有することを、確認し承認する。

われらは、いずれの国の国民も自己に対してのみ責任を負うものではなく、政治道徳の法則は、普遍的なものであり、この法則に従うことは、自国の主権を維持し、他国と対等関係に立とうとする各国民の責務であると考える。

われら日本国民は、国家の名誉にかけ、堅い決意のもとに全力をあげて、この崇高な原理と目的とを達成することを誓う。

この「マ草案」の「前文」と、今日の「日本国憲法」のそれとを比較すれば分かるように、「日本国憲法」の前文の大部分は、これを踏襲していることは明らかである。ケーディスは、前出の鈴木のインタビューで、この前文を作成したのは、

「百パーセント、ハッシーです。マッカーサーでもホイットニーでもありません。彼は、この

前文に、エネルギーのすべてをかけていましたから……。しかも彼は文章にはある種の自信を持っていて、他人に直されるのを非常に嫌いました。

私は、世界原則とかモラルとか高尚なことを言っても、現実的ではないと思っていましたから、彼の考えには反対でした。〈百年先にはあり得るかもしれませんが〉といった論争をしました。

結局は、ホイットニー将軍が〈あってもよいではないか〉といったので、前文は残すことになりました。彼は准将で、私は大佐でしたから……。階級は一つしか違わなくても、軍において、将軍と佐官では大きな違いがありますからね（笑）。

そんな経緯があったわけですから、私個人としては、前文は重要なものと考えていませんでした。日本政府にわたってからカットされると思っていたほどです。でも、日本政府から返ってきた草案では、一文字も修正されていませんでした」「しかし、文章の長いのには閉口しましたし、他からの引用が多いので、GHQの誰かが関係しているのがわかってしまうことを心配しました（傍線吉本）」

「前文については、ハッシーは自分から志願した関係もあって、熱心に取り組んでいました。ラウエルも少しは手伝っていたかもしれません。しかし、私が修正した戦争放棄の条項が、いつ前文に取り入れられたかはわかりません。運営委員全員が、混然として作業をしていました。私の書いた戦争放棄の条項も、誰もがみることができましたから……。

またホイットニー将軍は、戦争放棄の条項を第一条にしたかったようですが、早い段階で、第一条は天皇条項と決まっていました。

マッカーサー・ノートの原型から、〈日本は、その防衛と保護を、今や世界を動かしつつある崇高な理想に委ねる〉の部分をカットした時、その精神を前文に入れることを考えました。そして、〈われわれは、われらの安全と生存を、平和を愛する世界の諸民族の公正と信義に信頼に委ねようとした〉という文言で、日本の立場をはっきりさせました」

と述べている。

だが、現行憲法の前文の中にある「平和を愛する諸国民の公正と信義に信頼して、われらの安全と生存を保持しようと決意した」という文言は、今日のわが国の安全と生存を脅かしている中国と北朝鮮を見れば分かるように、いかに非現実的なものであるかは明らかであろう。

こうして、各小委員会のまとめた草案は十日の夜、「各章についてなぜこのように書いたのかの覚書きが添付」され、ホイットニーからマッカーサーに手渡されるのである。

ケーディスによれば、二月八日に「人権小委員会」の提出した第一稿の

「第四条　この憲法の後日の改正と、将来できる法律、法令は、すべての人に保障された平等と正義、権利を廃止したり、限界をもつけることはできない。

公共の福祉と民主主義、自由、正義はいかなることがあろうとも将来の法令によって侵され

ない。今ある法律は、この基本のないものがあれば、すべて無効となる」という条項は、そのままマッカーサーに届けられたが、その後、運営委員会は、最終段階でこの条項を削除することにした。ところが、後から戻ってきたマッカーサーの文書を見ると、同じ部分が削除してあったという。

ケーディスは、鈴木のインタビューに対して

「この精神は、現行憲法のたしか第九七条に受け継がれています。しかし私たちには、未来に生きる人達の権利を奪う資格はありませんからね……」

と述べ、過去の世代が未来の世代に対して、「自分たちの手で問題を解決する権利を奪う」ことを厳しく戒めている。

二月十一日月曜日（八日目）

地方行政の完成

この日は、ちょうど神武天皇の即位を祝う「紀元節」の日であったが、運営委員会では、「マ草案」の説明文の作成の他に、地方行政の部分の訂正案を明日までに仕上げる作業が残されていた。このため十日の夕方に、地方行政の部分を除いた草案の全てがマッカーサーに手渡された。

こうした中で、十一日に、ようやく地方行政の草稿が完成した。この日の議事録を見ると、「地方自治を強く主張するラウエル中佐と中央による統治に同情的なケーディス大佐の主張の妥協の産物になった」となっている。

ギリシャのポリスのような地方行政を考えて第一稿を書いたラウエルと、運営委員会のハッシーとの間で、地方にどれだけの権限を持たすかで意見が分かれたが、結局収拾がつかないため、ケーディスが、「地方のための法律を国会が制定する場合、地方自治体の有権者の過半数の同意が必要、という中央集権を封じる文言」を条項に加えてまとめた。

こうして、十一日の夕方に、ようやく地方行政の条項を加えた「マ草案」（全九十二条）が出揃うのである。

二月十二日火曜日（九日目）

最終調整の実施

この日、日曜日から体調を崩していたホイットニーも参加して、運営委員会による草案原稿の最終調整が行われた。「そこで各章ごとに再検討され、修正」を行うのである。

エラマン・メモによれば、

『反逆罪についての条文が削除されたり、ハッシー中佐の意見によって、最高法規の章に、憲法制定時の公務員も憲法を擁護する義務を負う、ということが加えられたり、行政権が、内閣総理大臣から再び「内閣に属する」というふうに』、細かく修正が加えられた。

また『天皇条項についても、この時点まで、「皇位」と「天皇」という言葉が並んで使われていた。これでは、象徴の二重性の問題が生じる。そこで「皇位」という言葉が棄てられ、現行憲法と同じ、「天皇は、日本国の象徴であり、日本国民統合の象徴であって……」』という文章に直されている。

エラマン・メモの中でも、特に前文についてのハッシーとケーディスとのやり取りが面白いので見てみよう。例えば、ハッシーが、

「前文にこんな一文を加えたらよいと思うがどうだろうか？〈我々は、いずれの国民も自己に対してのみ責任を負うものではなく、政治道徳の法則は普遍的なものであり、我々は、この法則によって主権を有しているものであることを認める〉」

と述べると、ケーディスは、

「普遍的な道徳法則を宣明することは、実用主義的な考えではなく、イデオロギーに基づくものだ。それは、かつての王権神授説（吉本注：「絶対主義国家において唱えられた君主の権力は神から授けられたものであり、人民に抵抗する権利はないとする政治学説」）を思わせる。

すべての国民、すべての国家は、節度を守って行動し、他の国民や他の国家が持つ同様の権

利を侵害しない限り、自らの道を進むという、侵されない権利を持っている。たとえ世界国家というものが存在し得るとしても、それが、他の国、あるいは国民に対して干渉するという権利は持ちえないと思う。

各国家は、自分の運命の最終的決定者であって、もし国際協力の道を選ぼうとしたらその国が決めればよい。しかし、国の主権は、あくまでも国家自身の必要性に由来するものであって、他から由来するものではない。

実際問題として、政治道徳と主権とは、お互いに何の関わり合いもないものだ。私としては反対だよ」

と述べている。

このように、ハッシーが理想主義的であるのに対して、ケーディスは、戦争放棄の条項を見ても分かるように、現実主義的な視点で物事を見ようとしていたことは間違いないだろう。

さらにハッシーが

「国際連合の成立によって、あなたのような議論は時代遅れにもなったし、馬鹿げたものになったと思う。すべての国家を拘束する基本的な政治道徳を認めることは、五〇年以内に自明の真理になるだろう」

と反論すると、ケーディスは、

「確かに百年後には、この条項が当たり前になっているかも知れない。それは認めるが、私は説明したように、この条項は誤った命題を述べていると考える。これが憲法に入れられると、憲法に書かれている実際的原理が弱められる。われわれの書いた憲法は、言葉の遊び以上のものではないと受け取られることになるだろう」

と反論している。

戦後、六十九年が経過して、果たしてハッシーが述べているように、世界の主権国家が、政治道徳の原則の上に、運営されているかどうかは疑問であろう。

結局、この議論は、次のホイットニーの提言によって落着するが、このホイットニーの提言は、後に「日本国憲法」の前文の最後の部分に残されることになる。

「われらは、いずれの国民も自己にたいしてのみ責任を負うものではなく、政治道徳の法則は普遍的なものであり、このような法則に従うことは、自国の主権を維持し、他国との対等関係に立とうとする各国民の責務である」

一方、第三章の表題は、「人権」から「国民の権利及び義務」に修正され、「〔外国人が〕犯罪について訴追を受けたときは、外交機関および通訳の助けを受けることができる」という文言がカットされるなど、外国人の人権に関する条項も大きく修正された。

「マッカーサー草案」の完成

この日の夜、マッカーサーに提出された「マ草案」の表題は、「Proposed Constitution for Japan（日本国憲法草案）」と書かれていたが、これは「SWNCC二二八文書」と二十六日に発足する極東委員会に対する配慮からきていることは間違いないだろう。

この完成草案の原稿が、ホイットニーの秘書を務めたシャイラ・ヘイズと、「人権小委員会」の秘書エドナ・ファーガスンによってステンスル・ペーパー（謄写版用の原紙）に打たれたあと、複写は三十部作成された。

このダブル・スペース二十枚の完成草案には、「人権条項の草案をマッカーサーがカットしたことについて、それが運営委員会の考えと一致したというコメントと、日本側との会議が明日（一三日）午前一〇時に外務大臣官邸で行われることが決定した、という報告」が付け加えられていた。

「密室の作業は、この一二日の夜半に終わったが、執筆に心血を注いだ二五人は、完成を喜びあう余裕などなかった。乾杯もなかった。みんな眠りたい一心で、よろめきながら宿舎」へと戻っていた。

ようやく、第一生命ビル六階の大部屋の電灯が九日ぶりに消えて、歴史的な「マ草案」作成の作業が予定どおり、アメリカ大統領リンカーンの誕生日に完了するのである。

第三節 「マッカーサー草案」はどのように押しつけられたのか

ホイットニー・吉田会談

昭和二十一年二月十三日(水曜日)、かくして日本の戦後体制を決定する運命の日は、遂にやってくるのである。

前出の楢橋渡の回想によれば、この日の会談は、先にホイットニーの方から楢橋の所に電話があり、憲法問題について重大な提案をしたいため、内閣へ出向くとの申し出があった。そして、間もなくしてホイットニーは、ケーディス、ハッシー、ラウエルを伴い、「マ草案」を持って政府へやってきたので、楢橋はただちに松本国務相と吉田外務大臣に連絡をとったという。

しかし、ホイットニーと吉田茂の回想録では、東京・麻布区麻布市兵衛町《いちべえちょう》にある和風屋敷の外務大臣官邸で行われたと書かれているため、その日の会談は、後から外務大臣官邸で行われることになったのであろう。

さて、この日の会談について、ホイットニーが回想録で、

「われわれの会見は、外務大臣官邸で行われることになり、われわれは、ていねいなお辞儀と不安げな微笑とで迎えられた。われわれの態度は、いんぎんであったが、ねんごろではなかっ

た。また事務的ではあったが、ぶあいそうではなかった。われわれは英語をゆっくりとはっきりしゃべるが、それでわかるだろうかと主人側にただしたところ、わかるとの返事であったので、誤解の可能性を少なくするため、通訳なしで会談することを申し入れた」

と述べているように、ホイットニー一行は午前十時に、外務大臣官邸に着くと、前出の白洲次長によってサン・ルームに案内され、テーブルに「松本案」を置いて待ち受けていた吉田茂外相、松本烝治国務相、外務省の通訳である長谷川元吉の三人に対して、次のように通告するのである。

「私は儀礼をつくしながらも、日本側の代表に対して、最高司令官は日本側の憲法改正草案を受諾できない旨を率直に通告した。私は松本案は民主主義の線に沿う日本政治機構の広範な自由主義的改組の線からはるかに遠いものであり、それを連合国側において、日本が戦争と敗戦の教訓を学びとり、平和的社会の責任ある一員として行動する用意のある重要な証拠と見なすことができない旨を告げた。私は、また連合軍最高司令官が、基本的なものと見なす原則をしるした詳細なステートメントを用意したので、そのステートメントを憲法草案の形で、日本側に提出するつもりであると告げた（傍線吉本、以下同様）。

私は日本側委員に対し、この総司令部側のステートメントに十分考慮を払うよう勧告し、改めて憲法改正案を起草するためのガイドとして、これを使うように申し入れた。それから、私は勝手だったが一芝居打った。私は事前にマッカーサーの許可もなしに次のように日本側に告げた。

つまり、日本側に対して強制はしないけれど、最高司令官は、憲法問題が総選挙の行われるよほど前に国民の前に提示されねばならないと決定している旨を告げた。私はさらに、最高司令官は日本国民が憲法改正問題について論議する十分な機会を与えられると同時に、その意志を自由に発表すべきであると考えていると説明した。したがって内閣が総選挙前に適当な、また受諾できる草案を用意できなければ、マッカーサーはこの原則に関するステートメントを国民の前に直接提示する用意があることをも告げた。

この言葉が日本側に与えた効果はてきめんだった。白洲次郎氏は何か変なものの上に腰かけたかのように姿勢をまっすぐにした。松本博士は息をのんだ。吉田外相の顔はひどく曇った。私はその場の沈黙を破って、日本側が今この会場で、すぐ総司令部側の原則ステートメントを読むように提議し、その間われわれは喜んで待つと伝言した。

吉田外相といっしょに官邸に起居していた白洲氏は、すっかり困ったような顔をして、われわれを外相官邸の美しい庭園に面した他の室に案内した。そこで、われわれは腰をおろして待った。

……それから一時間ほどして、われわれは主人側に加わることにして立ち上がったが、そこへ白洲氏が現われた。

白洲氏は総司令部側の草案に盛られた徹底的な変改にすっかりあわてているようであった。

……われわれが内庭の向こう側で再び日本側委員と対坐した時、私は白洲氏の同僚たちも、氏と同様、総司令部案にあわてていることを見てとった。……間もなく、われわれが吉田外相の官邸を辞去するころには、われわれは、われわれの提示した草案が改正憲法の基礎として受け入れられるだろうという、だいたいの確信をいだいた。しかし、私のこの満足は、私がマッカーサーに軽率だと思わせるような政治的策略をさせてしまったという実感で薄らいでしまった。

私は私の打ったバクチが報いられると確信し、また日本側の委員も、総司令部側の原則ステートメントを、彼らの反対する草案だとして国民の前に示すようなことはあるまいと信じていた。いずれにしても、私は自分の行動をマッカーサーに報告する前に、その結果がわかるのを待たなかった」

この中で、ホイットニーは、

「私は日本側委員に対し、この総司令部側のステートメントに十分考慮を払うよう勧告し、改めて憲法改正案を起草するためのガイドとして、これを使うように申し入れた」

とだけ述べているが、吉田茂の回想録では、次のようになっている。

〔二月十三日に至って、総司令部側の申し入れにより、当時麻布市兵衛町にあった外務大臣官邸で、先方と会うこととなった。その日は、私と松本博士、それに当時終戦連絡事務局の次長をしていた白洲次郎君も一緒だったが、先方の顔触れは、ホイットニー民政局長、ケーディス大佐その他であった。

この時に、ホイットニー局長が、『日本政府から提出した憲法改正案は、総司令部にとっては、受け容れられない、そこで総司令部でモデルの案を作った。これを渡すから、その案に基いた日本案を至急起草してもらいたい』といって、英文でタイプしたものを何部か差し出した。そしてこの案は、米国政府にも、極東委員会にも承認されるべきものであること、マッカーサー元帥は、かねてから天皇の地位について深い考慮をめぐらしているが、この草案に基く憲法改正を行うことが、その目的にかなう所以であり、然らざる限り、天皇の一身の保障をすることは出来ないというようなことを述べ、『日本政府にこれを命ずるわけではないが、日本政府が総司令部案と基本原則及び根本形態を同じくする改正案を速かに作って出すことを切望する』とも言った。

先方は、これを渡すと、『しばらく庭を散歩してくるから、その間に案文を読んでみたら……』といって、室を出ていった。その間、松本君は草案を熱心に見ていたが、私もそれを一瞥すると、第一前文には、「我等日本国人民は」というようなことが出ており、第一条は「天皇は国のシンボルとする」というわけで、これは飛んでもないのを寄こしたものだと思った(註)。なおこの案では、国会は一院制になっていた。松本君は、先方と二、三の応酬をしていたが、結局、「十分内容を熟読して、意見を述べよう」ということで、その日の会談を終った」

また、このときの会談を記録した松本国務相のメモにも、次のように書かれている。

「あなた方が御存知かどうか分かりませんが、最高司令官は、天皇を戦犯として取り調べるべきだという他国からの圧力、この圧力は次第に強くなりつつありますが、このような圧力から天皇を護ろうという決意を固く保持しています。それは彼が、そうすることが正義に合すると考えていたからであり、今後も力の及ぶ限りそうするでありましょう。しかし、みなさん、最高司令官といえども、万能ではありません。けれども最高司令官は、この新しい憲法の諸規定が受け容れられるならば、実際問題として、天皇は安泰になると考えています。

さらに最高司令官は、これを受け入れることによって、日本が連合国の管理から自由になる日がずっと早くなるだろうと考え、また、日本国民のために連合国が要求している基本的自由が、日本国に与えられることになると考えております。

最高司令官は、できればあなた方がそうすることを望んでいますが、もしあなた方がそうされなければ、自分で行うつもりです。

マッカーサー将軍は、これが、数多くの人によって反動的と考えられている保守派が権力に留まる最後の機会であると考えています。そしてもしあなた方がこの憲法草案を受け容れるならば、最高司令官があなた方の立場を支持することを期待されてもよいと考えております」

ホイットニーは回想録で、「ステートメント」（声明文）と述べているが、別のところで「総司令部側の草案」とも述べているので、これは「マ草案」を意味する言葉であることは間違いないだろう。

この日の会談で日本側は、松本委員会が総司令部側の求めに応じて二月八日に提出した「松本案」に対するコメントが聞けると思っていたのだが、ホイットニーは、いきなり「松本案」を受諾できないことを表明し、「松本案」とは全く違う憲法草案をいきなり突きつけてきたのである。

問題なのは、吉田と松本が書いているように、マッカーサーは天皇を護ろうと考えているが、マッカーサーといえども万能ではないという、ホイットニーの言葉である。これは、総司令部民政局の作成した「マ草案」に基づいて、憲法改正案を作成しなければ、天皇はどうなるか分からないという意味である。

言い換えれば、ホイットニーは回想録で、「日本側に対して強制はしないけれど」と言っているが、これは、あくまでも建前であって実際には天皇の戦犯問題を持ちだして、日本を脅しているのである。

これについては、「当日の会見の終了直後に、記憶が薄らぐ前に正確な記録を作成してマッカーサーに提出しよう、といって作成した記録」が次のラウエル文書にも残っている。

「最高司令官は、天皇を戦争犯罪審理に付そうとする外部からの日増しにつのってゆく圧力から、今日まで天皇を守り続けて一歩も譲りません。……今後とも、その力の及ぶ限り天皇を守り続けるでありましょう。しかし皆さん、最高司令官といえども全能ではありません。ただこの場合、この新しい憲法の諸条項を受け入れることが実際上、天皇を攻撃できないものとするのだと、最高司令官は感じているのです」


さらに、松本国務相のメモ（「二月十三日会見記略」）を分析すると、もし日本側が「マ草案」を受け容れなければ、すぐには独立させない。またマッカーサーは直接国民に草案を提示する用意があると述べているのは、前出の佐藤功によれば、「総司令部としては、松本案は必ずしも日本国民の多数の意見を代表しているものではなく、このマッカーサー草案が日本国民によってサポートされるであろう、ということを予想しているわけで」あり、「そこで日本政府がそれを握りつぶそうとしたということが公表されると、日本政府は窮地に陥る」（「憲法改正」『語りつぐ昭和史』朝日新聞社）という意味である。

付言すれば、総司令部は、前出の「憲法研究会」が作成した民主的な憲法草案を分析していたことから、マッカーサーが総司令部の作成した憲法草案を国民に提示しても、きっと受け容れるに違いないという確信から出た言葉だと思われる。

さらに、ホイットニーが、「保守派が権力に留まる最後の機会である」と述べているのは、「松本は既に総司令部から追放に指名され、政府の申請でそれを免除されている身分であった」ことから、もし日本側が「マ草案」を受け容れなければ、松本国務相を公職追放するという意味である。

既に、マッカーサーは昭和二十一年一月四日に、戦争責任者の公職追放に関する指令を発令していたが、これは「ポツダム宣言」第六項の「日本国民を欺瞞し之をして世界征服の挙に出づるの過誤を犯さしめた者の権力及び勢力は永久に除去せられざるべからず」という文言に基づくものであった。

佐藤功が、「これは日本政府に対する一つの非常な圧力であった」と述べているように、この一連の脅迫によって「日本側に与えた効果はてきめんだった」と言っていいだろう。

ＮＨＫ文化・福祉番組チーフ・プロデューサーの塩田純は、その著書で「日本側にとって、この案を拒否したとき、天皇訴追という最悪のシナリオもあり得ることを忠告されたに等しかった。ＧＨＱは、あえて天皇訴追の意向を日本側に知らせず、その不安と危険性を指摘することで、自らのイニシアティブのもとでの憲法改正を推進しようとしていた」と述べ、また前出の竹前名誉教授も、その著書でこのような「GHQのやり方は、表面的には主導権を日本側に与えているようによそおいつつも、実質的には最初から強権を発動していることと同じであり、結局日本側に強い不信感とわだかまりを芽生えさせ、押しつけられたという印象を強く与えてしまったのである」（前掲書）と述べている。このように、ホイットニーの言葉は、まぎれもない脅迫であることは間違いないが、吉田も回想録で

「総司令部として、何故にこのように憲法改正案の作成を急いだのであろうか。……次に、極東委員会との関係も元帥の懸念するところであった。

前述の如く天皇制の支持者たる元帥としては、極東委員会あたりで、この問題が論議され出した場合、ソ連や濠州側の意向を考えれば、如何なる結果になるやも測り難しとして、早きに及んで、どこからも文句のつけようのない改革案を出させて、既成事実をつくってしまいたいという考えから出たことと思われる」

と述べているように、「マ草案」の作成を急いだ背景には、極東委員会が二月二十六日に発足すれば、総司令部は、その管轄下に入ることになり、自由に占領政策を決定することができなくなるという事情があったことに留意しなければならないだろう。

要するに、極東委員会の中で天皇制の存続に反対するオーストラリアとニュージーランドによって、日本は天皇制を存続できなくなるかもしれないということである。

そこで日本からの反発を恐れたマッカーサーは、なんとしても天皇制を残した形での民主的な憲法草案を作成して、先に既成事実を作っておかなければならなかったのである。

その意味で、幣原内閣とマッカーサーは、憲法改正をめぐって対立していたことは確かであるが、天皇の戦争責任では共通の問題を抱えていたことは明らかであろう。

総司令部との攻防戦

この日の会談は、吉田たち一行にとって大きな衝撃となった。ホイットニーが一方的に突きつけてきた「マ草案」には、国民主権、象徴天皇、戦争放棄、基本的人権というようなことが書かれており、脅迫めいたことまで言ってきたからである。

松本国務相が吉田外相と「こんな大変なことについて、すぐ返事などはとてもできない。きょうはこれをもらっていって、あとで返事するということにして帰りましょう」と相談しているところへ、ホイットニーが庭から戻ってきた。

そこで松本国務相は、「これは事すこぶる重大である。今直ちに返事するというようなことはとうていできません。これを今日はいただいて帰って、然るべきところで十分検討したうえでお答えをいたします」と述べたが、「このまま引き下がるのはいかにも残念である。何かひとこと言ってやろう」ということになり、ホイットニーに対して、次のような質問をした。

「この草案によると国会が一院制になっている。何ゆえに両院制をおとりにならないのか。そのことだけを念のために伺いたい」

するとホイットニーは、次のように答えた。

「両院制よりは一院制のほうが簡単でしょう。それから、日本は連邦制度ではないから上院は必要ないと思う」

つまり、アメリカは、「連邦制であり、そのためにアメリカの上院は各州の代表から組織されており、どんな州からも二人ずつ出ている。ニューヨーク州のような大きな州も、ハワイのような小さい州も、すべて平等に二人ずつ上院に出ています。上院は各州の代表だからです。ところが日本は、連邦制ではないから上院は不必要だということになるのです」

これに対して、松本国務相は、

「両院制というのは連邦制にだけあるものではない。自分の理解するところによると、両院制というのは一院の行きすぎを抑制するなど、チェック・アンド・バランスの機能を果たすところにその存在理由がある。このように自分は理解しているがどうか」

と反論した。後に、松本国務相は、「ホイットニー以下アメリカの連中は、初めて両院制のことについて学んだというような顔をして感心して聞いておった」と述べ、二院制の存在理由を総司令部側に教えてやったことを自慢しているが、これは大変な誤解で、ラウエル文書によれば、実は「両院制の問題というのは、総司令部としては本質的な問題とは考えていなかった」のである。

総司令部の本当のねらいは、「帝国憲法」下の貴族院的なものをなくすというところにあった。つまり、「貴族院というのは国民の公選によるのではなく、勅任議員によって」構成され、「衆議員と同じ力を持っていた。そのような非民主的な貴族院をなくすというところに本当のねらいがあった」のである。

「したがって今日の参議院のように公選で、しかも権限は衆議院が圧倒的に優越している、そのような参議院を設けることは別に総司令部の基本方針に反するものではなかった」のである。

このためラウエル文書には、「総司令部では、最初から日本側が両院制を主張することを予想していた」ので両院制を承認する代わりに、「総司令部が絶対にのめないものは、いくら日本が要求してきても絶対に承認しないで、日本側にあきらめさせる」という取引材料にすることが書かれている。

「その後、日本側はこのマッカーサー草案のいろいろな点について修正しようと交渉する」わけだが、「総司令部は日本側の希望する修正点のほとんど全部について、ガンとして聞かなかった」のである。

吉田外相たちが会談を終えて外相官邸を辞したのは、午前十一時十分だった。日本の戦後体制を決定した運命の会談は、こうしてわずか一時間あまりで終わったのであるが、これを機に日本政府の作成した「松本案」が葬られ、憲法改正の自主性が失われていくのである。

白洲次郎からの手紙

吉田外相たちは、外務大臣官邸から戻ると、すぐに幣原首相に報告した。相談の結果、日本政府としては、あくまでも「松本案」で作業を進めていくことになったが、とりあえず、白洲次長を通じて、ホイットニー宛てに次の手紙と「憲法改正草案説明補充」を渡すことにした。

「……あなたの草案が松本博士や他の閣僚に受け取られた時の模様をお知らせします。……草案は大きな驚きとして迎えられました。氏（松本博士）は、あなたの草案と、氏の改正案の目的は一つであって、その精神においても同じだと思っています。氏は結局、日本は氏の国であるし、また常に日本の非立憲性を慨嘆していたのでありますから、日本は立憲的、民主的基盤の上に置かれなければならないということを、あなた以上でないにしても、あなたと同様に熱望しているのです。氏と氏の同僚は、あなたと同じ目標を目ざしているのですが、その選んだ道程がこのように大きく、違っているのだと感じています。あなたの道はアメリカ式、すなわち単刀直入で、まっすぐですが、松本氏らの道は曲がりくねった遠回りをするという日本式でありあります。あなたの道は航空路といえましょうし、松本氏らの道はでこぼこ道を行くジープの道だということができましょう」

白洲次長は、この手紙にわざわざ図解まで描いて、このことを説明しようとしたが、翌日ホイットニーから送られてきた手紙には、次のようなことが書かれてあった。

「ジープ・ウェイ型方法こそ、日本を現在の困窮に陥れたのかもしれない。憲法改正は、いまや日本だけでなく、世界の注視の的になっていることを認識しなければならない」

「つまるところ、日本政府がこの問題に思いきった解決を与えるか、最高司令官がなんとか保持を可能にしている日本の伝統や機能を一掃しかねない非常に厳しい内容の憲法になるかでしょう」

楢橋渡とケーディス・ハッシーとの非公式会談

著者は、憲法改正にあって天皇制に関する条項が天皇に不利にならないよう、以前から内閣書記官長の楢橋渡がたびたびパーティーを開いて民政局員との交流を図っていたことは既述したが、ちょうど、幣原内閣とホイットニーとの間で憲法草案についての攻防戦が展開されていたところ、楢橋渡は回想録で、十六日の日曜日に大磯の滄浪閣（当時楢橋の居所）でケーディスたちとの非公式の会談を行ったことを次のように伝えているが、こうした舞台裏での知られざる攻防戦が「日本国憲法」の形成に少なからず影響を与えていることは確かであろう。

「その時、ケイディス大佐とハッセー中佐は、『天皇を新憲法の中から抹殺した場合の国内的影響はどうであろう』と私に尋ねた。

私は『その場合日本は内乱になるだろう。日本人と天皇との関係は血のつながりがあり、天皇を憲法中にのこすことが如何にアメリカの占領に有利であるか』を詳しく説明した。

彼等は深い感動を以て聞いていた。そして、『自分達の考えやマッカーサーの考えが間違っていなかったことの自信を得た』と率直に云った。

戦争放棄の問題についても話した。私はその時『日本側が軍備をもつことを云ったら恐らく承知すまい。無防備国家で日本が安全であるならこんな目出度い世の中はない。此れを真面目に考えているアメリカに敬意を表する』と笑い乍ら話した。

彼等は『今日の日本としては此の非武装宣言が日本を国際的に有利に展開する唯一の武器である』と述べた。

私は『それは避雷針の様なものかな』と皮肉でなく答えた。私の胸中にフト浮んだのは此の憲法自体が独立国家へ到達する救命艇であり、避雷針でもあると云うことである。

司令部草案の一院制は日本をバルカン以下に取り扱っていると率直に話した。

これにケイディス大佐とハッセー中佐は二院制もまた仕方あるまいと率直に答えた。

二人は、この滄浪閣、伊藤公の憲法ゆかりの古跡で新憲法を非公式に議したのは大いに満足のようであった」（「新憲法製造記」『文藝春秋』）

「憲法改正案説明補充」の提出

先に述べたように、吉田外相たちは、幣原首相と相談した結果、マッカーサーは二月八日に提出しておいた「松本案」をよく理解していないので、このような草案を提出してきたと思った。そこで、もう一度「松本案」を説明するために「憲法改正案説明補充」という文書を作って、二月十八日に白洲次長に届けさせた。

だが、その説明書には、

「一国の憲法は、国情と民情に即して制定されなければならない。また、それによってのみ永続性をもつものである。無理に他国の制度をもってくることは、あたかも欧米のバラを日本に移しても、しばらくすると香気がなくなるのと同じである。さきに日本側で起草した草案は、外形的には微温的に見えるかもしれないが、国民の多数を占めている保守的な人々の無用の反感を避け、しかも実質においては、英国式の議会民主主義の方向にむかって、相当大幅に歩を進めているのである」

と書かれてあったため、ホイットニーは、これを一読するや否や、

「こんなものは考慮の要はない、松本案については再考の余地はないから、司令部案について起

草を進める意思があるかないか、二十日までに回答せよ、もし回答がなければ司令案を発表する」と、白洲次長に言った。

そこで松本国務相は、十九日午前十時十五分に開かれた閣議で、これまでのいきさつを説明するのであるが、閣僚たちは、このときに初めて事の真相を知らされたのである。

当時の閣議の重大問題について詳細にメモを取っていた幣原内閣の厚生大臣、芦田均（後に日本民主党総裁、首相）の手記によれば、松本国務相は、閣議でホイットニーから提出された「マ草案」のいきさつを説明した後、総司令部に対して「松本案」に対する、次のような追加説明書を起案し、十八日に白洲次長を通じてホイットニーに送り届けたことを述べた。

「およそ一国の法制はその国独自の発達によってなるものであって、他国から移入した制度は容易に根を張るものではない。ドイツのワイマール憲法（第一次世界大戦直後ドイツ共和国の制定したもの）はそのよき例である。

それ故に、憲法は国民性を基礎とすることによってのみ、その持久性をもつものというべく、各国の国法は原則を同じくしているが、形式と内容とは必ずしも同一ではない。

松本案はきわめて簡素であって且つ微温的であるけれども、その内容はほぼイギリス型の立憲政治を狙ったもので、旧憲法に比べては正に革命的の変化というべきである。日本には今なお反動思想的底流があるから、かような形にしたものであるが、もし私案に修正を要する点があるならば具体的に指示されたい。云々」

続けて松本国務相が、これを読んだホイットニーは、「司令部案の根本原則と基本形式とが承諾できるかどうか、日本政府は二十日午前中に回答するよう希望する。もし受諾できないとあれば、司令部は米国案を発表して世論に問うこととする」と言ってきたことを説明すると、閣僚たちの中で、即時に発言する者はなかったが、幣原首相は「こんな案をただちに受諾することはできない」と述べたので、三土内務大臣と岩田司法大臣も、その意見に同意した。

芦田厚生大臣が「もしアメリカ案が発表されたならば、言論機関の多くはこれを支持するに違いない。実際に現内閣が責任を取れぬといって辞職すれば、後はアメリカ案を受諾する連中が引うけることとなろう。そうすれば来るべき総選挙の結果にも大影響を与えることとなり頗る懸念すべきものがあると思う……」と言うと、松本国務相や副島農林大臣も、その意見に賛同して「司令部案はその形に現れているほどの大きな懸隔があるとは思われないから、真正面から拒否することをしないで、一応先方との話合をつづけることがよくはないか」ということになった。

いずれにしても、この重大な憲法草案について、総司令部の求めるように「二十日午前中」

という短い時間で回答するのは無理なので、幣原首相が「マッカーサーと会見して先方の真意を充分確かめた上、改めて問題を検討することにして、十九日の閣僚は終った」のである。

幣原・マッカーサー会談

ホイットニーは十九日午後に、幣原首相が白洲次長を通じて四十八時間の延期を申し込んできたので、「日本側の要請した以上の時間を与えることにして、二十二日のワシントン誕生日に会見する旨」を伝えた。

一方、幣原首相は二十一日に、マッカーサーと会談して「マ草案」に対する日本側の変更希望を考慮するかどうかを尋ねた。すると、マッカーサーは、「マ草案」の基本的諸原則である第一条と第八条の変更は許されないが、それ以外のものは修正を認めてもよいという返答を行った。

言うまでもなく、「マ草案」の基本的諸原則とは、第一条の「国民主権」「象徴天皇制」の規定と、第八条の「戦争放棄」「戦力不保持」の規定であるが、それなら何とか妥協の余地があるということで、そのまま幣原首相は戻って来たのである。

だが、松本国務大臣は、先に述べた十三日の会談の模様から、幣原首相の考えは少し甘すぎるのではないかと思って、特に根本形態とはどのような範囲のものであるかを確認するため予定通り、二十二日にホイットニーと会談することになったのである。

第四節「日本国憲法」はどのように作成されたのか

松本・ホイットニー会談

この日、彼らの間で「マ草案」と「松本案」について相当突っ込んだ話し合いが行われたが、ホイットニーの回想録を見ると

『二月二十二日の朝、日本政府の閣僚たちが、私のオフィスに入るや、松本博士は、松本草案を憲法改正の基礎としようとする最後の企てを試みた。松本博士は、次のような言葉で会談の口火を切った。

「われわれは新憲法の草案（総司令部）に盛られた構想を受諾するものであるが、しかし、それがはたして実行に移せるものであるかどうか疑問である」

それから主として幣原（ママ）首相がリードしてさらに論議を重ねた上、幣原首相は改正草案を天皇陛下に提示するつもりであると述べた』

と言っているだけで、実際には、日本側の改正点は、いずれも基本的諸原則であるから改正は認められないとも述べている。

前出の佐藤達夫の回想によれば、先方の意向の主な点は、次の四点で、結局、改正を認めたのは四番目の二院制だけで、それ以外は、ほとんどすべて改正を認めなかったのである。

一、「帝国憲法」の一部改正では目的を達し得ない。
二、第二章の戦争放棄の規定を前文に移すことは認めない。
三、皇室典範はぜひ法律で定めるものとしなければならない。
四、国会については、両院とも民選議員で組織するならば、二院制をとってもよい。

これは、前日のマッカーサーの見解と矛盾するように見えるかもしれないが、実は「マ草案」の「第一条の国民主権の下の天皇象徴制と第八条の戦争放棄・平和主義、この二つはまさにマッカーサー草案の基本的原則であって、このほかの条文というのは、多かれ少なかれこの第一条と第八条にみな関係している」ということで、必ずしも矛盾していないのである。

言い換えれば、松本国務相が変更を希望した他の条文も、すべて基本的原則と不可分ということであるから、「総司令部の意向がこのようなものである以上、日本政府としても、マッカーサー草案をもとにして新しい草案を作らなければならない」ということになった。

日本案の提出

そこで松本国務相は、前出の入江俊郎（内閣法制局次長）と佐藤達夫（内閣法制局第一部長）に依頼して三人で案文の作成を行うことにした。ところが三月二日（土曜日）になって、総司令部から急に日本文のままでいいから草案を持って来いと言ってきたので、「大急ぎでその案を謄写版に刷って三月四日の月曜日に司令部に持ってゆく準備を整えた」が、これについて佐藤達夫は、その著書で

「それは、あたかも書きかけの試験答案を途中で引ったくられたような気持ちだった」

と述懐している。

こうして、三月四日に、松本国務相は、佐藤達夫を伴って総司令部を訪れると、既に白洲次長と外務省から翻訳担当の長谷川元吉と小畑薫良が来ていた。

一方、民政局側は、ホイットニー、ケーディス、ハッシー、ラウエルの他に、ヘイズ、ロウスト、プールらが後ろの席に控えて、日本政府側と一緒に会議を開いて逐語訳を進めることになった。ベアテも、ケーディスの頼みで他の四人の通訳とともに出席し、「はからずも自分の書いた人権条項の行方を見届けることになる」

松本国務相は、「マ草案」に基づいて作成した日本政府の新しい憲法改正案と、その主な点について説明した「松本説明書」とを一緒に提出したが、「この案はまだ閣議決定を経ていな

い試案に過ぎないという前置きの挨拶をして席についた」

ところが、ケーディスは、「その案をすぐさま翻訳に回し、一条ごとに英文ができ上がると検討を始めた」

この辺りのいきさつについて、ホイットニーの回想録では、

「三月四日、憲法改正の新草案は総司令部に手交され審査されたが、それは、われわれが日本側に与えた原則ステートメントにならって作られており、大体において受諾できるものであった。しかし、この草案は日本語で書かれたものであって、それを英語に翻訳し、さらに、こちらの提案があれば、これを日本語に逆訳しまた同じことを限りなく繰り返すことになるので、ますます遅滞することが予想された。

総選挙の予定日は、もう五週間先に迫っていた。したがって選挙民が一般的原則の上で憲法改正問題を論議しうるとすれば時間の問題が大事であった。

そこで唯一の解決策は運営委員会の委員と、翻訳者と、日本側代表者とが、すぐに会議を開いて、双方が改正憲法草案に一致するまで散会せずに会議を続けることであった。こうして新草案は条項ごとにとりあげられた」

となっており、先方がいかに総選挙を意識して草案の作成に取り組んでいたかが分かる。

後から佐藤部長は、ケーディスから「松本説明書」が難しいので翻訳を一緒に手伝ってほし

いと頼まれ、トランス・レーター・プールという張り紙をした部屋に連れ込まれたが、そこでは二世の青年二人が和英辞典と首っ引きで翻訳に苦しんでいた。漢語の多い「松本説明書」には和英辞典などにないような難解な言葉がたくさん出ていたからである。

そこで佐藤部長が日本語自体の意味をまず説明して、それから和英辞典に当たるという具合だった。

佐藤部長が午後四時頃、「松本説明書」の翻訳を終わって民政局の大部屋で一息ついていると、白洲次長がやって来て、先方からのクレームを次のように伝えた。

「先方はマ草案の前文をそのまま日本文にしたものをつけろといっている。それから、日本案の条文がマ草案とずいぶんちがっているといって怒っている。さっき、そのことで松本大臣とケーディス大佐が大激論をやった。

ことに先方は〝輔弼〟のことばを問題にしている。マ草案では advice and consent とあるにもかかわらず、日本案には advice に当たる〝輔弼〟だけしかなく、consent に当るものが抜けているということだ。いまにまた問題がでるから、君も含んでおいた方がいいぞ」

この日本案では、「マ草案」の第一条にある国民主権が削除されていた。元々、この案の基になっている松本甲案の第一条は、「帝国憲法」の天皇条項と変わりがなく、天皇の絶対的地位を保証していたが、国民主権では、天皇が国民の下に位置してしまい、天皇の絶対的地位と矛盾することになってしまうからである。

そこで、プールは、象徴という言葉の意味の重さを懸命に伝えて、何とか収まったが、今度は、第三条の「輔弼」という言葉でつまづくことになった。「助言」を意味する、この言葉だけでは、第三条の「内閣の助言と同意を必要とし」という英語（advice and consent）の意味を現わすには不十分だというのである。これに対して、松本国務相は、英語のconsentという言葉を同意、賛成、承認という意味に訳したら、天皇に対して畏れ多いという気持ちが足りなくなると説明した。

ベアテは、この〝畏れ多い〟という言葉の意味を英訳するために、「身振りをつけ、あらゆる言葉を動員して説明した」が、「ようやく賛同という日本語を発見して一件落着となった」

この通訳を通じてベアテは、「天皇条項では一語一語が論議となり、日本語の制約と意味の多彩さに、改めて日本文化の深さと、天皇に対する日本人のこころのありようを知らされた」のである。

万事がこのような調子であったため、午前十時から始まった会議は午後二時になっても、いっこうに進まなかった。そこで松本国務相は、「両方ともこんなに興奮して議論をしていたのではかえっていけない、議論を後日に譲った方がよかろう、というわけで」、昼食後しばらくして、経済閣僚懇談会があるからと言って、佐藤部長を残して帰ってしまった。

当初、この日本案は、「確定案のつもりではなく、総司令部から早く出せ早く出せといってくるので、とにかく一つの試みの案として提出し、それをもとにしてさらに折衝して総司令部の了承を得ながら確定案を作っていこうというつもりだった」のであるが、午後六時過ぎになってから、先方は、「上の方から今晩中に確定案を作れという厳命があった。ホイットニー准将は一二時まで待つ、それまでにでき上がらなければ、明朝の六時まで待つといっている。引きつづいて会談をやるからそのつもりで」と言ってきた。

仕事も一段落して時計などを見ていた佐藤部長が突然に、こんなことを言われたのだから、当惑したのも無理はない。その日、彼は、ただ翻訳の手伝いのつもりで何の準備もしないままで、松本国務相についてきたからである。

さっそく、佐藤部長は松本国務相の自宅に電話したが、故障でつながらない。そこで、首相官邸の岩倉書記官と楢橋書記官長に電話をして打ち合わせを行ったが、当時、内閣法制局の一部長に過ぎなかった佐藤部長が、その責任の重さにおろおろしてしまったのも当然であろう。

八時半過ぎに、内閣の木内副書記官が岩倉書記官とともにやって来て、松本国務相からの「健康上の都合で来られないから、然るべく」ということづけを伝えると、「しっかりやれ」という激励の言葉だけを残して帰っていた。

こうして佐藤部長は、岩倉書記官、白洲次長、長谷川・小畑両氏と総司令部に残って、この最終の確定案を先方と共同で作ることになるのであるが、この日から翌日にかけて行われたこの日米共同の作業は、前出の二月十三日とともに「日本国憲法」の成立過程の中で、非常に重要な意味を持つことになるのである。

佐藤部長は、総司令部から出された夕食を食べ終わると、午後九時頃から、いよいよ逐条の審議に取りかかっていくことになったが、このとき、主にケーディスとハッシーが参加し、通訳にベアテがつくことになった。

白洲次長や長谷川・小畑両氏は、たまに議論に参加したが、長谷川・小畑両氏は、主に条文整理の筆記の方を受け持ち、法律論は、ほとんど佐藤部長が一人で引き受けた。

ところが、困ったことに、「その日でき上がった肝心の日本案の英訳がプリント部数の関係で」、佐藤部長の手元にまで行きわたらなかったため、長谷川・小畑両氏の手元にあるのを、ときどき覗いては議論を進めていかなければならなかったのである。

日本案の審議

ケーディスの指示で、佐藤部長は、まず日本案の第一条にある

「天皇ハ日本国民至高ノ総意ニ基キ日本国ノ象徴及日本国民統合ノ標章タル地位ヲ保有ス」

という条文の「保有ス」という言葉を「表章タルベシ」に改めた。

英語の maintain に当たる「今までの姿をそのまま維持するという意味」を表す「保有ス」という言葉では、「天皇の地位を根本的に変えようとする今度の改正の趣旨に反する」ことになるからである。

さらに、皇室典範（Imperial House Law）についても、日本案では、「国会の議決によって定められるという趣旨が表われていない」ので、「帝国憲法」時代の皇室典範との性格の違いを明確にするために、「国会ノ議決ヲ経タル皇室典範」という形に改めさせられた。

次は、例の「輔弼」が問題となった。ケーディスは、この「輔弼」の他に、「〝協賛〟というのを加えることはどうか」と提案してきたが、これに対して佐藤部長が「協賛は、従来帝国議会ノ協賛というように使われているから適当ではない」と答えると、「それでは〝承認〟はどうかと」と切り返してきた。

佐藤部長は、この「承認」では、当時の「国体護持」の一般的な気持ちから考えて適当ではないと反対した。結局、こちらから「輔弼賛同」という言葉を持ち出して、漢字の分かるリゾー少佐が事典を調べた結果、「輔弼賛同」でOKとなった（当初、「マ草案」では、advice and consent という言葉になっていたが、その後 advice and approve に変更された）。

一方、「マ草案」第二章の第八条では、戦争放棄について

「国権ノ一主権トシテノ戦争ハ之ヲ廃止ス」となっていたが、日本案では、次の「他ノ国民トノ紛争解決ノ手段トシテノ武力ノ威嚇マタハ使用ハ永久ニ之ヲ廃棄ス」の条文とつないで「戦争ヲ国権ノ発動ト認メ武力ノ威嚇又ハ行使ヲ他国トノ間ノ争議ノ解決ノ具トスルコトハ永久ニ之ヲ廃止ス」と一文にまとめ、第二項で「交戦権ハ之ヲ認メズ」としていた。

これに対して、先方は、「これでは弱い。will never be authorized の趣旨で、〝許サズ〟というようにせねばいかぬ」と言って書き直しを命じてきたが、第一項については、特にクレームはなかった。

日本案の第十条については、「マ草案」第三章第十条の

「此ノ憲法ニ依リ日本国ノ人民ニ保障セラルル基本的人権ハ人類ノ自由タラントスル積年ノ闘争ノ結果ナリ。時ト経験ノ坩堝ノ中ニ於テ永続性ニ対スル厳酷ナル試練ニ克ク耐ヘタルモノニシテ永世不可侵トシテ現在及将来ノ人民ニ神聖ナル委託ヲ以テ賦与セラルルモノナリ」

という条文を第九条の「日本国ノ人民ハ何等ノ干渉ヲ受クルコト無クシテ一切ノ基本的人権ヲ享有スル権利ヲ有ス」という条項と纏めて

「国民ハ凡テノ基本的人権ノ享有ヲ妨ゲラルルコトナシ。此ノ憲法ノ保障スル国民ノ基本的人権ハ其ノ貴重ナル由来ニ鑑ミ、永遠ニ亙ル不可侵ノ権利トシテ現在及将来ノ国民ニ賦与セラルベシ」

と改めたが、先方から「なぜ、このように改めたか」と質問された。

これに対して、佐藤部長が「こういった歴史的・芸術的な表現は日本の法文に合わぬ」と返答したところ、一応は了解したが、後から、あの条項はホイットニーが書いたものなので、せめて後の章にでも入れてもらいたいと言ってきた。

そこで、この条文を第十章の最高法規の中に移すことにしたが、これが現在の憲法第九十七条になっているのである。

「マ草案」の審議

ここまで、日本案を原案にして審議を進めてきたとき、先方が、あまりにも「マ草案」とはかけ離れていると言うので、ここから「マ草案」を原案にして審議を進めることになった。

しかし、先に述べたような条文の混雑は、日本側の指摘によってかなり整理された。例えば、土地と天然資源の国有化を記した第三章第二十八条の「レッド条項」は、日本側のクレームで簡単に削除できたし、また「家族ハ人類社会ノ基底ニシテ其ノ伝統ハ善カレ悪シカレ国民ニ浸透ス」という条文も、日本の法文の形にはなじまないということで、削除することができた。

こうして第三章が終わると、国会の章をあとまわしにして内閣の章に入った。

国会の閉会中に、「突発事故がおこって、急に立法措置を必要とするような場合」を考えて作った日本案の緊急勅令にあたる例外措置の条文は、どうするつもりかと聞くと、「それは予め法律で委任しておけばよい」ということで先方に強硬に反対され、入れることができなかった。

ここから国会の章に戻って、広い会議室に移動すると、総司令部側の人間が二十人ほど増えていた。参議院の構成は、「日本案では、地域代表および職域代表のほか勅任議員を加えていた」が、結局、総司令部側の反対で衆参両院とも「国民ニ依リ選挙セラレ国民全体ヲ代表スル議員」で組織することに改めた。

その他は、だいたい松本国務大臣の案と同じものになったが、「日本案では法律案について、衆議院と参議院とが一致しなかった場合に、衆議院が引きつづき三回可決し、かつ二年たったときは、衆議院の議決のとおりにきまる」としていたが、「これについては、先方で対案を準備していて、現在のような三分の二で衆議院が再議決するという形になった」

しかし、これは、元々、その年の一月に日本自由党が発表した「憲法改正要綱」の中の案とほとんど同じのものであったため、総司令部側が逆輸入したものであろう。

この章が終わるころ、窓の空に白々と暁の色が差してきた。これを眺めながら佐藤部長は、この草案とともに「新しい日本の黎明だ」と思った。この章が終わった後、七時頃に朝食をすませて、次に司法の章に入った。

司法の章では、「マ草案」の第六章第七十三条の「国会ハ最高法院ノ判決ヲ再審スルコトヲ得」の条文について、佐藤部長の方から

「これだと、国会が自分の作った法律の合憲性を自分で判定するようなことにもなるが、いったいその立法理由は何か」と尋ねると、
先方から「なぜ、日本案にそれを入れたのか」と逆に反問されて面食らった。

佐藤部長が「マ草案を尊重して、一応入れておいた、その上であなたの方の説明を聞くつもりだ」と答えると、

「それでは、君の意見はどうだ」というので、

「三権分立を徹底する意味からいって、こういう条文はない方がいいと思う」

と答えたところ、「それならそうしよう」ということになり、実にあっけなく削れた。

また「マ草案」の第六章第七十四条に、「外国の大使、公使及領事館ニ関係アル一切ノ事件ニ於テハ最高法院ハ専属的原始管轄ヲ有ス」という条文があったが、白洲次長に
「外国使臣に対する裁判権が認められてたいへん結構だ」

と冗談を言わせたところ、さっそく削ることになった。この章も、佐藤部長たちの意見で大部分の条文を整理することができた。「マ草案」では、財政について「じつに細かく規定されていたが、これも、論議の結果、簡潔な形に改めることができた」

しかし、「マ草案」には、皇室財産の国庫帰属に関する条文は入っていたが、日本案には入っていなかったので、この条文を入れるように指示された。

「地方自治の章以下は、大体日本案のとおりとなった。ただし、皇室典範の発議権を天皇に留保するという条文は文句なしに削られた」

ホイットニーも回想録で

「会議はその日の昼も夜もぶっ通して続いて翌朝となり、午後おそくまでかかった。第一日のこと、会議が半時間ほど続いた後、日本側の最年長者松本博士は中座して、帰宅した。そこで草案の条項は意見の一致が見られるたびに、松本博士のもとへ特別の使者に託してその写しが送られ、博士の承認を求めた。松本博士はその全部を直ちに承認した。

一方、各条項の写しは迅速に私とマッカーサーのもとに届けられた。私はずっとオフィスに留まって会議出席者と接触した。そして会議が意見の一致に困難をきたした点についてはマッカーサーと絶えず連絡した。

時間がたつにつれ会議室には五ガロンのGIガソリンカンに入れたコーヒーとK-ラッシュ(軍隊の配給口糧)が昼食、晩食、朝食、それから次の昼食の代わりに供給された。こういう形の会議交渉に慣れていない日本側代表は、疲れた様子を見せ始めたが、われわれのほうも疲れは同様であった。しかし、このやり方は、うまくいって、五日午後の半ば過ぎには、少数のむずかしい点を除き、全部処理された。そこで会議列席者は私と会議を開き、われわれは最後的原則にも意見の一致を見たのであった。

マッカーサーは三月五日の午後五時半までに憲法改正草案を閲読し、これを承認した」

と述べ、このときの「マ草案」の審議の過程を簡潔に描写している。

こうして「マ草案」の審議がすべて終了したのは、五日の午後四時ごろだった。佐藤部長は、一晩中一睡もせずに、ほとんど自分一人で法律論の論議を行ったわけであるが、「なにぶんにも、時間の制限のために、場合によってはイェスかノーかでせめたてられるというようなこともあり、じっくり腰をすえて向こうと議論をするひまのなかったのはいかにも残念でしかたなかった」

佐藤部長が、この四日から五日にかけての会議の印象について、

「この会議で感じたことは、要所要所については先方は一歩もゆずらなかったが、マ草案そのものはどうも急ごしらえのものらしく、原案をめぐって向こうの連中同士で議論をはじめたり、こちらからの質問に対して明確な答えが得られなかったり、—そのために削った条文も若干あった。—また、場合によっては、こちらの意見もたずねながら、お互いに力を合わせて条文を作り上げようという態度が見えたり、等々といったところであった」

と述べているように、ここから「日本国憲法」のモデルとなる「マ草案」の審議が、たった一人の日本人によって、よく審議もされずに即興的に作成されたものであったかが分かるだろう。

すべてが終わったとき、ホイットニーが初めて姿を見せ、佐藤部長たちと安心した表情で握

手し、繰り返し礼を述べた。

このとき、佐藤部長は、あまりにもホイットニーの喜びが大きいので、「いったいどこの憲法を手伝いにきたのかという錯覚をおこしそうになったくらいであった」

こうして三十二時間にわたる日米共同の「マ草案」の審議が終わったのである。マッカーサーは、その日のうちに完成した草案を発表したいと思っていたが、日本政府は、閣議も必要だし、天皇にも奏上しなければならないので明日にしてほしいと申し入れた。

「憲法改正草案要綱」の作成

この日、佐藤部長が「マ草案」の審議を終えて報告のために首相官邸に戻ると、午前十時から閣議が開かれていた。松本国務大臣が閣議で、これまでの経過を報告すると、総司令部は、一体「どうしてこれほどに焦慮しているのかということが問題になった」

午後二時十五分から閣議が再開されると、白洲次長が英文の「マ草案」十部を手にして臨席し、総司令部では、この草案を受諾するかどうか今日中に回答するように要求しており、今晩中に、この草案を発表すると言っていると報告した。

閣議では、この草案をいかに処置すべきかについて協議を行い、日本語としても体をなさないと思われる生硬な草案を発表することは失態であるが、それも止むを得ないということになった。また天皇陛下に奏上し、「発表のためには御勅語を用意しておかなければならないので、即刻勅語案を練ることになった」

幣原首相は午後四時半に、松本国務相を同伴して参内し、憲法草案について奏上するとともに、六日に発表される勅語案について御裁可を得た。その間、残った閣僚たちで「マ草案」の審議を行った後、午後八時に、幣原首相が参内奏上の結果を報告し、「マ草案」の全部がようやく閣僚のもとに配布された。

「ただし憲法前文の中にきわめて生硬不明の箇所もあるから、安倍文相に修辞の改訂を一任して午後九時十五分に閣議を終えた」

閣議に入る直前に、幣原首相は、とても沈痛な顔で

「かような憲法草案を受諾することはきわめて重大な責任であり、恐らく子々孫々にわたるまで責任は残る。

この案を発表すれば一部の者は喝采するのであろうが、また一部の者は沈黙を守りつつ心中深くわれわれの態度に憤激するに違いない。しかし今日の場合、大局の上からみて外に行くべき途はない」

と述べた。

五日の晩は、「マ草案」を「要綱」の形にするため、首相官邸二階の内閣書記官長室（現内

閣官房長官室）に、入江俊郎内閣法制局長官（三月十九日に昇格）、井出・宮内・渡辺などの参事官が集まって作業を行ったが、すでに総司令部で審議した「マ草案」の英文が届いていたため、それと閣議で配布した日本文の謄写版とを照らし合わせながら「要綱」の形に書き直していった。

翌六日、幣原首相は、新しく出来上がった「要綱」を検討するために閣議を開き、午前九時から午後まで「マ草案」の字句の訂正を行い、ようやく午後四時に一応終了した。

その間、総司令部からハッシー中佐が「要綱」の英文プリント十三部を楢橋書記官長へ持って行って署名を求め、その一部を内閣に置いて、他のプリントを携えて特別仕立ての飛行機でワシントンへ飛んだ。

三月七日には、ワシントンで極東委員会による「日本国憲法」の討議が予定されており、マッカーサーは、出来上がったばかりの「要綱」を既成事実として極東委員会に示すことが何よりも重要だと考えたからである。

では、マッカーサーのもとに返ってきた「要綱」は、最初の草案と比べて、どのくらい変わっていたのだろうか。

前出の日高は、その著書で次のように述べている。

『ガバメント・セクションから日本側に渡された憲法原案が再びマッカーサーに戻されたとき、

そのほとんどはガバメント・セクションがつくったものと同じであった。この点についてブラウン博士はこう言っている。

「日本政府が戻してきた案はいくつかの相違点はあったが、基本的にはガバメント・セクションがつくったものと同じであった。しかし、日本側は明らかに不満で、反抗的な姿勢を見せていた。……最終的には日本側とガバメント・セクションが協力してつくりあげた日本国憲法の草案は、ほとんど相違点は見られなかった」』（『アメリカの大変化を知らない日本人』ＰＨＰ研究所）

「憲法改正草案要綱」の発表

日本政府は三月六日午後五時に、記者会見を開いて日米共同で作成した「憲法改正草案要綱」を正式に発表した。そして翌七日の各新聞の第一面に、「主権在民・戦争放棄」の大見出しで、この要綱が掲載されるとともに、勅語、総理大臣の談話、マッカーサーの次のような全面的支持の声明も発表された。

「余は日本の天皇ならびに政府によって作られた新しく且つ開明された憲法が日本国民に余の全面的承認の下に提示されたことに深い満足をもつものである。日本国民はかくして、過去の神秘と不真実に対し、しっかりと背を向け、新たなる信念と希望とをもって将来の真実に面を

向けること丶なるのである」（『朝日新聞』昭和二十一年三月七日付）

この「要綱」は二月一日に、『毎日新聞』で発表された「松本案」の内容と比べると、民主主義の諸原則を最大限まで日本に適応させた新たな憲法であったため、とても同じ政府が作ったものには思えなかったことから、日本国民がこの「要綱」にとても驚いたことは間違いないが、これに驚いたのは日本人だけではなかった。

例えば、マッカーサーの政治顧問だったマックス・ビショップは、三月八日付でアメリカ本国に宛てて次のような電報を送っているからである。

「三月六日に新憲法草案が突然発表された。その内容は、自分にとっては非常に驚くべきことであった。この草案は、総司令部で入念に考えたものであり、発表の前に最高司令官と天皇とが相互に承認したものであることは明らかである。将来、日本人が、この草案は自分たちがつくったのではなく、最高司令官のほうで用意したものだとみなすようになれば、若干の危険性が生まれるし、憲法に対する日本人の態度は大きく変わるだろう」

この文面からも、民政局の間だけで密かに憲法草案の作成作業が行われていたことが分かるが、さらに十九日にも、彼は、アメリカ本国に宛てて次のような電報を送り、将来の「日本国憲法」に対して悲観的な見方をしている。

「多くの日本人は、この草案は日本人が書いたものではなくてアメリカ製だと考えている。そのことが、日本人が長期にわたってこの憲法を受け入れ、支持する可能性を小さくしているのではないか」


一方、この「要綱」の発表は、極東委員会にとっても寝耳に水であった。極東委員会の付託条項には、憲法改正は「極東委員会の協議および意見の一致」が必要であることが明記されていたからである。

オーストラリア代表のハロルド・ブロッドは、「要綱」に対する極東委員会の反応について、次のように述べ、マッカーサーの越権行為を批判すると同時に、この「要綱」の内容は、日本よりもむしろ西洋的色彩が濃いため、とても日本国民の意思を尊重したものではないと指摘している。

「極東委員会の役割には憲法草案の起草は含まれていませんでした。しかし、それを承認する役割はあると我々は解釈していました。ですから、オーストラリアは、マッカーサー将軍が自らの権限を越えていると感じました。発表された憲法草案は多くの意味において賞賛に値するものでしたが、……日本よりもむしろ西欧的色彩が濃い内容だと思いました。アメリカの独立宣言や（リンカーン大統領の）ゲティスバーグの演説を彷彿とさせるような言い回しも含まれていましたからね。

そもそも、憲法改正はマッカーサーの任務ではないというのが、我々の考え方です。憲法は日本国民の意思を尊重し、反映したものでなければならない。それが極東委員会の最大の関心事でした。そして、日本人の願いが真に反映されていないというのが、草案に対する委員会の反応だったのです」

国内外の反応

さらに、当時の日本の新聞に報じられたこの「要綱」に対する世論や各政党の反応を見ると、共産党を除いて賛意を表明していることが分かるが、この「要綱」がアメリカ側にも大きな影響を与えたことは言うまでもない。

例えば、一九四六年三月七日付の『ニューヨーク・タイムズ』は、「英国に似た民主主義で日本の無血革命はこの憲法に依って要約された」と述べ、また『ワシントン・ポスト』も、「もし新憲法に現れた原理や物の考え方が現実化せられたら、それは日本歴史に大きな転換をもたらすであろう」と、この要綱を肯定して述べているが、次のように「日本に対するアメリカの憲法」「ユートピア的」「自己否認」など、この要綱の正統性や安全保障に対して手厳しい論評を掲載した新聞も少なくなかったのである。

①『ニューヨーク・タイムズ』（一九四六年三月七日付）

「新憲法草案が陸海軍を全面的に廃止し、日本は今後その安全と生存を世界の平和愛好諸国の信義に依存すべしと宣言するにいたっては、あまりにも〝ユートピア〟的であって、むしろ現実的な日本人をして草案を軽んずるにいたらしめるであろう」

②『ニューヨーク・サン』（一九四六年三月七日付）

「最も不可思議にして驚くべきことは、日本は今後その国防を兵力によらず、世界の平和愛好国の信義に依存しなければならないと宣言していることである。これは理想主義的献身とも言うべき自己否認である。もしこの憲法が採用されるならば、世界の人びとはかくも無条件に平和愛好国に頼る子どもらしい信念に対してこれらの国の信義がそれに呼応するよう向上せんことを願う以外に方法はない」

③『クリスチャン・サイエンス・モニター』（一九四六年三月八日付）

「日本政府は近代民主制の最新式制度を全部取り入れたみごとな新憲法を発表した。しかしこれは価値なきものである。実際これは日本国民に対してのみならず、アメリカの新聞記事をにぎわすために提供された美しい玩具であって、しかも罠となるおそれがある。これは日本の憲法ではない――日本に対するアメリカの憲法である。この憲法の重要事項に日本の現実から生まれた思想は一つもない」

総司令部との交渉

この「要綱」が一夜漬けの作業だったことから、後から落ち着いて検討してみると、いたるところに不備があることが分かってきた。

四日と五日に総司令部で行われた作業は、確定版のつもりであったし、六日には楢橋書記官長が成案に署名までしていることから、はたして先方が訂正に応ずるかどうか懸念されたが、とりあえず「たくさんあった問題点の中からできるだけ範囲を絞って、何項目かを列挙しこれを英文にして向こうに持ち込むことにした」

佐藤部長は四月二日に、前出の入江俊郎と終戦連絡事務局の加藤連絡官とともに、ケーディスを訪ね、訂正を依頼すると、「案外先方は話に乗ってくれて、その日もち出した問題点の大部分は解決することができた」

ケーディスが、別れ際に「憲法問題はわれわれの最も重要な仕事であると思っているから、何時でも相談に応ずる」と言ったので、その後も少しずつ問題を提出しながら、合計四回訂正の交渉を行った。

ひらがな・口語体の条文

この間に、「要綱」の条文化の作業が進められていったわけであるが、その作業の中で特筆すべきことは、内閣法制局の若手の中から、せっかくの機会だから、ここで思いきって口語体にしたらどうかという提案が出てきたことであろう。

なにしろ法文をひらがな・口語体にすることは、当時の法令の形式から考えても画期的な試みであり、相当の決断を迫られるものであったが、ちょうどその頃、タイミングよく、有名作家で貴族院議員の山本有三らで組織した「国民の国語運動連盟」から「内閣に対して新憲法の口語化についての進言があり、これが大きな推進力にもなった」のである。

憲法改正草案のひらがな・口語体を報じた四月十八日付の『朝日新聞』にも、「憲法改正草案のとくに注目されることは全文を口語体でしかも平仮名《ひらがな》で表現していることで、これは、憲法が国家の基本法であり、民主主義日本の性格を現わす根本法規であるので、国民のすべてが理解できることを建前とし、とくに平易な表現を用いたものである」と書かれているが、その他の理由として、後に松本国務相が、昭和二十九年七月の日本自由

党憲法調査会の談話で、

「私の考えたのは、いかにも翻訳だ。どうやっても翻訳ということは明らかである。これは前の憲法のような漢文体のようなもので書こうとしてもできないし、またいかにもそぐわない。そこで寧ろ翻訳であることを隠すためには、口語体でやった方がかえっていいようだ、その方がよくないですかということを閣議の際に言ったと思うのですが、憲法については相当反対もあったのですが、意外にも口語体にすることについてはみな賛成で採用されました」

と述べ、佐藤部長も、

「この口語化の企てについては、新憲法の内容に即応して、その形式の上でもそれを民主化しようということがおもな動機であったことはいうまでもないが、その決断を助けた一つの要因として、草案の翻訳臭を消したいという気持ちのあったことも無視できない。ただ、翻訳といっても、その実質は、前に述べた経過が示すように、決してマ草案そのものの翻訳ではないけれども、すべての交渉が英語で行われ、向こうとの関係では英文で書いた条文が主としてものをいうわけであったから、草案もそれに合う形でなければならないという暗黙の制約があったわけである。その意味で翻訳臭はどうしても免れ得なかったといえよう」

と述べていることから、「日本国憲法」のひらがな・口語体化の動機は、民主化の他に、「マ草案」からの翻訳をカモフラージュする意図があったことは間違いないだろう。

佐藤部長によれば、この口語化について総司令部は、ずいぶん懐疑的だったようである。ある交渉のついでに、この話をすると、「先方は、口語化にかこつけて、いったん話合のついた条文の実体を変えるのではないかと疑っているようであった」からである。

口語体による条文化の完成

この「要綱」が発表されると、内閣法制局は、「要綱の関係者との打ち合わせ、修正のための司令部との交渉の準備、枢密院および議会用の逐条説明など答弁資料の準備、関係条文についての外国立法法例の調査・等々で」、てんやわんやであった。

佐藤部長は、毎晩午前一時か二時ぐらいまで、自宅の「暗い裸電球の下で焼け残ったコタツのやぐらを机代わりに、役所の仕事のつづきをやった。司令部との行き来のはげしいときには、翌日持って行く英文を自分でタイプしたりした」

こうして、「口語体による条文化も完成し、四月十七日にそれが枢密院に下付されるとともに、内閣からその全文が公表されたのであった」(『朝日新聞』昭和二十一年四月十八日付)

第四章　枢密院・帝国議会での憲法審議はこうして始まった

第一節　枢密院ではどのように憲法を審議したのか

明治以来、憲法改正のような重要事項については、まず枢密院の審議を経なければ帝国議会に提出することはできなかった。元々、枢密院は明治二十一年四月三十日に、「帝国憲法」草案の審議のために設置された機関で、その後も天皇の最高諮問機関として貴族院議員、国務大臣、大審院長、朝鮮および台湾総督というような枢密な要職を経た人々が顧問官として務め、重要な国事を審議していた。

この枢密院は、草案の字句の末に至るまで鋭い審議を行うため「政府にとっては、議会よりもうるさく、かつてごわい存在であった」。このため佐藤部長たちは、答弁資料の準備に万全を期した。

かねてからマッカーサーの願っていた女性の参政権を認めた新選挙法（男女平等の普通選挙）

に基づく、戦後初の総選挙が昭和二十一年四月十日に実施され、日本自由党が一四一議席を獲得して第一党となったが、公職追放となった日本自由党総裁の鳩山一郎に代わって外相の吉田茂が戦後初の首相となった。

続いて幣原内閣が二十二日に総辞職すると、同じ日に枢密院審査委員会（委員長潮恵之輔、委員林頼三郎、小幡酉吉、竹越与三郎、野村吉三郎、井坂孝、河原春作、美濃部達吉、遠藤源六、関谷貞三郎、幣原担、大平駒槌、伊沢多喜男）による第一回目の会議が開催されていくのであるが、この日から帝国議会では総司令部の監視の下で「日本国憲法」の審議が始まっていくのである。

最初に、枢密院議長の鈴木貫太郎が口を開いて、「ポツダム宣言」受諾のときの思い出を述べた後、幣原首相も同感の意を表明し、最後に幣原首相が草案提出の理由を総括的に説明して審議に入った。

この審議の中で、なんといっても、天皇制・主権の所在と戦争放棄の問題に重点が置かれたことは言うまでもない。これらについて多くの委員から質疑がなされたが、これに対して、主に幣原首相と松本国務大臣が答弁した。松本国務相が、この主権の問題について「政治的観念としては、国民が主権をもっているというべきである。法律的には、私見としては、従来どおり日本国という法人に統治権があると考える。しかし、この案は政治的の面をあらわしたものであり、法律的の構成については、学説にまかせてよいことと思う」

という趣旨の答弁を行うと、野村顧問は、これに関連して
「英文では主権在民がはっきりしている。日本文の方でそれがぼかされているのは苦心の結果だと思うが、ポツダム宣言を受諾した以上はこれに従うほかはない。主権は国民にあるということをもっとはっきりしたらどうか、それでなければこの憲法は読めない。この際頭を切りかえて、無血革命であることをはっきりすべきである」

と述べた。戦争放棄の問題については、基本的に自衛権の問題が中心となったが、その他に、国内の治安維持、国連加入などの問題も論議された。第九条の戦争放棄の問題をめぐって枢密院では、「自衛権はどうなるのか、自衛戦争はできないのか」ということが質疑された。

これに対して、政府側は、

「第一項では観念上自衛権は否定されていないけれども、第二項によって戦力と交戦権が否定されているから、実際上、戦争はできないことになる。しかし、他国から戦争を仕かけられたとき無抵抗ということではない。観念論として、戦争でない自衛実力行使はできると考える」

と答弁している。また林頼三郎委員が
「だいたいこの憲法は、個人について人権を徹底的に保障している。それならば、〝基本的国権〟の方も十分に保障しなければ釣り合いがとれない。個人の場合の正当防衛を認めることは当然

であるから、国についても自衛権を保障しないと不調和ではないか。戦争放棄は結構だが、その点はどうか」

と尋ねると、政府側は、

「この草案でも、国家として自主独立でなければならないという心づかいはしてあるが、敗戦後の今日、捨身の態度をとるということも一つの行き方である。これは対外的には、平和を求める国際社会に日本の安全を委ねるということであり、戦争に関する限りこのような態度をとりたい。平和を正しいと思うならば、戦力をもつということはおかしい。理想主義かも知れないが、正しいことをやるためには実行が伴わねばならぬという気持ちである」

と答弁した。また内乱の場合は、どうするのかという質問に対して、「広い意味の警察力の強化を図る必要があろう」と答弁した。

その他にも、各条文の字句の末まで細かく審議を受けたが、特に林・河原両委員の質問は鋭く、佐藤部長たちが予想していた原案の問題点については、ほとんど吟味されたといってよいだろう。

憲法改正手続に対する疑義

この審査委員会の審議中に、思わぬハプニングが生じた。「天皇機関説」で有名な憲法学者で顧問官の美濃部達吉が、「帝国憲法」を改正する場合、第七十三条の勅命（天皇陛下の命令）に従って行わなければならないが、日本国民の自由意思を表明している「ポツダム宣言」を受諾したことで、この改正手続は無効になる。従って、別に憲法改正の手続法を作らなければ、憲法改正はできないと、憲法改正手続そのものについて疑義を発したからである。これに対して、松本国務相は、

「その手続法は、なによって定めるか、憲法改正手続法という法律で憲法改正の手続を定めることはできない。……結局実質において民意を尊重すればよいので、政府としてはその五十歩・百歩のところを踏み切ったわけである。前文は、勅命でこれこれの案を出すといわれているその内容になるのであるから筋はとおると思う」

と反論したが、美濃部顧問官は、この問題を数回繰り返して

「民定憲法は、国民の代表から発案するべきであり、このやり方は虚偽である。このような虚偽を憲法の冒頭にかかげることは国辱だ」

とまで極論した。最後に政府側は、

「ポツダム宣言の受諾によって第七三条が失効したとは思わない。自由意思により決定するとあっても、その方法にはいろいろある。

原案は天皇が出されても、国民代表たる議会が自由に論議し、修正もできるのであるから、

これもその方法の一つである。前文は、国民代表の議会が議決した後には宣言する順序になる、したがってこれは決して虚偽ではない」

と答弁した。こうして憲法草案の審議は、五月十五日の審査委員会で一応終了したが、四月二十二日に解散した幣原内閣に代わり、五月二十二日に第一次吉田内閣が成立した。続く二十九日には、「第九回の審査委員会が開かれ、吉田新首相から就任のあいさつとともに簡単な説明を行い、あらためて提出された草案は前内閣当時の案と趣旨に変わりのないことを述べた」

六月八日、天皇陛下御臨席のもと、枢密院本会議が開催され、審査委員長潮恵之輔が報告した後、二、三の顧問官の発言があって採決されたが、その前に本会議に出席していた三笠宮崇仁《たかひと》親王は、

「新憲法については、大体賛成であるが、いかにも改正憲法は印象が薄く、内容、文章ともに、日本のものとしては受け取りにくい。採決については、本官は棄権したいと思う」

と御発言され、また美濃部顧問官が採決のときに賛成起立を拒んだことは有名な話である。ここから、当時の関係者がアメリカ製の「憲法改正案」をどのように見ていたのかが分かるだろう。

第二節　衆議院ではどのように憲法を審議したのか

衆議院本会議における憲法審議

昭和二十一年六月二十日午前十一時、かくて第九十回帝国議会が貴族院本会議場で開催され、その日「帝国憲法改正案」が勅書によって衆議院に提出された（『朝日新聞』昭和二十一年六月二十一日付）。翌日、マッカーサーは、次のような議会における討論の三原則を発表した（『朝日新聞』昭和二十一年六月二十二日付）。

一、憲法各条の審議に関し十分な時間と機会が与えられるべきこと
二、現行憲法は法的に持続性をもつものなることが確認されるべきこと
三、憲法各条の採決には日本国民の自由に表明せられたる意思なることが宣明さるべきこと

その理由は、極東委員会が五月に、「新日本国憲法採択の準則」を決定して「新憲法の十分な審議のための時間と機会を与えること、明治憲法と新憲法は完全な法的連続性を保つべきであること、新憲法の採択は、日本国民の自由意思をはっきり表明するような方法をとること、というような三つの原則を決めてマッカーサーに対して要求」していたからである。

つまり、極東委員会としては、二にあるように法的な継続性の面で手続の面をしっかりやっておかないと、この点を帝国議会やマスコミで追及され、無効となることを恐れたからである。

そこで、総司令部民政局は、傘下の政治部法制司法課長アルフレッド・C・オプラーに「帝国憲法」の下での憲法改正の正当性を検討させるのである。

極東委員会は、先の一と三の関係から日本国民に十分な時間を与えて自由に意思を表明させるため、マッカーサーに総選挙の期日を延ばすように指示したが、マッカーサーは、この指示に逆らって当初の予定通り、総選挙を行うのである。

この三原則の中でも、三番目の原則は、日本国民の自由意思によって憲法各条項を採択するということなのだから、「これを草案どおり採択するか、修正を加えたり否決したりするかは、国民の代表である議員が自由に決めることができる」ということである。

ところが、マッカーサーは、帝国議会を監視下に置いて毎日のように議会での審議内容を英訳して報告させ、総司令部の了解なしには修正できないようにしたのである。

特に、注目されるのは、後述の芦田均小委員長（後に日本民主党総裁、首相）を中心とする衆議院帝国憲法改正案委員会の小委員会での審議である。ここでは、特に重要な審議が行われたが、会議の内容は英訳され、総司令部に逐次報告された。もし会議で議員が本音を述べると、会議が中止された上に、速記録も非公開にされた。

こうした占領軍の監視の下で、二十四日に衆議院で政府の施政方針に関する各派代表の質問が終わると、いよいよ二十五日、「帝国憲法改正案」が衆議院の本会議に上程されるのである（『朝日新聞』昭和二十一年六月二十六日）が、ここで思わぬハプニングが起こった。共産党の志賀義雄が審議延期のための緊急動議を提出したからである。

結局、この動議は否決されたが、この動議は「政府提出の憲法改正案を絶対に容認しないという共産党の確たる意思表示であり、〝宣戦布告〟でもあった」のである。

続く本会議での吉田首相の提案理由の説明に次いで質疑応答が開始された。そして二十八日まで四日間にわたり、質疑応答が繰り返されたが、その論議の中心は、何といっても主権の所在と国体の問題であった。

主権の所在と国体の問題

この主権の所在についての疑問は、政府原案の前文にあった「ここに国民の総意が至高なものであることを宣言し」や、第一条の「この（天皇の）地位は、日本国民の至高の総意に基く」という表現から来ており、これでは主権の所在が明確でないとされた。

これに対して、元内閣法制局長官の金森徳次郎国務相（憲法担当）は、「主権は天皇を含む国民全体にある」という趣旨の答弁を行った。

こういう曖昧な表現に代えて「主権在民」をもっと明確に法文に表わした方がいいという社会党の鈴木義男議員、その他の進歩的な人たちの意見に対して、金森国務相は「主権は、国民に在る、その国民という言葉の意味の中には天皇が含まれている」という言葉に改めるのである（『朝日新聞』昭和二十一年六月二十七日付）。

今から見れば「主権在民」という言葉は当たり前であるが、当時としては、「議会の多数を占めている保守派の議員たちの感触を少しでも軟げて、この憲法の成立を確実にしたいという気持ちも手伝っていたといえる」だろう。

次に国体の問題であるが、審議開始の第一日の本会議で、日本自由党の北昤吉議員（北一輝の実弟）から新憲法と国体との関係についての質疑があった。

これに対して、金森国務相は、日本の憲法は日本の国体を表わした五箇条の御誓文から出発しているので、国体は新憲法によって、少しも変更はないと答弁したが、これも「天皇主権をもって日本の国体だとする従来の考えにかたまっている人々には容易」に受け入れられなかった。

戦争放棄の問題

国体・主権の問題に次いで、大きく取り上げられたのは戦争放棄の問題であったが、ここでその主な論議を見てみよう。

例えば、六月二十六日に、原夫次郎議員は、「自衛権まで抛棄しなければならぬのか……不意の襲来とかいうようなことが勃発した場合において、わが国は一体いかに処置すべきか」という質疑を行った。

これに対して、吉田首相は、

「戦争抛棄に関する本案の規定は、直接には、自衛権を否定してはおりませぬが、第九条第二項において一切の軍備と国の交戦権を認めない結果、自衛権の発動としての戦争も、また交戦権も抛棄したものであります。従来近年の戦争は多くの自衛権の名において戦われたのであります。……今日わが国に対する疑惑は、日本は好戦国である。いつ再軍備をして復讐戦をして世界平和を脅かさないともわからないということが、日本に対する大きな疑惑であり、また誤解であります」

と答弁し、「日本国憲法」では自衛権を否定していないが、自衛権としての戦争と交戦権を放棄したことを認める発言を行った。ここで南原議員から侵略された時の対策はどうするのかと質問されると、吉田首相は答えに窮し、「仮定の問題にお答えできません」と逃げるだけであったが、総司令部の監視下では、本音は言えなかったということであろう。

吉田・野坂論争

六月二十八日に、今度は、共産党の野坂参三が次のような趣旨の質疑を行った。

「戦争には不正な戦争と正しい戦争の二種類がある、不正な戦争とは、今日まで、日本の支配者のやった他国侵略の戦争である。この侵略戦争に対して、自国防衛のために戦う戦争は、正義の戦争である、わが憲法改正案にも、戦争一般ではなくて、侵略戦争の抛棄を明記すべきである」（『朝日新聞』昭和二十一年六月二十九日付）

このときの野坂の発言は、「日本侵略説」を除いて、今日の国防論の観点から言っても、実に的を射たものであると言ってよいが、これに対して吉田首相は、次のように答弁した。

「……国家正当防衛による戦争は正当なりとせらるるようであるが、わたしはかくの如きことを認むることが有害であると思うのであります。（拍手）近年の戦争は多くは国家防衛権の名において行われたことは顕著なる事実であります。……故に戦闘防衛、国家の防衛権による戦争を認むるということは、偶々戦争を誘発する有害な考え方であるのみならず、もし平和団体が、国際団体が樹立された場合におきましては、正当防衛権を認むるということそれ自身が有害であると思うのであります。御意見の如きは有害無益の議論とわたしは考えます」

これが、いわゆる「吉田・野坂論争」であるが、野坂が自衛戦争を認める発言をしたのに対して吉田首相は、まるで自衛戦争そのものを否定するような答弁をしたことで、世間の衆目を集めた。

佐藤部長によれば、普通「本会議の質疑では、事務当局の方であらかじめ質疑者から要点をきいて、それによって答弁のメモを作り、大臣に渡しておく、大臣はそれを見ながら答弁する」ことになっているが、吉田首相の場合は、「メモを渡しておいても、そのとおりにしゃべらないことがあり」、相当スリルを感じることが多かったようである。

このため前出の原夫次郎のときは何とかなったが、野坂のときには、メモどおりにしゃべらなかったため、「政治論としてはともかくとして、法律論として、自衛権までも否定したように誤解される」おそれがあった。

「今後は周囲の者が十分気をつけようということに」なり、「その後も同様な質問に対して、金森大臣が答弁される場面がたびたびあったが、金森さんは、それとなく吉田発言を訂正するようなつもりでやって」いたのである。

「政府案」第二章第九条の修正

「マ草案」を修正した「政府案」の第二章第九条に、

「国の主権の発動たる戦争と、武力による威嚇又は武力の行使は、他国との間の紛争の解決の手段としては、永久にこれを拋棄する。

陸海軍その他の戦力は、これを保持してはならない。国の交戦権はこれを認めない」

という条項があった。これに対して衆議院の審議で、「これではいかにもしかたなしに戦争を放棄するように見える。もうすこし自主性を出して、平和を希求する国民の熱意を示すべきだ」という意見が出た。

この第二項の「陸海軍その他の戦力」では、たとえ自衛のための戦力でも保持しないという解釈にされかねないことになるからである。そこで、平和に対する自主性を強調する文章を付け加えて自衛のための戦力の保持を否定しないことを明記した修正案が考え出されるのである。

その修正案の原案を書いたのが、前出の芦田均小委員長であった。

この芦田小委員長の書いた修正案の原案を基礎にして、まず第一項のはじめに、「日本国民は、正義と秩序を基調とする国際平和を誠実に希求し、」という条文が付け加えられ、さらに第二項のはじめに「前項の目的を達成するため、」という条文が付け加えられた。

次に、これと併せて第一項の「国の主権の発動たる戦争」を「国権の発動たる戦争」に改め、「他国との間の紛争の解決の手段としては」を「国際紛争を解決する手段としては」に改めた。そして「抛棄」を「放棄」に改め、最後に、第二項の「保持してはならない」を「保持しない」に改めた。

芦田均

こうして現在の第九条は、次のような条項になったのである。

「日本国民は、正義と秩序を基調とする国際平和を誠実に希求し、国権の発動たる戦争と、武力による威嚇又は武力の行使は、国際紛争を解決する手段としては、永久にこれを放棄する。

前項の目的を達するため、陸海空軍その他の戦力は、これを保持しない。国の交戦権は、これを認めない」


後に、芦田小委員長が昭和三十二年十二月五日に開催された内閣の憲法調査会で、

「私は一つの含蓄をもってこの修正を提案したのであります。『前項の目的を達するため』という辞句を挿入することによって原案では無条件に戦力を保有しないとあったものが一定の条件の下に武力を持たないということになります。

日本は無条件に武力を捨てるのではないということは明白であります。そうするとこの修正案によって原案は本質的に影響されるのであって、したがってこの修正があっても第九条の内容に変化がないという議論は明らかに誤りであります。これだけは何人も認めざるを得ないと思うのです」

と述べているように、当時、小委員会の補助を任された佐藤部長も、その著書で、

『この第一項の「日本国民は、正義と秩序を基調とする国際平和を誠実に希求し、」や「前項の目的を達成するため」などということばは、芦田さんの書き下ろされたままである』

と述べ、第二項の「前項の目的を達成するため」という文言を付け加えることによって、第

九条を「日本は無条件に武力を捨てるのではない」という解釈に直したのは芦田であることを明らかにしている。

また佐藤部長は、その著書で

『なお、この小委員会の修正案が最後の形でまとまるときに、わたしは芦田小委員長に、「こういう形になると、自衛のためには、陸海空軍その他の戦力が保持できるように見えて、司令部あたりでうるさいかも知れませんね。」と耳打ちしたところ、「なに大丈夫さ。」というようなことをいわれたのを覚えている。それにもかかわらず、わたし自身は内心いささか危んでいたのであったが、結果においては、それも無用の心配に終り、この修正については司令部から何の文句も出なかった』

と述べているが、その理由として西修名誉教授は、その著書(『図説　日本国憲法の誕生』河出書房新社)で、芦田が事前に修正案をケーディスのところに持って行き、承認をもらっていたからだと述べている。このことは、前出の鈴木がケーディスから、次のような回答を得ていることからも明らかである。

「たしか、七月の終わりだったと思います。芦田氏が一人で、戦争放棄の条項を修正したいと相談に来ました。その〈日本国民は、正義の秩序を基調とする国際平和を誠実に希求し……〉という文章と、〈前項の目的を達するため〉という文章を入れたいと言いました。

文章は、固く、何となく曖昧な感じがしましたが、その意味するところはわかりました。マッカーサー・ノートの戦争放棄の条項をカットしたところでも話しましたが、個人に人権があるように、国家にも自分を守る権利は本質的にあると思います。

そこで、私は、私の責任でＯＫを出しました。すると芦田氏は、ホイットニー、マッカーサーと相談しなくてもいいのですかと聞きました。私は、まったく問題はないと返事をしました。

これは別の人から聞いた話ですが、このやりとりを聞いていたハッシーとピークが、ホイットニー将軍のところへ確認に行きました。私は、不愉快だったので一緒に行きませんでしたがね。

彼らは、将軍に〈この修正は、日本が《自衛の軍隊》を持つことになると思うが、どう思われますか？〉と尋ねたんですね。すると、ホイットニー将軍は、〈それがどうした？　君はよい考えだとは思わないかね！〉と答えたというんですね」

この他にも、芦田小委員長は、衆議院の審議で何か問題が起きるたびに、ケーディスの所に相談しに行っていたようである。

こうしてケーディスから了解を得た芦田小委員長は、八月二十一日の衆議院特別委員会で第九条を修正した理由について、

「戦争放棄、軍備撤廃を決意するに至った動機が、専ら人類の和協、世界平和の念頭に出発す

る趣旨を明らかにせんとした」からであり、「第二章の規定する精神は人類進歩の過程において明かに一新時期を画するものでありまして、我等がこれを中外に宣言するに当り、日本国民が他の列強に先がけて、正義と秩序を基調とする平和の世界を創造する熱意あることを的確に表明せんとする趣旨であります」

と報告するのである。

佐藤部長は、この第九条の解釈について一脈の懸念を抱いたものの、まさか、この芦田学説が将来、第九条の論争の拠り所になろうとは予想もしなかったのである。

シビリアン・コントロール（文民統制）はなぜ導入されたのか

後にマッカーサーは、八月十九日の吉田首相との会談で「極東委員会側の要望だとして、内閣総理大臣その他の国務大臣は国会議員の中から選ぶという条件とともに、これらの者はシビリアンでなければならない、という条件を規定すること」を求めてきた。

これに対して、日本政府は「普通シビリアンといえば、〝軍人でない者〟のことであり、戦争放棄の新憲法のもとで、軍人の存在を前提とする規定をおくことは、無意味だというわけで白洲氏を通じて、先方に交渉し、結局、これを入れないですませたのであった。

ところが、憲法改正案が貴族院の審議に移って《（ママ）》後、九月二十三日になって、司令部からふたたび政府に対してその申し入れがむしかえされ、こんどは、極東委員会の強い要請だから司令部としては何ともできない、ということであり、貴族院としてもやむを得ずこれに応ずることになった」

佐藤部長は、では、「これをどういう形で条文にあらわすかということ」でケーディスを訪ね、「この要求は第九条との関係からいっておかしい」と述べると、ケーディスは、

「衆議院による第九条の修正の結果、将来はまた軍人ができるかも知れないという疑念が、連合国側におこったのが今度の申し入れの動機になったのではないかと、つまり第九条の第二項に For the above purpose（前項の目的を達するため）という語句が入ったため、前項以外の目的──すなわち自衛の目的──のためには軍備を整えることがあり得ると考えたのではないかと思う」と答えた。これに対して、佐藤部長は、それなら第九条を修正したときに、極東委員会は、第九条そのものにクレームをつけてきたのではないかと思ったが、どうもこれは、「彼が、その場の思いつきでこういったのではないかというように感じた」という。

続けて佐藤部長は、それにしても、「戦争放棄といえば、天皇制とならんで、司令部側としては、最も重点をおいていたはずであり、天皇については、補佐と同意というようなことばの末にまでさんざんこだわった彼等が、前に書いた第九条第一項のいきさつといい、これといい、第九条の関係では、どうしてこう淡白であったのか、いまでも不思議に感ずるところである」

と述べている。

では、ケーディスが、なぜ「マ・ノート」の第二原則である戦争放棄の条項にある「自己の安全を保持するための手段としての戦争をも」と「日本は、その防衛と保護を、今や世界を動かしつつある崇高な理想に委ねる」を削除したかについては、既に本書の中で明らかにしているので説明は省略するが、今日の「日本国憲法」の中に、第六十六条第二項（「内閣総理大臣その他の国務大臣は、文民でなければならない」）があるのは、このようないきさつから来ていることを忘れてはならないだろう。

実は、この文民統制の導入を最初に極東委員会の憲法・司法改革委員会（第三委員会）で提起したのは、ソ連代表であった。第三委員会は九月十九日に、ソ連が提起した文民統制の導入に関する議論を行い、翌日に声明を発表した。これを受けて極東委員会でも二十一日に全体会議が開かれ、その内容が陸軍次官補ピーターセンからマッカーサー宛てに伝達されたが、そこには、「極東委員会は、憲法が施行されてから一年以上二年以内に日本国憲法を再審査するという文書を提出した。したがって、もしシビリアン条項が現段階で入れられなかったとしたら、日本国憲法の再審査期間中に極東委員会がシビリアン大臣制の件を持ち出すことは、疑いのないところである」と書かれてあった。

「要するに、いまシビリアン条項を入れなければ、あとになって極東委員会の修正要求が公然とくるだろう。それは避けた方が得策だというのである。この至急電を受けて、マッカーサーはすばやく、かつ強い姿勢で動いた」のである。

では、なぜ極東委員会は、シビリアン・コントロールを新憲法の中に導入しようとしたのだろうか。その理由は、九条の修正によって自衛の目的であれば、軍隊の保持が認められることになったことにある。極東委員会では、戦前の日本は内閣で陸海軍の大臣に現役の軍人を当てることを常態化し、これが原因で軍部によって政治を支配するミリタリー・コントロールが生まれ、それによって日本は軍国主義国家になったと考えられていた。ゆえに、もし日本が再軍備を行えば、再び政治を支配するミリタリー・コントロールが生まれてくることになる。

そこで、再び軍部に政治を支配させないためには、陸海軍の大臣を必ずシビリアン（文民）とし、政治を文民統制化することによって、軍国主義の復活を防止し、政治の民主化・健全化を図ろうとしたのである。

実は、この文民条項の導入については、既に昭和二十年十月八日の近衛・アチソン会談のときに、アチソンから打診されており、また国務長官のバーンズが十月十七日に、アチソンに宛てた公電の中にも、「将来、許可されるかもしれぬ軍隊の全閣僚はシビリアン（文官）でなければならず、彼らが天皇に接近しうるあらゆる特権は排除されなければならぬ」と書かれてあったのである。

さらに昭和二十一年一月十一日に、米国務省からマッカーサーに送られた「SWNCC二二八文書」にも、「国務大臣または内閣閣員は、すべての場合に文民でなければならない」との規定を入れるように示唆されていたが、この文民条項を「SWNCC二二八文書」に入れたのがボートン博士であった。

これを受けて「行政権小委員会」も、原案の第一稿に閣僚の「文民条項」を入れたが、後の運営委員会との会合で削除されたため、二月十三日に外相官邸でホイットニーが提示した「マ草案」には、「文民条項」は含まれていなかったのである。

こうして陸軍次官補ピーターセンから示唆を受けたマッカーサーは九月二十三日に、ホイットニーを吉田首相に派遣し、「こんどは、極東委員会の強い要請だから司令部としては何ともできない、ということであり、貴族院としてもやむを得ずこれに応ずることになった」のであるが、当時の日本政府は、ソ連の提案によって文民条項が導入されたいきさつを、まったく知らされていなかったのである。

衆議院本会議での可決

先に述べた主権在民、戦争放棄の修正、文民条項の導入の他に、衆議院の憲法改正案委員会の小委員会では、まだまだ多くの修正が加えられ、八月二十四日には「帝国憲法改正案」が、いよいよ衆議院本会議の討議に付されることになった（『朝日新聞』昭和二十一年八月二十五日付）。

最初に、芦田小委員長が長大な委員長報告を読み上げた後、社会党提出の修正案が討論され、反対多数で否決された。次に、共産党の野坂参三が党を代表して「帝国憲法改正案」に対する長口舌な反対演説を行ったが、その中で注目されるのは、何といっても次の第九条の戦争放棄の問題であろう。

「当草案は戦争一般の抛棄を規定しております。これに対して共産党は他国との戦争の抛棄のみを規定することを要求しました。さらに他国間の戦争に絶対に参加しないことも要求しましたが否決されました。（中略）

要するに、当憲法第二章は、我が国の自衛権を放棄して民族の独立を危うくする危険がある。それゆえに我が党は民族独立の為にこの憲法に反対しなければならない」

野坂は、このように第九条の非現実性について述べているが、このときの野坂の演説も、今日の国防論の観点から言って実に的を射たものであり、将来の日本の安全保障を見据えた立派な見識であったと言えるだろう。今日の日本共産党や、侵略戦争と自衛戦争の区別もできず、戦争を全て否定する輩に聞かせてやりたいものである。

最後に、この「衆議院本会議で、委員長報告に対する賛否の記名投票が行われた」が、その結果、賛成多数（四二一票）で「帝国憲法改正案」は可決された。こうして約二カ月の短い時間をかけて「帝国憲法改正案」は、衆議院本会議を通過して、いよいよ貴族院本会議に上程されることになるのである。

第三節　貴族院ではどのように憲法を審議したのか

貴族院本会議での審議

八月二十六日、「帝国憲法改正案」は、貴族院本会議に上程された。議長は德川家第十七代当主の徳川家正公爵であったが、このときの貴族院は従来と比べて、その様相を異にしていた。当時、マッカーサーの司令によって貴族院議員が大量に公職追放され、代わりに「学界の権威者たちが、こぞって勅選議員（吉本注：「帝国憲法」下で、国家に対して勲功のある満三十歳以上の男子の中から勅任された貴族院議員）に任命されて」いたからである。

中でも、東京帝国大学総長の南原繁（政治哲学）高木八尺《やさか》（アメリカ政治史）、牧野英一（刑事法）、高柳賢三（英米法）、宮澤俊義（憲法）、京都帝国大学の佐々木惣一（憲法）、慶応大学の浅井清（憲法）といった政治と法律の権威者たちが、本会議と特別委員会で専門的な角度から質疑を行ったため、当時の新聞には「議場さながら大学の講堂」などという見出しが掲載された。

ここでの審議も、やはり国体問題が焦点となった。衆議院で示された国体に対する政府の見解に対する質疑が行われたが、政府は衆議院での説明と同じように、「治安維持法にいう意味の国体は変わったが、国の根本特色という意味での国体は変わらない」と説明した。

貴族院本会議では、戦争放棄の問題の他に、文章字句の問題についても、衆議院以上に熱心に議論された。また貴族院本会議の第一日目には、沢田牛麿議員から、次のような家族制度の問題も提起された。

「……公の面では天皇というものが日本の国体であり、それから民間の私生活においては、家族制度がやはり日本の国体であると思うのであります。この二つを壊してしまえば、日本の国体というものはもうゼロである、この新憲法はその二点を壊しているのではないかと私は思う」

一方、牧野英一議員からも、

「……合意による夫婦のことは書いてあるけれども、親子のことは一つも見えておらぬ……新しい憲法が夫婦だけを書いて、しかも我々の家というものを除外したのはどういうものでありましょうか」

ということが提起され、これが契機となって、後述の『特別委員会の最後の段階において、田所美治委員の名で、原案第二四条第一項のはじめのところに、「家族生活は、これを尊重する。」

という規定を加える修正案が提出された』

八月二十六日から三十日までの間に行われた政府と貴族院議員との討論の中でも、東京帝国大学総長の南原繁の質疑は、注目されるべきであろう。南原は、次のように、この「要綱」は日本国政府の責任によるものではないと指摘しているからである。

「日本政府がこの憲法の改正に対して、最後まで自主自立的に自らの責任をもって、これを決行することのできなかったということをきわめて遺憾に感じ、国民の不幸、国民の恥辱とさえ私どもは感じているのであります」

貴族院帝国憲法改正案特別委員会での審議

「帝国憲法改正案」は八月三十日に、貴族院帝国憲法改正案特別委員会に移され、翌三十一日から九月二十八日までの間、ほぼ連日にわたって討議が行われた。ところが、委員会の審議が大詰めを迎えていた九月二十四日、突如、総司令部から、先に述べた第六十六条に、シビリアン条項と、第十五条に「成年者による普通選挙は保障される」を追加するようにとの申し出があった。

この「成年者による普通選挙の保障」についてはさほど問題はなかったが、問題なのは、極東委員会からの強い要求であるシビリアン条項を第六十六条に、どうやって取り込むかであった。「政府とすれば、衆議院を通過している現段階で、政府の修正案として再提出するわけにはいかない」からである。

そこで関係者との打ち合わせで、貴族院特別委員会の提出という形で条項に加えることが考え出され、十六日に、子爵の織田信常と金森国務省との間で、「やらせ」の質疑応答が行われた。その結果、第六十六条第二項に、シビリアン条項が付け加えられることになったのである。

貴族院帝国憲法改正案特別委員会小委員会での審議

「帝国憲法改正案」の審議は、貴族院帝国憲法改正案特別委員会の小委員会に移り、九月二十八日から十月二日まで四回にわたって行われたが、審議の終盤を迎えた十月一日に、東京帝国大学教授の宮澤俊義が発言した内容は、注目に値するだろう。

同僚の高木八尺教授が

「最後の段階にいたって、突如としてかかる（シビリアン条項の）修正がなぜ入ったのかは、一般の公然の秘密として問題にならなければならないものと思う。すると貴族院が外部の要求によって修正したことになると、これが自由に審議された憲法であるという事実を傷つけることになる。そこでかかる不必要な規定挿入の要求を貴族院としては拒んでよろしいのではないか」

と発言したことに対して、宮澤教授は、次のように日本国憲法の欺瞞性を鋭く指摘したからである。

「高木君の意見は一応ごもっともだが、憲法全体が自発的にできているものではない（傍線吉本、以下同様）。指令されている事実はやがて一般に知られることと思う、重大なことを失った後でここで頑張ったところでそう得るところはなく、多少とも自主性をもってやったという自己欺瞞に過ぎない」

前出の佐藤達夫は、その著書で

貴族院の議事録は、「学問上においても貴重な資料であり、わたしは、現在でも、何かことあるごとにそれを引っぱり出して見るのだが、佐々木惣一郎博士や牧野英一博士の質疑などは、ずいぶんこまかいところまで突っこんであって、この議事録はわたしの虎の巻の一つになっている」と述べているが、「日本国憲法」が果たして押しつけられたものであるかどうかを知る上で、帝国議会での審議の内容を記録した議事録を調べることは、重要な手掛かりになると思う。これを読めば、当時の帝国議会の議員たちは、「帝国憲法」の改正案とその審議が自発的に出てきたものではなく、総司令部からの強い圧力によって行われているという事実を自覚していることが分かるからである。

また佐藤達夫は、その著書で「マ草案」を基に修正された「帝国憲法改正案」の英訳文が参考として各議員にも配布され、衆議院本会議で、この英訳文と日本文との関係をめぐって野坂参三と金森国務相との間で質疑応答がなされていたことを紹介している。

貴族院帝国憲法改正案特別委員会での再審議

十月三日午前十時過ぎ、「帝国憲法改正案」は、貴族院帝国憲法改正案特別委員会の再審議に付されたが、最初に、小委員会委員長の橋本實斐から次の事柄が報告された。

① 前文語句を一部修正する。
② 第十五条三項に「公務員の選挙については、成年者による普通選挙を保障する」を付加する。
③ 第六十六条第二項に「内閣総理大臣その他の国務大臣は、文民でなければならない」を挿入する。
④ 最高裁判所裁判官の国民審査制を定めた第七十九条二項、三項、四項を削除する。

特に④の国民審査制については、金森国務相から「国民の基盤をおく民主主義の接点として、同制度の必要性」が力説されていたが、元大審院長の霜山精一から「最高裁判所の重大な任務は法律に対する違憲審査権を行使することである」「国民審査制の採択は罷免を恐れて裁判官の良心に影響をきたし、裁判の公正を害すること、法律の判断を国民が容易に理解できないことなどの理由をあげて、削除するようにとの提案」がなされ、小委員会で削除が決定していた。

ところが、この日、ホイットニーから「もし国民審査制を削除するならば、最高裁判所裁判官の任命について、国会の承認に付すか、あるいは国会の選任とするかいずれかにし、さらに任期制を設けなければならない」との横やりが特別委員会にもたらされた。

特別委員会委員長の安倍能成は、審議を中断して関係者と協議した結果、第七十九条の削除を取りやめることを決定した。

貴族院本会議での可決

「帝国憲法改正案」は十月五日に、再び貴族院本会議に移され、委員長の安倍能成が約二時間にわたって審査報告を行い、最後に次のような言葉で結んだ。

「私はこの新憲法に対して必ずしも欣《よろこ》びを感ずることができないのでありますが、この憲法のよき精神を発揮して、日本の将来におけるところの欣びと幸を拓《ひら》いて行きたいと考えているのであります」

続いて佐々木惣一議員は、主に天皇制の案に対して「この案はただ天皇を存置しただけで、実質的には天皇制の排除に他ならず、天皇の地位を安泰たらしめるためとはいっても、ここまで改革する必要はない」という趣旨の反対演説を行った。

一方、沢田牛麿議員は、「憲法改正のような重大なことは完全に独立した後になされるべきであり、〝このつぎはぎだらけ、ゆきたけも合わない借り箸〟の憲法を急いできめる必要はない」という趣旨の反対演説を行った。

一方、松村、大河内、三土、松本、木下の各議員は、「この際は大局的見地から、明治憲法との袂別の私情をふり切って、新憲法に光明を求めなければならない」とする趣旨の賛成演説を行い、採決の結果、天皇制の修正案は否決された。

牧野英一議員は、家族生活尊重の修正案についての演説を行ったが、これに対して金森国務相から「元の夫婦に関する規定は、これは全く憲法に書かなければ趣旨の貫かない規定であるのに対し、家族生活は、そこまでの必要はない、法律で十分その趣旨は達成されると思う」との発言があり、採決の結果、この修正案も否決された。

そして「最後に、特別委員会の修正案と原案について採決され、三分の二以上で可決された」のである。

審議終了

以上のように貴族院で修正が加わったため、十月六日に「帝国憲法改正案」は貴族院から衆議院に回付され、翌日、衆議院本会議に上程されて討議もなくただちに可決されたが、議会で修正が加わったため、枢密院での諮詢《しじゅん》が必要となり、枢密院に下付された後、二十九日に天皇御臨席の下で可決されるのである。

かくして昭和二十一年六月二十五日に、衆議院本会議に上程されてから、わずか四カ月余りで「帝国憲法改正案」は、第九十回帝国議会での審議をすべて終了するのである。

『ニューヨーク・タイムズ』は同年十月八日に、

『日本の議会が新憲法を採択したことは、日本の革命を完成させたもので、英国のマグナ・カルタ憲章にも比すべき重要意義をもつものである、新憲法中の二つの規定は余りに飛躍している、第一は、下院の支配的機能であり、新たな全体主義政権を樹立することを可能にさせるかもしれない、第二の問題は陸海空軍を「永久」放棄している点だ』(『朝日新聞』昭和二十一年十月十日付)

という論評を行って、新憲法の採択は日本の革命であり、また下院(衆議院)の優越権と、戦力の不保持には問題があることを指摘した。

また昭和二十一年十月八日付の『朝日新聞』も社説で、

「今回の憲法改正は、その規模といい、内容といい現行憲法は根本から改められ、改正というよりも新憲法制定と考えるのが正しい見方である」

と述べ、「日本国憲法」の正体を明らかにしているように、後に枢密院審査委員の美濃部達吉も、その著書『新憲法逐條解説』（日本評論社）で、「単に旧憲法の一部の條項を改正したに止まるものではなく、旧憲法は全面的に之を廃棄し、国家の統治機構を根柢から変革して全く新規な憲法を制定したものである」と述べ、「日本国憲法」を厳しく批判している。

敵国に占領されている期間に、しかも、これだけの短期間に、被占領国の憲法が占領国の圧力によって「改正」という形で、頭の先からつま先まで似ても似つかないものに変えさせられたのは、世界の憲法史上初めてのことであろう。

新憲法の再審査

この改正案が帝国議会の審議を通過した後、先に述べたように極東委員会は十七日に、第三十回会議で最終文書（「新しい日本国憲法の再審査のための規定」）をまとめ、「新憲法はポツダム宣言その他の占領管理文書の条件を充足していることを確信するために、同憲法施行後一年以上二年以内に、国会によって再審査されなければならない」ことを決定し、「また極東委員会も、同一期間内に新憲法を再審するであろう」「新憲法が日本国民の自由な意思の表現であるかどうかを決定するにあたり、国民投票その他の適当な手続をとることを要求することができる」とした。

言い換えれば、この新憲法は、まだ試運転の段階なので施行されてから一年ないし二年のうちに、国会、極東委員会および国民投票によって審判を受けなければ、本格的に稼働させないということである。

極東委員会は、新憲法がマッカーサーによって作成されたことに対して不満を抱いていたことは既述したが、その理由は、マッカーサーが昭和二十一年一月九日に来日した極東諮問委員会（FEAC）のメンバーに対して、「日本に憲法を強制してもそれが効力を持つのは占領軍が日本に留まっている間だけだ」と述べ、さらに「極東委員会の設置を盛り込んだモスクワ宣言により、憲法改正問題は自分の手を離れた」とも主張したからである。

この発言によって「委員会のメンバーが、GHQは憲法改正とは無関係だと思い込んだのも無理はない」だろう。ところが、それから間もなくして、マッカーサーと民政局が「実際には秘密裏に新憲法の起草に深くかかわっていることが明らかになってきた」のである。

このことを後から知った極東委員会は憲法改正に干渉すれば、ポツダム宣言の第十二項（「日本国国民の自由に表明せる意思に従い」）に抵触することになる。そこで極東委員会は、憲法が施行された後に、一年以上二年以内に新憲法を再審することを決定するのであるが、後述するように、国会、極東委員会および国民投票による審判は下されなかったのである。

こうして「日本国憲法」（全十一章百三条）は、帝国議会で審議を終えた後、天皇陛下の御裁可を経て成立し、いよいよ、十一月三日（明治節）に公布の日がやってくるのである。

「日本国憲法」の公布・施行

「日本国憲法」公布記念式典は午前十一時より、貴族院本会議場で挙行された。天皇陛下は、議員、皇族、閣僚および総司令部民政局員の見守る中で、貴族院本会議場の玉座の前に起立して勅語を次のように朗読されたが、このとき、天皇陛下のお声は、ＮＨＫのラジオ放送を通じて全国に中継された。

「本日、日本国憲法を公布せしめた。この憲法は、帝国憲法を全面的に改正したものであって、国家再建の基礎を人類普遍の総意によって確定されたものである。

朕は、国民と共に、全力をあげ、相携えて、この憲法を正しく運用し、節度と責任を重んじ、自由と平和とを愛する文化国家を建設するように努めたいと思う」

この後、吉田首相、徳川貴族院議長、山崎衆議院議長は、それぞれ勅語に対して奉答文を朗読し、荘厳な式典は十五分ほどで終わったが、この日、宮城前では「日本国憲法公布記念祝賀都民大会」が開催され、また各地でも式典や催しが行われた。

この新憲法の草案が占領軍の手によって、わずか一週間で作られたことは、各地の式典に集まった人々は知るよしもなかったが、首相を初め内閣法制局や帝国議会の人々にとって、この日が屈辱の日であったことは間違いないだろう。

マッカーサーは十一月三日に、「新憲法の採択は、議会を通過した各種の進歩的な措置とともに、新日本建設の確固たる礎石となるものである、……新憲法は、世界平和と善意と平静への偉大な一歩前進である」との声明を発表した（昭和二十一年十一月三日付）。

翌昭和二十二年五月三日、「日本国憲法」が施行された。この新憲法を祝うために一万人を超す人々が宮城前に集まり、午前十時半より式典が開催された。雨が降る中、天皇陛下が式台正面に立たれると、期せずして万歳の嵐が湧き起こったが、「この日はまた、日章旗が日本国に返還された記念すべき日でもあった」

第二部

知られざる「憲法問題」検閲の舞台裏

第五章　占領軍の検閲はこうして始まった

第一節　憲法問題の検閲はどの程度行われたのか

「日本新聞紙法」の制定と検閲の開始

昭和二十年九月二日、日本政府代表団が東京湾内の米国戦艦ミズーリ号上において連合国との降伏文書に調印した後、米太平洋陸軍総司令部（ＧＨＱ／ＡＦＰＡＣ）民事検閲部は二十一日に、アメリカ政府の立案した占領政策の基本目的（「日本がアメリカおよび他の太平洋諸国に対する脅威となることを防止する」および「日本に他国の権利と国際的義務を尊重するような政府を自立させること」）を達成するため、占領軍を批判する「すべての新聞、放送原稿、映画脚本、書籍、雑誌、小冊子など」を厳重に監視する上で必要な倫理的実践綱領として「日本新聞紙法」（別名「プレス・コード」）とも呼ばれる「日本出版法」と「日本放送法」を起草し、制定した。

さらに占領軍は、日本の民主化を推進するために、この「プレス・コード」に基づいて日本のマスコミに対する「事前検閲」を十月五日から次のように実施するのである。

「連合軍最高司令部では去る九月十四日以来同盟通信発行ニュースの事前検閲を実行しているが、新聞通信の事前検閲制度を東京五紙に拡張実施することとなり、五日午後十一時総司令部検閲係長ピータース大尉は朝日（東京）、毎日（東京）、読売報知、日本産業経済および東京新聞の五社編緝局長を招集、来る八日より実施する旨を通達した」（『朝日新聞』昭和二十年十月六日付）。

また十一月三日からは、「郵便、無線電信、ラジオ、電話、電報、有線電信、映画および出版物を含む民間情報の最小限の管理と検閲」が、米統合参謀本部からマッカーサーに宛てられた指令（「日本国本土における占領後の軍政のための基本指令」）によって実施されていくのである。

この背景には、日本のマスコミが天皇制や軍国主義の批判を活発に論じて、国民の民主主義の意識を高めることを期待して、総司令部が九月十日に、「言論および新聞の自由に関する覚書」を日本政府に手交したのであるが、日本のマスコミは天皇制や軍国主義を批判するどころか、逆に占領軍を批判するような論調を行ってきたという事情がある。

最初から総司令部の意向に反するような「言論の自由」まで許容する意図などなかったマッカーサーは、日本のマスコミに対して熱いお灸をすえることにしたのである。

「憲法改正」を批判した美濃部達吉

では、憲法に関する検閲は、どの程度行われたのだろうか。

著者は、憲法と検閲の関係を調べていく中で、昭和二十年十月十五日付の『朝日新聞』の中から、前出の美濃部達吉が書いた「民主政治を阻んだ憲法解釈の誤り」と題する次のような「憲法改正」批判の記事を偶然に発見した。

先に述べたように、昭和二十年八月十七日に成立した東久邇宮稔彦内閣の副首相として入閣した近衛文麿は九月初旬に、マッカーサーから「帝国憲法」の改正を「示唆」された後、二回目の会談（十月四日）で、今度は「憲法改正」を「命令」されるのであるが、十月五日に東久邇宮内閣が総辞職したため、近衛は九日に、天皇陛下から内大臣府御用掛《ごようかかり》に任ぜられるのである。

後日、美濃部は、『朝日新聞』の記者を伴って自宅を訪れたAPの記者スペンサーから受けた「憲法改正」についての質問に対して、次のように述べている。

問　憲法改正についてどうお考えですか。

博士　私は以前から日本の憲法は簡潔であって、正しく運用すればこのままで民主主義政治に何ら差支えないと信じていますので憲法をいま改正せねばならぬとは考えていませんでした、ただいけなかったのはその解釈と運営の仕方です、一部の勢力が、何でも彼でも神憑《かみがか》りなものにしようとしたから困るのです、またもし改正するならもっと世間が落着いてのち、ジックリとあらゆる角度から学究的に再検討し、改正に完璧を期したい、その場限りの申し訳的な手入れであってはならないと考えていました。

問　それでは早急に改正の必要はないと――

博士　いや、すでに改正は決定したのだからすぐ実行に移されねばならない。ただベストをつくすことです。（後略）

さらに美濃部は、同年十月二十日から二十二日までの『朝日新聞』にも、先に述べたインタビューの内容を理論的にまとめた三つの論文（「現事態では不急　運用で〝民主主義化〟可能」、「歪曲した精神　慣習、法令の革新こそ急務」、「若し着手せば慎重に　全條項の再検討が必要」）を三日間にわたって『憲法改正問題』（上・中・下）の表題で発表しているのである。

美濃部は、この三つの論文の中で現在の情勢（主権を持たない占領期間中）の中で直ちに憲法改正に着手することが妥当であるかどうかという疑問から出発して、「民主主義の政治の実現は現在の憲法の下においても十分可能である」と述べ、たとえ、「その改正が望ましいとしても、それは他日平静な情勢の恢復を待って慎重に考慮せらるべき所で、今日の逼迫せる非常事態の下に於て、急速にこれを実行せんとすることは、徒に混乱を生ずるのみで、適切な結果を得る所以ではない」している。

具体的に言えば、『近代国家において、成文憲法は国家運営の根本法となる重要なものであるから、かなりの時間をかけて慎重に立案するのが常識である。帝国憲法も「欽定」であるにもかかわらず、(「民主」憲法の必要とする各方面の議論、意見の吸収手続きを簡略化しうる立場にあったにもかかわらず)、十数年の歳月をかけて最終案に至っている。敗戦後のドサクサ、とくに有史以来初めての異民族支配により人心の定まらぬ時において、憲法改正という拙速の道を選ぶべきでない』ということである。

では、占領中に、このような「憲法改正」の批判がなぜ自由に日本の新聞でできたのだろうか。これから日本を改造するための先駆けとして、「憲法改正」をやろうとしている矢先に、このような「憲法改正」の批判を許したならば、国民と識者からの反対意見が多くなり、「憲法改正」がやりにくくなるのではないか。これが著者の最初の疑問だったのである。

先に述べたように、総司令部は昭和二十年十月五日から完全な「事前検閲」を行っていったわけであるが、こうした中で「帝国憲法」の擁護や改正に反対した記事が掲載されたことは、注目に値するだろう。

では、当時、検閲を担当していた総司令部参謀第二部の民間検閲支隊（CCD）は、先述の

「プレスコード」を基に、憲法関連のどの表現を問題とし、どのような削除や書き直し処分を行ったのであろうか。著者は、この謎を解き明かすために、次のような憲法関連の出版物に対する検閲の実態から、先に調べてみることにした。

第二節　憲法関連の出版物に対する検閲の実態

民間検閲支隊（ＣＣＤ）は憲法関連のどの表現を検閲したのか

アメリカの首都ワシントンにあるメリーランド州立大学のカレッジ・パーク・キャンパスには、中央研究図書館にあたるマッケルディン図書館の東亜図書部があるが、そこには「ＧＨＱ検閲関係資料」が多量に所蔵されている。

これらの資料群を正式には、「ゴードン・プランゲ・Ｗ・コレクション」（別名、プランゲ文庫）と呼ぶが、占領中にＣＣＤが検閲した膨大な文献・資料（日本・アジアの研究書八千冊、大衆文学七千冊、教科書・学習参考書類二万一千冊、児童文学書三千冊、翻訳書七千冊、一八五〇フィートに及ぶ新聞・雑誌・小冊子類）は、前出のチャールズ・Ａ・ウイロビー少将の援助の下で、プランゲ教授の尽力によって横浜からサンフランシスコ経由で運ばれたものである。

このプランゲ文庫に通いつめて、占領中にＣＣＤによって検閲された「日本国憲法」に関する書物を発見した西修名誉教授は、その著書で次のように述べている。

〔実際に、どのような形で検閲がなされたのか、ここに日本文化普及振興会の『新憲法の意義と解説』（昭和二十一年十一月）という本（この本には、憲政の神様といわれた尾崎（行雄）咢堂と憲法担当国務相・金森徳次郎の「序」が付されている）をとりあげてみよう。日本国憲法の成立経過を記述した文章のうち、傍線部分が「削除」を命じられている。

「憲法改正への動きが実際に緒《ちょ》についたのは過ぐる十月四日余（近衛文麿）とマッカーサー元帥との会見以来である。しかし、その前九月初旬に会見した折も元帥は余が日本に於ける自由主義運動を指導しては如何といふ趣旨のことを語られた。十月四日の第二次会見の劈頭元帥は日本憲法の自由主義化の必要を決然たる口調で述べ、ついでかゝる運動を余が指導しては如何かと示唆された。それに対して余は憲法改正は天皇の発議による以外ないと答へ、元帥の希望を天皇陛下に伝達する旨約した」

当初は日づけを付し、かなり具体的にマッカーサーが近衛文麿に対し、帝国憲法の改正を奨励する記述になっていたが、傍線が付された部分を除いて読んでみると、近衛と会見したマッカーサーは、日本国憲法の自由主義化の必要性を述べたにすぎないことになる〕（前掲書）

西は、さらに別の著書（『日本国憲法成立過程の研究』成文堂）で

「憲法を専攻する者として、この分野に焦点をあてた論稿がほとんどないという事実にかんがみ」て、プランゲ文庫の中から発見した「単行本および雑誌に掲載された論稿に限定して」分析した結果、一部削除や発表禁止を命じられた憲法関連物は、主に「日本国憲法の成立過程について」、「国体・天皇制について」、「戦争放棄について」、「基本的人権について」言及したものに分類できるとも述べている。

一方、占領中に、CCDが実施した新聞・雑誌・書籍などの検閲の実態を調査するために、昭和五十四年十月に訪米した評論家の江藤淳も同年十月二十四日に、米メリーランド州ストーランドの合衆国国立公文書館分室（国立史料センター）を訪れて、CCDの資料を調べた際、昭和二十一（一九四六）年十一月二十五日の「削除または発行禁止処分の対象となる項目」の中から、簡単な説明が加えられた「新聞・映画・放送部月例業務報告書・附録I」と題する次のような文書を発見したと述べている（『一九四六年憲法——その拘束』文藝春秋）。

一、SCAP（連合国最高司令官または連合国軍最高司令官）批判

SCAPに対するいかなる一般的批判、及び以下に特記されていないSCAP指揮下のいかなる部署に対する批判もこの範疇に属する。

二、極東軍事裁判批判

極東軍事裁判に対する一切の一般的批判、または軍事裁判に関係のある人物もしくは事柄に関する特定の批判がこれに相当する。

三、ＳＣＡＰが憲法を起草したことに対する批判

日本の新憲法起草に当ってＳＣＡＰが果たした役割についての一切の言及、あるいは憲法起草に当ってＳＣＡＰが果たした役割に対する一切の批判。

四、検閲制度への言及

出版、映画、新聞、雑誌の検閲が行われていることに関する直接間接の言及がこれに相当する。（後略）

江藤は、このＣＣＤ文書の中で、特に第三項と第四項に着目して、ＣＣＤが日本国憲法の制定過程を隠蔽するために、徹底的な検閲を行ない、「それを通じて日本国民心理の操作誘導を行なうと同時に、日本の各界階層に関する情報の収集にも細心の努力を払っていた」ことを突き止め、後に「現行憲法、特に第九条二項の問題について若干の視点」と「核心を突いた議論」を展開していったのであるが、ここで、われわれが着目しなければならないのは、この第三項であることに異論はないだろう。

では、アメリカ政府は、いつ頃マッカーサーに第三項に対する規制を命じたのだろうか。江

藤は、これについて、検閲指針の日付を見ると、一九四六年（昭和二十一年）十一月二十五日であることから第三項に対する検閲が開始されたのは、『現行憲法公布（昭和二十一年十一月三日）の僅か三週間後に過ぎない。しかもそれが「月例業務報告書」の付録として添付されているところを見れば、指針は新たに制定されたものと解釈するより、従前から行われていたものの確認と解釈するほうが順当である』と述べ、それ以前から第三項に対する検閲が行われていたと推察している。

一方、前出の塩田は、その著書で

「ちなみにGHQが憲法制定について報道禁止事項を具体的に指示したのは、この年の六月八日であった。新憲法がGHQによって強制されているという推測、そしてGHQによって書かれたという推測は報道禁止となったのである」

と述べていることから、総司令部が第三項に対する検閲を行うようになったのは、先に述べたように枢密院が憲法改正を可決した昭和二十一年六月八日以降であることが分かる。

著者は、第二部第三章の第一節で昭和二十年十月二十三日付の『朝日新聞』の中に、近衛が「十月四日マッカーサー元帥に面談した際、憲法改正に着手してはどうかとの示唆をうけこの趣を陛下に奏上した」との記事があることを既述したが、この時期に第三項に抵触するような記事を掲載することができたのは、塩田が述べた理由からだと思われる。

ところが、著者は昭和二十一年六月八日以降に発行された次のような書物から、この第三項の中の「日本の新憲法起草に当ってSCAPが果たした役割についての一切の言及」に抵触するような文章を発見したのである。

第三項に抵触する文章をなぜ掲載できたのか

一つは、西修名誉教授がプランゲ文庫で発見した日本文化普及振興会の『新憲法の意義と解説』（昭和二十一年十一月）であるが、著者が国会図書館で確認したこの書物の中の第一章の「第一節　新憲法はどうして生まれたか」には、次のような文言が書かれてあった。

「昭和二十年秋の東久邇宮内閣当時、故近衛国務相がマッカーサー元帥を訪問した際に憲法を改正するように勧められているし、次の内閣では幣原首相も憲法を民主化するように申入れを受けたのである（傍線吉本）。それまで政府はのんびりと構えていたのであるが、こんな事情によって政府の消極的な考えや態度も改まり、憲法改正の時期を意外に早めた大きな理由ともなったのである」

西修名誉教授は、このことを指摘していないが、この記述から、マッカーサーが近衛に対して「憲法改正」を示唆したことが分かる。

また前出の美濃部達吉が昭和二十二年十月二十日に発行した著書（『新憲法の基本原理』國立書院）の中にも、次のようにマッカーサーが近衛に対して「憲法改正」の必要性を「力説した」あるいはマッカーサーから憲法改正の下準備をするように「内命を受けた」という記述が見られるのである。

「近衛は十月四日にマックアーサー元帥に面接し、其の際元帥は日本国憲法の改正が必要であることを力説した（傍線吉本、以下同様）。因って近衛は主任として憲法改正の下準備を為すべき内命を受けたというのであった」

では、これらの文言が第三項の中の「日本の新憲法起草に当ってSCAPが果たした役割についての一切の言及」に抵触するにもかかわらず、なぜ西修名誉教授の発見した文言のように削除もされずに、そのまま掲載できたのだろうか。

考えられることは、マッカーサーが近衛に対して「憲法改正」を示唆した、あるいは力説（内命）した事実だけを記述し、それについての批判が一切ないことである。

このことは、西修名誉教授の発見した『新憲法の意義と解説』（日本文化普及振興会）の中に書かれていた近衛の文言がなぜ削除されたのかを考えてみれば明らかであろう。

この文言を読むと、マッカーサーが「憲法改正」を示唆した他に、自分（近衛）には発議する権限はないという、マッカーサーの示唆を批判する意味が込められていることが分かる。だからこそ、この文言は削除されたのだろう。

以上の事実から、CCDが昭和二十一年六月八日から憲法の検閲を厳しく取り締まったのは、あくまでも「日本国憲法の成立過程について」（特に、第三項の「憲法起草に当ってSCAPが果たした役割に対する一切の批判」について）、「国体・天皇制について」、「戦争放棄について」、「基本的人権について」言及した出版物であって、「憲法改正」を批判した文章ではないことが分かる。

言い換えれば、総司令部は、この四点以外のことであれば、「憲法改正」の批判も含めて日本人に「憲法問題」の議論を自由にやらせたということになる。

では、次に、占領中に総司令部はなぜ日本人に「憲法問題」の議論を自由にやらせたのか、その謎を解き明かしていこう。

第六章　占領中に「憲法問題」はなぜ自由に議論できたのか

第一節　六十九年前にあった憲法大論争

「憲法改正」論議の奨励と政党の復活

マッカーサーは回想録で「憲法問題」について、

「日本にはもはや検閲制度は存在せず、国民は街角や、新聞紙上や、各家庭など至るところで新憲法を論じて意見をたたかわせた。共産党までがかなり熱心に、この論議に加わってきた。だれもが新憲法の内容について独自の意見をもち、それを遠慮せずに発表した」

と述べ、また「マ草案」作成の陣頭指揮を執ったホイットニーも回想録で、

「一九四五年十月、憲法改正案を起草するために、日本の政治指導者の委員会が組織された。これは幣原総理大臣が創設したもので、憲法問題調査委員会と名づけられ、無任所大臣松本烝治博士を委員長とした。委員会の委員が仕事を始めると、委員のところには各方面の日本人の

忠告や意見が殺到した。憲法問題は何の検閲もなく、むしろマッカーサーの奨励で日本の新聞紙で大いに論議された（傍線吉本）。そして共産党を含む各政党は、それぞれ憲法改正案の作成を急いだ」

と述べているが、その理由は、元々、日本の「憲法問題」は、「ポツダム宣言」の第十二項（「日本国国民の自由に表明せる意思に従い」）と、ワシントンの陸軍省から届いた昭和二十年九月二十二日に統合参謀本部の発表した『降伏後における米国の初期対日方針』（SWNCC一五〇／四）と、十一月八日に送られてきた「日本占領および管理のための連合国最高司令官に対する降伏後における初期の基本的指令」に従うことにあったからである。

当初、総司令部は、この「ポツダム宣言」の第十二項と「SWNCC一五〇／四」に従って、日本人自身の手で諸悪の根源である日本の政治制度の基本を定めた「帝国憲法」を真に民主的な憲法に改正させるために、昭和二十年十月十三日以降から日本のマスコミ、各政党、民間団体および個人の間で「憲法改正」についての論議を検閲なしに自由にやらせたのである。

例えば、当時の『朝日新聞』を見ると、昭和二十年十月十三日から十二月二十八日にまでに報じられた「憲法改正問題」に関する記事は合計四十四件あり、翌二十一年一月六日から十月六日までに報じられた「憲法改正問題」に関する記事は合計一〇七件ある。

また同年三月七日から三月十九日までに報じられた「新憲法草案発表」に関する記事は、合計三十八件であり、同年十月八日から一一月十一日までに報じられた「新憲法公布」に関する記事は合計二十九件であるが、どれを見ても、マッカーサーが「憲法改正」に関与したことを批判する記事だけは掲載されていない。

マッカーサーが昭和二十年十月四日に行われた第二回目の会見で「憲法改正」を近衛に「命令」したことは既述したが、この日、マッカーサーは、「自由の指令」を発令して治安維持法の廃止、政治犯の釈放、内務大臣および特高警察の罷免を実施するのである。

これによって戦前、非合法政党だった共産党は合法政党として復活し、活発に行動を開始した。また革新政党の日本社会党（十一月二日）や保守政党の日本自由党（十一月九日）および日本進歩党（十一月十六日）も次々と結成されていった。

さらにマッカーサーは十一月一日に、総司令部のスポークスマンの声明を通じて「憲法改正」問題に対する国民の活発な検討が必要であるとの見解を表明したが、これによって各政党、民間団体および個人は、次のような独自の憲法改正案を発表するのである。

各政党その他の憲法改正案

早くも、革新政党の日本共産党は昭和二十年十一月十一日に、次の六項目から成る『新憲法の骨子』を発表した。この草案では、第一項で主権は人民にあること、第二項で民主議会は主権を管理すること、第三項で政府は民主議会に責任を負うこと、第四項で人民は政治的、経済的、社会的に自由であり、かつ議会および政府を監視し批判する自由を確保すること、第五項で人民の生活権、労働権、教育される権利を具体的設備をもって保証すること、第六項で階級的並びに民族的差別の根本的廃止を明記しているが、国防と改正手続に関する規定はない。

翌年六月二十八日に、日本共産党は、前年に発表した『新憲法の骨子』を基に新たに憲法委員会を設けて野坂、志賀、宮本三名の起草した「新憲法草案」（九章百条）を発表した（『朝日新聞』昭和二十一年七月一日付）。

「同党憲法委員会は、同草案発表に際して次の点も明確にしている。

一、特権的身分としての皇室は当然廃止されるべきだが、人民共和政府が実現され人民の民主主義的教育が徹底した後、この問題は人民投票によって決定されよう。

一、本草案は当面する民主主義革命の実現を内容とし党の最小限憲法綱領の具体化である、党の究極目標たる共産主義社会は本憲法の実現を通じて達成されるべきものである」

次に、同じ革新政党の日本社会党が憲法問題特別委員会で憲法改正に関する検討を経て「新憲法要綱」を発表したのは翌年二月二十四日であった。

この「憲法草案」では、方針（民主主義制を確立し、社会主義経済を断行すること）、方法（総選挙後の特別議会を憲法議会とすること）および目標（平和国家の建設を目的とし、従来の権力国家を一掃し、国家は国民の福利増進を図る主体たることを明らかにすること）の三つの基準を設け、「一、主権は国家（天皇を含む国民共同体）に在り、二、統治権は、之を分割し、主要部を議会に、一部を天皇に帰属（天皇大権大幅制限）せしめ、天皇制を存置す」としている（『朝日新聞』昭和二十一年二月二十四日付）。

革新政党の立場から、特に「天皇については主権は国家にありと規定し天皇の大権を大幅に制限することによって天皇制の存置を認めた点が注目される」だろう。

その他に、国民の権利義務には「国民は生存権を有す、その老後の生活は国の保護を受く」「国民は一切平等なり、性別身分による総ての差別を撤廃す」「華族、位階、勲等を総て廃止す」「所有権は公共の福利のために制限せらる」「婚姻は男女の同等の権利を有することを基本とす」「就学は国民の義務なり、国は教育普及の義務をなし、文化向上の助成をなすべし」と明記し、また司法では「死刑は之を廃止す、人権尊重の裁判制度を樹立すべし」としているが、国防に関する規定はない。

特に、ユニークなのは、最後の附則で改正手続について「憲法を改正せんとする時は議員三分の二以上の出席及び出席議員の半数以上の同意あるを要す（傍線吉本）」としていることであろう。

今日の「日本国憲法」の改正手続を規定した第九十六条（「この憲法の改正は、各議院の総議員の三分の二以上の賛成で、国会がこれを発議し、国民に提案してその承認を経なければならない」）の改正に反対を唱えている社会民主党（旧社会党）に読ませたいものである。

一方、保守政党の日本自由党も昭和二十一年一月二十一日に、「憲法改正要綱」を発表した（『朝日新聞』昭和二十一年一月二十二日付）。同党も、前年十一月から憲法改正特別調査会を設けて、安藤政務調査会長、金森徳次郎、浅井清慶応大学教授ら六氏を特別委員とし、新憲法草案を起草したが、この「改正要綱」では、まず天皇の章で統治権の主体は日本国家とし、天皇は統治権の総攬者とすることを明記している。

また天皇は万世一系とし、法律上、政治上の責任なしとし、さらに、「帝国憲法」における諸々の大権（緊急命令、執行命令、独立命令制定の大権、官制大権、統帥大権、編制大権、戒厳大権、非常大権）の廃止を明記している点に特徴があるだろう。

その他に、「議会は衆議院と参議院の二院制とし、衆議院に優越権を与えていること、大臣の議会に対する責任を明確にすること、憲法改正の発案権を議会にも与えていることなど」に特徴があるが、国防に関する規定はない。また改正手続として「憲法改正の発議権は議会にも之を認む」としている。

次に、同じ保守政党の進歩党が「憲法改正問題」を発表したのは、昭和二十一年二月十四日であった（『朝日新聞』昭和二十一年二月十五日付）。この草案は、同党の綱領の第一に掲げた「国体を擁護し民主主義に徹底し議会中心の責任政治を確立す」の趣旨から出発して、主権在民による天皇制の護持を基調とするもので、議会の権限を拡大強化し、大権の運用に議会を関与させ、民主主義の徹底、基本的人権の意思を根本方針としている。

また「要綱」で「天皇は臣民の輔弼に依り憲法の条規に従い統治権を行う」とし、「統帥大権、編制大権及非常大権に関する条項は之を削除す」としている。帝国議会で「貴族院を廃止し参議院を置く」とし、衆議院に優越権を与えているが、国防に関する規定はない。

改正手続については、「各議員は各其の現在議員の三分の二以上の同意を以て憲法改正案を発議することを得」としており、非常に「帝国憲法」的な特徴を持っている。

これらの政党の他に、民間団体（憲法研究会、憲法懇談会、大日本弁護士会連合会、帝国弁護士会）の憲法改正案や個人（稲田正次、清瀬一郎、里見岸雄、高野岩三郎、布施辰治）の憲法改正私案が提出されたが、その中で民間憲法改正研究の権威として注目されていた憲法研究会の起草した「憲法草案要綱」が最も有名なので、次に同案について述べることにする。

「日本国憲法」に影響を与えた「憲法草案要綱」

憲法研究会は昭和二十年十二月二十七日に、「憲法草案要綱」を日本政府に提出した（『朝日新聞』昭和二十年十二月二十八日付）。この「要綱」は、高野岩三郎（元東京帝国大学教授、大原社会問題研究所所長）、馬場恒吾（ジャーナリスト）、杉森孝次郎（文芸評論家）、森戸辰男（元東京帝国大学助教授、後に片山内閣と芦田内閣で文相）、岩淵辰雄（政治評論家）、室伏《むろふせ》高信《こうしん》（評論家）、鈴木安蔵（マルクス主義憲法学者）の民間の憲法学者と評論家からなる起草委員七名によって起草されたものであった。

この「要綱」の根本原則（統治権）には、「日本国の統治権は日本国民より発す」「天皇は国政を親《みずか》らせす国政の一切の最高責任者は内閣とす」「天皇は国民の委任により専ら国家的儀礼を司る」の文言が明記され、いわゆる「国民主権」「天皇大権の剥奪」「天皇の儀礼的存在」が強く打ち出されている。

また「国民権利義務」に「国民は健康にして文化的水準の生活を営む権利を有す」「民族人種による差別を禁ず」という文言も明記されていることから、現在の「日本国憲法」の条項は、この「要綱」の影響を強く受けていることは間違いないだろう。

現に、英語と日本語で併記した「要綱」の文書を持っているケーディスは、前出の鈴木昭典から受けたインタビューに対して、

「この憲法研究会案と尾崎行雄の憲法懇談会案は、私たちにとって大変に参考になりました。実際これがなければ、あんなに短い期間に草案を書き上げることは、不可能でしたよ。ここに書かれているいくつかの条項は、そのまま今の憲法の条文になっているものもあれば、いろいろ書き換えられて生き残ったものもたくさんあります」

と述べ、「二ヵ国語併記の草案を見ながら、これもそうです、これもそうです、とまったく当然というような口調で」語っている。

鈴木によれば、「司法権小委員会」のラウエル中佐は、初代民政局長のW・E・クリスト准将から「日本軍閥が政治を欲しいままにするようになった原因を、明治憲法のどこに欠陥があるのかという点から分析せよ」と命じられ、「日本の法律学者にも接触し、翻訳文の分析と合わせて一二月六日には、その報告書を提出している。

その報告書は、過去二〇年に渡り軍国主義者が政治を支配し得た原因には、数多くの職権濫用があったとし、自由主義的傾向にある憲法の権威者たちと会談を重ねて、この点を調査することが必要であると提案している」

また憲法研究会の草案を分析したラウエル中佐は昭和二十年十二月に、クリスト准将と交替で民政局に赴任したホイットニーとともに、翌年一月十一日に『幕僚長に対する覚書　私的グループによって提案された憲法改正に関するコメント』を提出し、「国民主権、差別待遇の禁止、一日八時間労働制、有給休暇、入院無料、老齢年金、国民投票制、皇室財産を含む財政全般に対する国会の支配権、公共の福祉による財産権の制限、公共の利益に合致した土地利用、十年以内の新憲法の制定」の条項を「著しく自由主義的な諸規定」であると高く評価している。

鈴木は、その著書で

「ここで重要なことは、民政局の実務レベルにおいては、憲法改正の作業は日本政府あるいは日本側の憲法の権威に任せるが、最終的には総司令部が当然チェックすべきであるという現状認識が出来ていた」

と述べ、ラウエル中佐が「当時のことを回想して、のちの憲法調査会のメンバーとして渡米した日本の憲法学者たちに」述べた言葉を次のように紹介している。

「日本人の憲法に関する考え方は、竹のようなもので、風が強い時は、撓《たわ》んで圧力をやり過ごす。しかし西欧的な考えでは、石の塀を築いて防御する。憲法改正は、我々の力で行ってサンプルを提示する以外に方法がないと結論した」（憲法調査会資料）

ここから日本改造計画を実施する占領軍将校たちには、「撓んだ竹が跳ね返って元に戻るように、占領が終わったら日本はまた軍国主義に回帰するかもしれないということを恐れ」、「ここで徹底的に民主化の路線を敷いておかなければいけない」という共通認識をもっていたことが分かるだろう。

この憲法研究会で、先の「要綱」の根本原則を起草した鈴木安蔵が、「草案作成に参考にした資料として一七九一年のフランス憲法、アメリカ合衆国憲法、ソ連憲法、ワイマール憲法、プロイセン憲法などとともに、自由民権運動で創られた民間草案を挙げている」ことから、現在の「日本国憲法」の核心部分には、自由民権運動の思想が込められているものもあるのだから、必ずしも「押しつけ憲法」ではないという意見もある。

ところが、鈴木安蔵がこれらの草案を書くに至った動機は、先の「ポツダム宣言」第十二項（「日本国国民の自由に表明せる意思に従い」）にもあるような、決して自発的なもの、、、ではなく、当時総司令部の対敵諜報部（ＣＩＳ）で調査分析課長を務めていたカナダの外交官ハーバート・ノーマンというソ連のスパイの影響によるものだったのである。

共産党員だったノーマンの経歴については、第二章の第二節で詳しく論じているので省略するが、東京のカナダ公使館に語学官として赴任していたノーマンは、マルクス主義の立場から憲政史を研究する民間の憲法学者鈴木安蔵の開いていた明治史研究会に参加し、明治維新の研究発表をしていた。だが、大東亜戦争が勃発すると、ノーマンは一時的に公使館に軟禁され、翌年七月に交換船で帰国するのである。

終戦後、マニラを経て米軍とともに来日したノーマンは、対日理事会のカナダ代表となるが、マッカーサーからの強い要請によって総司令部にも出向し、少佐待遇でＣＩＳの調査分析課長に就任し、マッカーサーのアドバイザーとして、総司令部内部にも日本学の専門家として影響力を持つようになる。

そして、ノーマンは昭和二十年九月二十二日に、ハーバード大学出身の経済学者都留重人《つるしげと》を同伴して、東京・世田谷区下馬の閑静な住宅地にある鈴木の自宅を訪ねる。

鈴木が「コンスティチューショナル・モナーキー（＝立憲君主制）のような案を示し、これで行く他はないと思う」と述べると、ノーマンは「それで、日本の民主化が出来るだろうか」と懐疑を示し、「天皇制の根本的な批判がなければ、日本の民主主義化はありえない」ことを熱く語るのである。

このノーマンからの問いかけによって、根本的な憲法問題の再検討の必要性を再認識した鈴木は、これが契機となって憲法改正の原稿を書くことになるのであるが、当時、「不磨の大典」とされていた「帝国憲法」を論議することはタブーであったため、「戦前から憲法史を研究してきた鈴木でさえも、ノーマンの後押しがあって、ようやく憲法改正へと第一歩」を踏み出すことになるのである。

その後、鈴木は総司令部を何度も訪れ、ノーマンと憲法問題について議論を重ねて十月二十九日に開かれた「日本文化人連盟」の創立準備会で高野岩三郎から提案を受けて憲法研究会を設立した。

翌十一月五日に、憲法研究会は最初の会合を開いて、その後も何度も会合を重ねた結果、十二月二十七日に「憲法草案要綱」を日本政府に提出し、記者会見を行うのである。

総司令部はなぜ『毎日新聞』にスクープ記事の掲載を許可したのか

ところで、本書の第三章の第一節で『毎日新聞』が昭和二十一年二月一日に、「松本試案」のスクープ記事を掲載したことは既述した。

では、検閲があった時期に、総司令部はなぜ『毎日新聞』に対して「松本試案」のスクープ記事の掲載を許可したのだろうか。その理由は、前出のホイットニーが回想録で「憲法問題は何の検閲もなく、むしろマッカーサーの奨励で日本の新聞紙で大いに論議された」と述べているように、この時期には「憲法問題」の議論を新聞紙上で自由にやらせていたからだと思われる。だから『毎日新聞』は、「松本試案」のスクープ記事を掲載することができたのであろう。

昭和四十八年二月九日に、この「松本試案」を入手した『毎日新聞』元政治部記者の西山柳造に対して、インタビューを行った東京大学法学部教授の田中英夫も、その著書で

「毎日新聞のスクープは、このように、全くの偶然であった。しかし、そのタイミングは、まさに計ったかのようであった」

と述べているように、このときのケーディスの周辺も、この『毎日新聞』のスクープ記事に騒然となったようである。例えば、「立法権小委員会」のハウギ中尉も、前出の鈴木昭典のインタビューに対して

「その日も、朝、司令部に出勤する前、日比谷の同盟通信社に、新聞、通信の記事をもらいに

立ち寄りました。それが私の日課でしたから……。

毎日新聞に政府の憲法改正試案が載っていたのを見て、これは大変だと思って、大急ぎで第一生命ビルに戻り、マッカーサー元帥のデスクに届けました。元帥はまだ出勤前だったので、机の上にメモをつけて置き、すぐ目に入るようにしたのを覚えています。

でもその時、この記事がきっかけで、憲法草案の仕事が自分に降りかかって来るなどとは、夢にも思いませんでした」

と述べており、またケーディスも、鈴木との二日間におよぶインタビューの最後に、

「私の記憶では、あの毎日新聞のスクープのことを知らせてくれたのは、民政局の通訳をしていたうちの一人、ジョセフ・ゴードン陸軍中尉だったと思います。私のところへ持ってきて、これは重要だと思うといったのです。そこで、大急ぎで翻訳するように命じました。どんな形にしろ、政府案が発表されたのは初めてでしたからね」

と述べ、政府案は初耳だったと述べている。

また鈴木が「毎日スクープはGHQのすばらしい演出だったように思えるのですが」と尋ねたところ、ケーディスは、

「推理小説のストーリーとしては、それはすばらしい発想です。（しかし）事実は実につまらないもので、それに対しての答えはノーですよ」

「私たちの方が、日本政府側のアドバルーンではないかと思っていたほどなんです。ホイットニー将軍も、そんなふうに思っていたようですよ。

新聞の検閲は、私たちの部署の担当ではありませんでしたから、まったくどのように運ばれていたのか知りません。でも、憲法草案の記事は、各政党や学者の私案などすでに出ていましたから」と、にこやかに述べて一蹴したそうである。

もし『毎日新聞』に「松本試案」のスクープ記事が掲載されなければ、その後、総司令部は極東委員会の管轄下に入るため「マ草案」を作成することはできなかったかもしれないが、実は、後述するようにマッカーサーは昭和二十一年一月中旬頃に、非公式な筋からの情報で松本委員会の改正草案の内容を知ることになるのである。

第二節　出版物で「日本国憲法」の批判はなぜ自由にできたのか

「日本国憲法」を批判した『新憲法の意義と解説』（日本文化普及振興会、昭和二十一年十一月）

本書の第五章の第三節で、江藤淳の発見したCCD文書の中に書かれている第三項（「日本の新憲法起草に当ってSCAPが果たした役割についての一切の言及、あるいは憲法起草に当ってSCAPが果たした役割に対する一切の批判」）に対する検閲は、昭和二十一年六月八日から実施されたことは既述した。

言い換えれば、それ以外の「日本国憲法」に対する言及と批判は、自由に行っても構わないということである。では、「日本国憲法」が発布された後、「日本国憲法」に対して、どのような言及や批判が行われたのだろうか。

例えば、「日本国憲法」の発布を記念して、憲法の意義を平易に解説した前出の『新憲法の意義と解説』（日本文化普及振興会）では、第一章の第一節と第二節で次のように「帝国憲法」から改正された「日本国憲法」に対して、大きな疑問を投げかけているのである。


「われわれは今度戦争に敗れた結果、生まれ変わった気持ちで民主的な国を建設するために新しい憲法をつくった。新しい憲法をつくったと言っても、実際には明治二十二年二月十一日、紀元節をトし《（ママ）》て発布された帝国憲法――いわゆる明治憲法が五十七年目にはじめて改正されたことになる。したがって厳密にいえば旧憲法の改正というわけで、手続の上でも改正という形式をふんだのであるが、改められた憲法はまったく面目を一新して、その骨組から肉づきにいたるまですっかり豹を変えてしまったのである。改正というにはあまりにも大きな変革であり、変革しなければならぬ理由と目的から言ってもその心持は新生日本にふさわしい基本法――新しい憲法をつくるということでなければならなかった。

……旧い憲法の骨組がどう変わったのかのあらましは前にも述べたし、詳しいことは後段の逐条解説にゆづるが、とに角旧憲法の改正によって実質的な変革が加えられ、ここに新しい憲法が生まれたのである。——とすると、そこにひとつ疑問が起こる。旧憲法と全く性格の違ったものをつくるのであれば、何故旧憲法の改正ということでなく、別に新しい憲法を制定しなかったのかということだ。

新しい憲法を制定する場合は、新しい国をつくった時や、まだ憲法をもっていない国がはじめて憲法を制定するときと、革命によって政体が根本的に破壊され旧い憲法が中絶或いは効力を失った時に限られている。しかし現在の日本は戦いに敗れ、ポツダム宣言を受諾して連合軍の占領下におかれているが、政体も国体も根本的には変わっていないし、憲法も現に行われているのである。もちろんポツダム宣言によって国の統治権は制限を受けており、軍の解体によって旧憲法の中で空文になった部分もあるが、改正憲法が施行されるまでは依然として効力をもっている。だから手続の上では旧憲法第七十三条の定めに従って改正という手続がとられたのである。もしもこれを無視して全然別の方法で別の憲法をつくることになれば、それは法律秩序を破壊することを意味する。そしてこのことは憲法が国の最高法である故に改正手続を慎重にしなければならぬという原則にもとづくものである」

一方、「帝国憲法」の改正に反対していた元枢密院審査委員の美濃部達吉も、その著書で新憲法に対して次のような批判を行っている。

『新憲法逐條解説』（日本評論社、昭和二十二年七月十五日発行）

「序説

一　新憲法制定の手続

……新憲法は其の制定手続から言うと、旧憲法第七十三條に依り、憲法の條項の改正として、勅命を以て議案を帝国議会の議に付し、其の議決の後天皇の裁可を経て公布せられたもので、其の公布の上諭の中にも『帝国憲法第七十三條による帝国議会の議決を経た帝国憲法の改正を裁可し、ここに公布せしめる』と明言せられて居るのであるが、其の実質から言うと、単に旧憲法の一部の條項を改正したに止まるものではなく、旧憲法は全面的に之を廃棄し、国家の統治機構を根柢から変革して全く新規な憲法を制定したものである。殊に旧憲法は欽定憲法であって天皇の意思の発表としては其の効力を有するものであったのに反して、新憲法は其の前文に於いて既に国民が其の制定者であることを宣言し、憲法は国民の総意の発現であって其の改正権は専ら国民に属することを主義として居る。即ち新憲法は実質上は旧憲法の改正として見るべきものではなく、旧憲法とは其の制定者をも異にし、旧憲法には全く予想せられなかった新なる国家機構がそれに依り新規に樹立せらるるのである。

此の如き新憲法の制定が旧憲法第七十三條の改正手続に依り行われたことが、果たして形式上正当と見るべきや否やは、頗《すこぶ》る疑わしい問題で、旧憲法第七十三條が此の如き根本的変革を予想した規定であるとは、容易に思考し難い。同條は欽定憲法の改正手続に付いての規定で、欽定憲法たることは之を固持し、唯其の或る條項を改正する必要ある場合に於いて同條の手続に依るべきものとして居るのであって、同條に依り憲法の改正を行わせらるるのは天皇であって、議会ではなく、議会は唯之に協賛するに止まるのである。同條の手続に依って定められたに拘らず、国民が之を制定したものとするのは、それだけでも名実相反するの嫌を免れないであろう。

……要するに新憲法は形式上は旧憲法第七十三條の手続に依り定められたものであるが、それが為に新憲法はその効力の基礎を旧憲法に有するものと誤解してはならぬ。新憲法は旧憲法に基き制定せられたものではなくして、ポツダム宣言受諾の結果新に主権を保有するに至った国民が、其の主権に基き制定したのであって、其の効力の根拠は一に国民の主権に存する」

ここでは『新憲法の意義と解説』よりも、さらに専門的な観点から「日本国憲法」の改正手続の問題について論じている。著者は本書の第四章の第一節で、美濃部は昭和二十一年四月二十一日に開かれた枢密院審査委員会で「帝国憲法」を改正する場合、第七十三条の勅命（天皇陛下の命令）に従って行わなければならないが、日本国民の自由意思を表明しているポツダム宣言を受諾したことで、この改正手続は無効になること、したがって別に憲法改正の手続法を作らなければ、憲法改正はできないと、憲法改正手続そのものについて疑義を発していることを紹介した。

美濃部は、この言説を前提にして新しく発布された「日本国憲法」は、形式的には「帝国憲法」第七十三条の改正手続によって改正されたことになっているが、実際には「帝国憲法」から改正されたものではなく、ポツダム宣言受諾の結果、新たに主権を保有するようになった国民によって制定されたものであって、その効力の根拠は「帝国憲法」にあるのではないとしている。

言い換えれば、「日本国憲法」は「帝国憲法」から改正されたような形をとってはいるが、実際には「帝国憲法」から改正されたのではなく、ポツダム宣言によって新たに主権を保有するようになった国民によって制定された、全く違った別の憲法であるということである。

要するに、わが国では六十七年前から「帝国憲法」と「日本国憲法」が併存し、「帝国憲法」の代わりに「日本国憲法」が機能して「帝国憲法」は休止している状態だということであろう。

第七章　占領中に「日本国憲法」誕生の秘密はこうして公表された

第一節　占領中に民政局が公表した「日本国憲法」誕生の秘密

民政局編集の『日本の政治的再編成』に綴られた「日本国憲法」誕生の秘密

戦後の日本では、占領中に「日本国憲法」誕生の秘密が総司令部民政局によって公表されていたことは、あまり知られていない。

読者は驚くかもしれないが、検閲で厳しく取り締まられていたはずの「日本国憲法」誕生の秘密が昭和二十四年に刊行された総司令部民政局編集の『日本の政治的再編成』（Political Reorientation of Japan）の中に綴られているのである。

この出版物は昭和二十年九月から昭和二十三年九月までの総司令部の記録を集大成した占領報告書であるが、アメリカ政府に知られたくない部分は割愛されているので、全部に信頼を寄せることはできない。当時、日本には三冊しかなかったという政府の限定出版物であったが、昭和四十五年に、グリーンウッドという出版社から翻刻版が商業出版され、一般図書館でも見られるようになっている。

占領中に『日本占領の使命と成果』に掲載された「日本国憲法」誕生の秘密

この出版物の一部が『日本占領の使命と成果』（連合軍総司令部編　共同通信渉外部訳、板垣書店）の中の民政局編「日本の政治的再編成に関する経過報告」（一九四九年十月十日）の題名で発行されたのは昭和二十五年一月二十日であった。

この資料では、最初に「政治局の使命」を述べた後、戦前の日本政府の構造分析を行って「こうした制度を、民主的自治の方向に再編成するためには、つぎの三つの分野において根本的な改革が必要であった」と述べている。

その改革の一つとして法的基礎を上げ、「政府の法的基礎を民主化する手始め《（ママ）》てとして、まず憲法の自由主義化が要求された。一九四五年の首相はマッカーサー元帥から、憲法改正をまず第一にとりあげるべき重要問題と考える旨の通告をうけた。つづいて日本側は、憲法改正にはつぎの基礎的な諸点を含むべきであるとの非公式の勧告をうけた。

(a)　政府内における軍部の影響の排除

(b)　天皇の立法権、および国会の立法にたいする拒否権の廃棄

(c)　枢密院の廃止
(d)　国会にたいして責任をとる原則の確立
(e)　貴族院の民主化と、衆議院の議決にたいする貴族院の拒否権の除去
(f)　衆議院の権限、とくに予算関係の事項にかんする権限の拡張
(g)　司法権の独立
(h)　効果的な人権宣言
(i)　公務員の弾劾とリコール
(j)　国民の発議と国民投票による憲法の修正

そして最後の「占領の方法」の第二項で、「何一つ指令をださないで日本憲法の改正を指導した」と述べている。

占領中に『ニッポン・タイムズ』に掲載された「日本国憲法」誕生の秘密

「日本国憲法」誕生の秘密については、『ニッポン・タイムズ』（現『ジャパン・タイムズ』）にも、昭和二十五年十一月十日から十三日まで三日間にわたって「How Japan's Constitution Was Made」（「日本国憲法はいかに作られたか」）の見出しで連載された。

この資料の一部を、当時の『ニッポン・タイムズ』に掲載した元『ジャパン・タイムズ』紙

の編集担当常務取締役の村田聖明《きよあき》（当時記者）は、その論考で、このときのいきさつについて次のように述懐している。

〔この『日本の政治的再編成』は、占領開始以来の「日本の民主化」の歴史を、総司令部の内側から詳細に綴ったものである。一部と二部からなり、一部が項目別の記述で、二部は関係文書のテキストからなる。公式記録としての限定版で、民政局に一度でも籍を置いた人には配られたようだが、少数の日本人もこれを贈られた。

この文書を最初に、どこで見たかについては記憶が定かではないが、会社の図書館で見たのが最初でなかったことは間違いない。いずれにしても、ジャパン・タイムズの最高幹部の一人が総司令部の中の友人から受けたのだろう。私はこれを絶大の関心を持って読んだ。殊に民政局が、日本政府に与える憲法の草案を極秘裡に、九日間で書き上げた状況の描写などには興奮させられた。「今だから話せる」種類の、わずか三、四年前の最高機密が当事者によって語られているのである。

中でも注目されたのは、いわゆる「マッカーサー・ノート」とか、「三原則」といわれるメモがマ元帥からホイットニー民政局長に手渡されたいきさつだ。

……私はこの貴重な文献の、憲法起草に関する部分を、ジャパン・タイムズに転載したいと考えた。当時の占領下の日本には新憲法成立の由来を、権威をもって詳述したものはなかったからである。これは言わば特ダネだった。

編集長の上長は、この企画を簡単に認めてくれて、私が担当することになった。民政局に電話して掲載許可を求めると、公開文書であるから問題はないと思うが、使用したい部分の原稿を提示してくれという。

コピー機など存在しない時代である。載せたいと思う部分を社のタイピストに、きれいに清書してもらった。一回千語として三回連載になろうと思われた。

How Japan's Constitution Was Made

Background Story of the Basic Charter of the Land Now Given

force. (This concept was first voiced by the then Prime Minister Shidehara to the Supreme Commander, who at once gave it his hearty support.)

『ニッポン・タイムズ』昭和25年11月10日・11日付

これを持って日比谷交差点近くの第一生命ビルの総司令部民政局を訪れると、ジャック・ネイピアという総務担当の少佐が応対してくれた。原稿は一応預って後日連絡するという。二、三日して電話があった。行って見ると、

「転載は許可するが一つ条件がある。それはマッカーサー・ノートの第二項、戦争・戦力放棄の直後に一文をカッコに入れて付け加えること」

という。該当頁の下部余白に次のような短い一文が、鉛筆で書き込んであった。

(This concept was first voiced by the then Prime Minister

Shidehara to the Supreme Commander, who at once gave it his hearty support.)

（この考えは、最初に、当時の幣原首相から最高司令官（註＝マッカーサー元帥）に表明され、司令官は直ちにそれに心からの支持を与えた）

……いずれにしても掲載の許可を得たジャパン・タイムズは、この文書を、昭和二十五年十一月十日から三日間、最終頁に連載した。憲法九条に関する部分は二日目の十一月十一日付で掲載された。

許可が出るまでの二、三日の間に、総司令部ではマ元帥を含めて討議した上で、条件付きの許可をくれたのだろう」

村田常務が述べているように、一九五〇（昭和二十五）年十一月十一日付の『ニッポン・タイムズ』には、確かに「マ・ノート」の第二項の次に右の一文が掲載されており、また「日本国憲法」誕生の秘密が詳細に書かれているが、実は『ニッポン・タイムズ』よりも一カ月ばかり早く、『中央公論』の十一月号にも、この資料の要訳が連合国総司令部政治局報告書「新憲法の成立の経緯」の題名で掲載されているのである。

占領中に『中央公論』に掲載された「日本国憲法」誕生の秘密

この資料を要訳した福田市兵は、その前書きで

『終戦直後の混乱の中にあって、日本国民は拠るべき国民としての生活基準を失った。この空白をみたす民主憲法の作製は一日もゆるがせにすべきではないとの連合国側の決意で、驚くべき短時日の中に日本の新憲法の成立を見るに至った。この憲章成立の経緯が権威ある記録によって詳細に世に公にされる時が来た。以下は連合軍総司令部政治局の編纂になる「日本の政治的再組織《(ママ)》」の中「憲法改正の論拠」「政治局草案」「松本烝治草案」「日本政府草案」の三章《(ママ)》の要訳である』

と述べ、この文書のうち、四点（「憲法改正の論拠」「政治局草案」「松本烝治草案」「日本政府草案」）を要訳しているが、この中で「日本国憲法」誕生の秘密を明かした「政治局草案」については、次のように要訳している。

『さて一九四六年一月中旬になって、総司令部は非公式な筋から松本委員会の改正案が最後の段階にきているとの内報に接した。二月一日には正式ではなかったが、改正「要旨」とその「義解」なるものがマ元帥の手許に届いて、時の外相吉田茂氏から、二月五日に我方の政治局と会見してこの提案を非公式に協議したい旨の申入れがあった。同二月、日本外務省から会見期日を延期してもらいたいといって来たので一週間の日延を許可した。同時に協議は全く非公式で、その場限りにして外聞を許されぬ性質のものである旨を明かにし、且つ世上松本案として伝え

られるものに対し鋭い世論の反響が巻き起ってきた事実に鑑み、マ元帥がこれを基本的な原則だと信じている線に沿って日本内閣の再考を必要とするに至った。

これより先二月一日に、マ元帥は五日の非公式会議のことを聞くや否や、政治局長ホイットニー代将を呼んだ、会議の際日本政府側に提示すべき総司令部の詳細なる回答を作製し、松本草案を拒否するように命じた。更に二月三日の両日にわたりマ元帥は熟慮再考の結果、元帥が基本的だと確信している諸原則の内容とこれが運用とを最も効果的に日本政府に訓示する方法として、一つこれ等諸原則を織込んだ草案を作ってみようと決意するにいたった。元帥は即刻、この決意をホイットニー代将に伝えた。代将を局長とする政治局に広範な裁定権を委ねたが、次の三点（マ元帥自身のノートによる）は是非とも草案に入れて置くよう要望した。すなわち、

㈠ 天皇は国家の首位に立つ。天皇は世襲により交替する。天皇の義務及び権能は憲法の定むるところによって行使し、憲法に掲げてある基本的民意に対してその責任を負うこと。

㈡ 日本の主権の一部としての戦争は全廃される。日本はその関係する紛争を解決する手段としては勿論のこと自国の安全を維持する手段としてさえも戦争を否定する。日本は今や全世界を刺激し覚醒しつつある高遠な理想に頼って自国の防衛をはかる。日本は向後永遠に陸海空の軍備を有つことは出来ない。且つ如何なる日本の実力団体にも永遠に交戦の権利は許されない。

㈢ 日本の封建制度に終止符を打つ。国家予算の型は英国を手本とする。

二月四日には草案作製の暫定概案が出来、マ元帥の承認を得て、仕事は動き出した。政治局の出入口は全部締切り、極秘裡に審議されたので、まる一ヵ月政治局が何をやっているのか部外の人で知るものもなかったほどである』

ここまで「マ草案」作成の経緯と「マ・ノート」の内容を述べた後、日本政府から二月一日に提出された「松本試案」の内容を批判する要訳が書かれている。また二月十三日に、外務大臣官邸で行われたホイットニーと吉田外相による会談の結果については、

「マ元帥がこの松本草案を蹴って、内閣にその目標とすべき広範な案をつきつけたことは非常にショックであったらしい。思うに、幣原内閣は松本案が討議の基礎として受けいれられ、妥協として旧制度の幾分かが助かるものと期待していたようである。しかし苟くも総司令部案を一瞥した者にはそんな期待がもてるはずがなかった。加わうるに二月十三日の会見に出席した総司令部側の人々の態度を見ても、その点をはっきりわかったはずである」

と書かれ、さらに修正された「マ草案」が帝国議会に提出されるまでのプロセスと文民条項が草案に導入されたいきさつが次のように書かれている。

「三月四日には新しい草案が総司令部の非公式検討に上された。この新草案は全文日本語で書かれていたので、四日の午前十時から翌日の午後五時半までぶっとおしに討議を続行した。英

語が出来て、最後案として内閣の採択を得たのは六日の朝であった。その日の午後、同案採択の詔勅発布につづいて、マッカーサー元帥はこれに対する全幅の賛意を次の言葉で表明した。

……四月十五日、内閣書記官長は内閣草案に更に修正を加えた案文に英訳を添えて総司令部に提出したのである。その際書記官長のいうには、この最後案を枢密院に附議し、議会に出るのは五月の半ばか半ば過ぎになろうとのこと、実際議会に提出されたのは六月であった。

議会で審議されている間、総司令部はその進行を注視していただけで、少しも干渉しないでいた。たった一度マッカーサー元帥が日本政府に指令したことがあった。その年の夏、極東委員会で憲法改正の問題を全面的に取りあげていた。夏の終わりかた、英連邦代表の主張に従って極東委員会は次の三項目を憲法の中に入れる要求を票決したのである。

㈠　国務大臣は残らずシヴィリアン（非軍人）たること。
㈡　国務大臣の多数は国会議員中より任命すること。
㈢　国の主権は人民にある旨を憲法に明記すること。

この中第三項は既に了承済みになっていたのだし、他の二項目も議会で苦もなく採択された」

このように「日本国憲法」誕生の秘密が昭和二十五年一月に発行された『日本占領の使命と成果』と同年十月に発行された『中央公論』（十一月号）の中に明確に記載されているわけで

あるが、残念ながら、この文書を掲載するに至った経緯については言及していない。だが、この資料を読んだ板垣書店と『中央公論』の編集スタッフが、前出の村田常務のように掲載したい部分の要訳を総司令部民政局に持って行き、許可を得てから掲載したことは確かであろう。

ところで、この要訳の中で著者がいちばん注目したのは、要訳の冒頭に書かれている次の一文である。

「一九四六年一月中旬になって、総司令部は非公式な筋から松本委員会の改正案が最後の段階にきているとの内報に接した」

著者は、本書の第三章の一節で昭和二十一年二月一日付の『毎日新聞』に『憲法問題調査委員会試案』のスクープ記事が掲載された後、日本政府が提出した「松本試案」を読んだマッカーサーが三日の朝に、ホイットニーを呼んで「マ草案」の作成を命じたことを既述したが、この一文からマッカーサーは一月中旬頃に、既に「松本試案」の内容を非公式な筋からの情報で知っていたのではないかという推論が成り立ってくると思うのである。

これまで『毎日新聞』のスクープ記事を議論したものは数多くあるが、『毎日新聞』のスクープ記事と『日本の政治的再編成』に書かれている、この一文との関係に着目して検討を行った者はいなかったと思う。

では、この「非公式な筋」とは誰であるのか。『毎日新聞』に「松本試案」のスクープ記事を掲載した西山記者は、「一月三一日、私が（松本）委員会の事務局から特だねをとったのです」と述べているため、西山記者が情報源であるとは考えにくい。だとすれば、もしかしたら「松本委員会」のメンバーからの情報なのかもしれない。

ところで、占領中に、この『日本の政治的再編成』の内容が公表されたのは、『日本占領の使命と成果』『ニッポン・タイムズ』『中央公論』だけではなかった。

実は、翌年六月に東京大学法学部から発行された『国家学会雑誌』（第六十五巻第一号）にも、「純然たる学術目的のためならという」民政局からの条件付きで、この資料の「第三章　日本の新憲法」についての邦訳（久保田きぬ）と、その解説（宮澤俊義、小島和司、芦部信喜）が掲載されているからである。

占領中に学術誌に掲載された「日本国憲法」誕生の秘密

松本委員会のメンバーの一人だった宮澤俊義は、この学術誌で『日本の政治的再編成』の解説を書くにあたって、次のように松本国務相が起草した「松本試案」（一月案）から政府の「改正草案要綱」（三月六日案）に至るまでの空白の期間に対する疑問から出発し、この資料の邦訳を試みるに至った動機と、この資料の邦訳によって「日本国憲法誕生」の秘密が全面的に公にされたことで、「日本国憲法」の根本的な性格を正しく知ることができることになると述べている。

さて、この資料の「第三章　日本の新憲法」の「四　松本草案」では、『毎日新聞』のスクープ記事について、「一九四六年二月一日、毎日新聞は、一月二六日の委員会で暫定的一致をみたと報じ、その試案とされるものを公にした」と述べた後、「提案された改正案は、最も保守的な民間草案よりも、さらにずっとおくれたものである」と述べている。

次の「五　松本草案に対するSCAPの解答」では、『中央公論』で要訳された「非公式な筋からの内報について、「総司令部は、いろいろな非公式な道から、松本委員会における草案の討議が、一月半までに決定的な段階に達したことを知った」と述べているだけで、それ以外については何も述べられていないが、「マ・ノート」と民政局での「マ草案」作成についてのいきさつは、次のように記述されている。

『二月一日、二月五日に仮会談が行われるという報告をうけたマックアーサー元帥は、民政局長ホイットニー准将に、松本草案を拒否する詳細な解答書を作成し、その会談において日本政府に手交することを命じた。その午後、政治課（Government Power Branch）は、この拒否の準備をする仕事に着手した。しかし、最高司令官は、二月二日―三日にわたり問題をさらに慎重熟慮した結果、彼が基本的と考える諸原則の性質および適用につき、日本政府に教示する最も有効な方法は、この諸原則を具体化した憲法草案を用意することであろうという結論に遂に到達した。彼は、この決定をその日ホイットニー准将に伝え、なお、民政局に完全な自由裁量権を与えるが、草案の中に重要な三点をいれたい、と勧告した。この三点とは次のごときものであった（マックアーサー元帥自身のノートより）。

一

天皇は、国家の元首の地位にある。

皇位の継承は、世襲である。

天皇の義務および権能は、憲法に基き行使され、憲法の定めるところにより、人民の基本的意思に対し責任を負う。

二

国家の主権的権利としての戦争を廃止する。日本は、国家の紛争解決のための手段としての戦争、および自己の安全を保持するための手段としてのそれをも、放棄する。以上のことは世界の防衛と保護につき、今や世界を動かしつゝある崇高な理想に依存するものである。

いかなる日本陸海空軍も決して許されないし、いかなる交戦者の権利も日本軍には決して与えられない。

三

日本の封建制度は、廃止される。

皇族を除き華族の権利は、現在生存する者一代以上におよばない。

華族の授与は、爾後どのような国民的または公民的な政治権力を含むものではない。

予算の型は、英国制度に倣うこと。

この決定は、ホイットニー准将から、憲法および法律改正の責任者である民政局の三人、すなわち行政課(Pubic Administration Division)長チャールス・L・ケーディス大佐、法規課(Legal Branch)長マイロ・E・ローウェル中佐およびアルフレッド・R・ハッセー海軍中佐に伝えられた。この三人は主題と提示された諸問題を研究し、この仕事を行ってゆく上のプランを立てた。運営委員会(Steering Committee)と一連の専門委員会から構成される仮組織が提案され、各専門委員会には、運営委員会に報告しそれと討議するため、各専門分野の下調べの仕事が割り当てられた。

仮プランは、二月四日月曜日、ホイットニー准将に提出され彼の承認をえた。その直後に、民政局会議(朝鮮部門を除く)が召集された。ホイットニー准将は、参集者に最高司令官の指令を伝え、この仕事は一切の仕事に優先して直ちに着手されるべきことを命じた。民政局への出入口は閉ざされ、極秘が要求された。この仕事の行われた満一ヶ月間、その内容に関して全く何一つも漏れなかったことは注目に値する』

次に、本書で既述したような民政局での「マ草案」作成の苦労話が紹介された後、最後に「不休の活動をつづけて、行政課は二月一〇日にその仕事を完了した。……その草案は、二月一二日プリントされた。その翌朝、ホイットニー准将は、ケーディス大佐、ローウェル中佐およびハッセー海軍中佐とともに、外務大臣吉田、松本博士、外務省の長谷川氏および吉田博士の秘書と会見した。ホイットニー准将は、日本側代表に対し、松本委員会の提案は、全面的に受諾し難いものであり、また、日本が戦争と敗北から教訓を得る、民主的な線に沿う日本の政治機構の大規模な自由主義的な再編成としては、不十分なようだ、と伝えた。

ついで彼は、最高司令官が自己の基本的と考える諸原則の詳細な声明を用意させたこと、その声明は憲法草案の形で日本政府に手交されること、および、政府はそれを最大限に考慮し改正憲法作成のための新な《（ママ）》努力における指針として用いるよう勧告されること、を述べた。

彼は、日本側代表はそれ以上のことを行うことを強調されるものではないが、最高司令官は憲法の問題を総選挙に十分先立って国民の前に提出し、憲法改正に関し、国民に自由に論議し自由にその意思を表明する十分な機会を与えようと決意しているということを告げた。内閣が何もしない場合には、マックアーサー元帥は彼自身問題を国民に提出するつもりであった。

……日本人たちは、明らかに、驚愕狼狽したようであった。そして内閣とともにこの問題を考慮し論議した後でなくては、何らの確定的な解答も与えられないといった」

と結んでいる。

この中では、憲法改正を急いだ理由として極東委員会の発足が迫っていたことや、ホイットニーが吉田に対して「この草案に基く憲法改正を行うことが、その目的にかなう所以であり、然らざる限り、天皇の一身の保障をすることは出来ない」という脅迫まがいの言葉を浴びせたことについてはさすがに伏せてはいるが、この記述からポツダム宣言の第十二項に反するやり方を行っていることが分かるだろう。

次の「六　内閣草案の作成」では、

「最高司令官が、松本案を拒否し、内閣に対しその手引きとして大規模な海図を手渡したことは、明らかにショックをもって迎えられた。幣原内閣が希望していたのは、疑いもなく、松本案が討議と妥協の基礎となり、古い制度の面影をいくらか残せるかもしれぬということであった。SCAP（吉本注：最高司令官）の憲法改正に関する文書を一瞥しただけで、このような希望が全く失われたことは、二月一三日の会談に出席した人々たちに見られた反応から明らかであった」

と記述されている。また二月十八日には、松本国務相がもう一度「松本案」を説明するために「憲法改正案説明補充」という文書を作って提出した後、「民政局との幾度かの非公式会談が開かれ、遂に三月四日、新しい草案が非公式審査のため総司令部に提出された。……新しい草案は日本語で提出された。その午前十時から翌日の午後五時まで休みなしにつづいた会議で、民政局員と少数の日本官吏が、その草案を英訳し、ちゃんとした英文にととのえ、それをさらに、英訳の内容を正確に十分に伝えるような日本語に再び翻訳した。最終案は六日の朝内閣の承認をえ、直ちに書記官はハッセー海軍中佐の前で、その英文は日本語原文の正確な公式訳であることを証明した。

その午後、草案採択を宣言する勅語が発表され、それにつづいてマックアーサー元帥は新聞発表を行い、この草案に無条件の承認を与えると次のごとく述べた」

と記述し、前出の宮澤が指摘したように、松本国務相の起草した「松本試案」（一月案）から政府の「改正草案要綱」（三月六日案）に至るまでの空白の期間を埋める説明を行っているのである。

以上、四点の資料を見てきた。この内、「マ・ノート」の第二項を掲載しているのは、『ニッポン・タイムズ』『中央公論』『国家学会雑誌』の三点であるが、では『ニッポン・タイムズ』を除いて、他の資料には「マ・ノート」の第二項の直後に、（この考えは、最初に、当時の幣原首相から最高司令官に表明され、司令官は直ちにそれに心からの支持を与えた）という「但し書き」がないのはなぜだろうか。この問題については、後述の第九章の第三節で見ていきたいと思う。

では、次に、占領中に民政局はなぜ「日本国憲法」誕生の秘密を公表したのか、その謎を解き明かしていこう。

第二節　占領中に民政局はなぜ「日本国憲法」誕生の秘密を公表したのか

総司令部はなぜ「憲法問題」を検閲しなかったのか

著者は、本書の第五章の第一節で占領軍が昭和二十年九月二十一日に、日本のマスコミによる占領批判を厳重に取り締まるために「プレスコード」を制定して十月八日から「事前検閲」を実施していったことは既述した。

その後、事前検閲は段階的に緩和され、事前検閲を対象とする全ての新聞通信社が昭和二十三年七月二十六日に廃止された。そして七月十五日から二十五日にかけて徐々に事前検閲指定紙は、事後検閲へと移っていった。

さらに日本国民に対する全ての制限法を緩和するという米陸軍参謀本部の意向によって翌年十月二十四日付で新聞通信に対する事後検閲も廃止されたが、完全に自由な報道が保証されたわけではなかった。

その理由は、新聞指導と統制の基本方針が相変わらず残っており、それを踏みはずせば厳重な処分が予想されたことや、当時検閲を担当していた総司令部参謀第二部の民間検閲支隊（CCD）内に新しく設置された出版放送演芸検閲部（PPB）新聞通信課によって「内面指導」（命令の形をとらずに「示唆」「助言」の形で行う指導）が、その後も実施されたからである。

ところが、ホイットニーが回想録で述べているように「憲法問題」に対する検閲だけは例外で、昭和二十一年六月八日までは「憲法問題」を自由に議論させていたわけであるが、「憲法改正」の議論が日本国内で次第に高まってくるにつれて総司令部は、六月八日から日本のマスコミが「日本の新憲法起草に当ってＳＣＡＰが果たした役割についての一切の言及、あるいは憲法起草に当ってＳＣＡＰが果たした役割に対する一切の批判」についての報道ができないように厳しく検閲を実施するようになっていくのである。

その後、昭和二十四年十月二十四日付で新聞通信に対する事後検閲が廃止され、出版社の出版物も前年八月三十日付で事後検閲扱いになったが、内面指導が相変わらず行われていたため、日本のマスコミは、問題を起こして事前検閲扱いに逆戻りするのを恐れ、「プレスコード」をそのまま遵守した。

民政局はなぜ「日本国憲法」誕生の秘密を公表したのか

この事後検閲の廃止によって、各新聞通信社と出版社は、よほど過激な出版物でない限りは自由に報道したり、出版したりすることができるようになったわけであるが、まだ内面指導が残っているため、『ニッポン・タイムズ』の村田常務が述べているように、さすがに『日本の政治的再編成』に書かれた「日本国憲法」誕生の秘密についての情報を勝手に報道することはできなかったのであろう。

そこで『日本占領の使命と成果』『中央公論』『ニッポン・タイムズ』『国家学会雑誌』は、事前に民政局の許可を得てから「日本国憲法」誕生の秘密を掲載したというのが真相だと思う。

では、民政局はなぜ「日本国憲法」誕生の秘密の公表を許可したのだろうか。いくら検閲が廃止されたとは言え、この秘密を公表すれば、これまでの検閲の意味はなくなってしまうことになるからである。それにもかかわらず、掲載を許可したのは、『ニッポン・タイムズ』『中央公論』『国家学会雑誌』は、『国家学会雑誌』を除いて知名度は高いが、発行部数が少ないため、社会的な影響力が小さいと判断したことに理由があると思われる。これが大手新聞社や『文藝春秋』のように知名度が高く、発行部数も多い報道機関であったならば、きっと許可が下りることはなかっただろう。

この他に、本書の第三章の第二節で紹介したように、民政局が「マ草案」を作成する経緯を書いたマーク・ゲインの『ニッポン日記』(筑摩書房)が昭和二十六年十月に発行されており、また本書の第三章の第一節で紹介したジョン・ガンサーの『マッカーサーの謎』(時事通信社、昭和二十六年十月発行)や鮎川国彦編の『マッカーサー書簡集』(日本弘報社、昭和二十五年二月発行)の中にも、マッカーサーが近衛に対して「憲法改正」を示唆したことが書かれているが、これも恐らく、民政局の許可を得てから出版したに違いない。

マッカーサーが新憲法起草に果たした役割をリークしたのはウイロビーだったのか

ところで、著者から見て、一つだけ疑問が残るのは、言論の検閲を担当していた総司令部参謀第二部のCCDが、なぜ第三項の「日本の新憲法起草に当ってSCAPが果たした役割についての一切の言及」を出版物で厳しく取り締まらなかったかという点である。

著者は昭和二十一年六月八日以降から、CCDがこの第三項を取り締まるようになったことを既述したが、実際には、日本文化普及振興会の『新憲法の意義と解説』（昭和二十一年十一月）や美濃部達吉の『新憲法の基本原理』（國立書院、昭和二十二年十月発行）の中にも、マッカーサーが近衛に対して「憲法改正」を示唆あるいは内命したことが書かれているのである。

これは、一体どういうことであろうか。実は、前出のハーバート・ノーマンを「赤狩り」のターゲットの一人として監視し、後に総司令部から共産主義者と、そのシンパを追放した総司令部参謀第二部長のチャールズ・A・ウイロビー少将は、「マッカーサーが進めていた日本の民主化政策を批判していた」という証言をしている者が民政局にいるのである。

その証言者の一人であるトーマス・A・ビッソン（アジア研究家）は回想録で、次のように述べている。

「マッカーサーが進めていた日本の民主化政策をあまりに行きすぎであると、早くからつぶしにかかっていたG‐2のウィロビー将軍のようなタカ派の軍人将校は、むしろ例外的な存在であった。下級将校の多くは改革を強く提唱しており、またそれを達成するために実によく働いた」

昭和二十年十月から、米国戦略爆撃調査団の一員として来日したビッソンは、その後も民政局に残って経済追放、財閥解体、憲法修正作業、農地改革、インフレ退治の業務に従事したが、彼が憲法修正作業に関わったときには、既に「マ草案」の作成作業は終了していた。このためビッソンは、六月から始まる「マ草案」の日本語訳の検討作業に参加したに過ぎなかったが、彼が著書の中で帝国議会が修正された「マ草案」の審議を開始した後、民政局がどういう作業を行っていたかを説明している点は興味深いものがある。

先のビッソンの証言からも分かるように、総司令部の中にも「言論の自由」の下に実施される検閲に対して批判的な声が上がっていたとも言われているため、マッカーサーの民主化政策を批判していたタカ派のウイロビーによって、マッカーサーが新憲法に果たした役割を出版物にリークしたことが考えられるのである。

また『日本占領の使命と成果』『中央公論』『ニッポン・タイムズ』『国家学会雑誌』が民政局から『日本の政治的再編成』の転載の承諾を得ることができたのも、後述するように、ウイロビーの「赤狩り」によって総司令部の中でも、最もリベラルな民政局からニュー・ディーラーたちが追放されていたことと、無関係ではないと思われる。

いずれにしても、ウイロビーがこうした行動に出るための動機と、それを実行するための権限を持っていたことから考えて、彼がそのような行動に出た可能性を否定することはできないのではないだろうか。

第三節　占領中に「日本国憲法」の英訳文はなぜ六法全書に掲載されたのか

占領中に六法全書と法令集に掲載されていた「日本国憲法」の英訳文

戦後生まれの日本人で、「日本国憲法」が施行された後、間もなくして日本の六法全書と、その他の法令集の中に「日本国憲法」の英訳文（THE CONSTITUTION OF JAPAN）が掲載されていたことを知る人はほとんどいないだろう。

例えば、著者が行った調査によると、昭和二十三年から昭和三十二年にかけて発行された六法全書の中に「日本国憲法」の英訳文が掲載されていたものが三十二冊あり、その目次には、次のように「英文憲法」「日本国憲法（英文）」「（英文）日本國憲法」「英文日本國憲法」「英文日本国憲法」の題名で書かれてあった。

①『六法全書』岩波書店、昭和二十三年版（「英文憲法」）、二十四年版（「英文日本國憲法」）、二十五年版（「英文日本國憲法」）、二十六年版（「英文日本國憲法」）、二十七年版（「英文日本国憲法」）、二十八年版（「英文日本国憲法」）、二十九年版（「英文日本国憲法」）、三十年版（「英文日本国憲法」）、三十一年版（「英文日本国憲法」）

②『六法全書』有斐閣、昭和二十六年版（「（英文）日本國憲法」）、二十七年版（「（英文）日本國憲法」）、二十八年版（「（英文）日本國憲法」）、二十九年版（「（英文）日本國憲法」）、三十年版（「（英文）日本國憲法」）

③『ポケット六法全書』法文社、昭和二十五年版（「英文憲法」）、二十六年版（「英文憲法」）、二十七年版（「英文憲法」）、二十八年版（「英文憲法」）、二十九年版（「英文憲法」）、三十年版（「英文憲法」）、三十一年版（「英文憲法」）、三十二年版（「英文憲法」）

④『模範六法全書』三省堂、昭和三十年版（「日本国憲法（英文）」）、三十一年版（「日本国憲法（英文）」）

⑤『三省堂大六法全書』三省堂、昭和三十年版（「日本国憲法（英文）」）、三十一年版（「日本国憲法（英文）」）

⑥『小六法』有斐閣、昭和二十七年版（「（英文）日本國憲法」）、二十八年版（「（英文）日本國憲法」）、二十九年版（「（英文）日本國憲法」）、三十年版（「（英文）日本國憲法」）、三十一年

版（「（英文）日本國憲法」）

⑦『学生六法全書』岩波書店、昭和二十六年版（「英文日本國憲法」）、二十七年版（「英文日本国憲法」）

「日本国憲法」の発布は昭和二十二年十一月三日、施行は翌年五月三日であったことは既述したが、六法全書は、どれも、その年の二月に発行しているため、昭和二十三年二月に発行された六法全書の中に、早くも、英文訳が掲載されていたことになるが、占領中に「日本国憲法」が「マ草案」からの翻訳であったことを証明するような英訳文が六法全書に掲載されていたとは、実に驚きである。

前出の佐藤達夫は、その著書で六法全書の中に掲載された「日本国憲法」の英訳文について、次のように述べている。

「先年、朝日新聞の〝きのうきょう〟欄で、英訳憲法のことをとりあげ、いまだに多くの六法全書に英訳がのっているが、こんなことは独立国の法令集としてはめずらしい例だろうということを書いた。

その後、この英訳文は、一般の六法全書からだんだんと影をひそめつつあるが、それにしても、ここであらためて、この英訳文の成立の経過をたどりながら、その素性を明らかにしてお

くことは必ずしも無益ではあるまい。……それについては、まず次のようなことが推測できるように思われる。すなわち

（1）日本国憲法は、司令部の強い圧力の下に、いわゆるマッカーサー草案に基いてできた。したがって、その大部分はマ草案の翻訳であり、表面は〝英訳〟ということになっているものの、実はその方が原文で、日本文こそその翻訳である。

（2）法令解釈の基本原則は、まず法令の文章の示すところにしたがってなされるいわゆる文理解釈を第一とするが、それによってはっきりした結論が出ないときは、条理解釈により、あるいはまた、制定者の意図をたずねてなされるべきものということになっている。そうすると、日本国憲法の場合は、真の制定者はマ司令部、ないしは、せいぜいマ司令部と日本の国家機関だというべきであり、そのマ司令部の意図は、英文の方にあらわれているはずだから、その意味で、この英訳憲法は解釈上有力な手がかりになる」

言い換えれば、今日の「日本国憲法」の条理解釈を知りたければ、そのオリジナルである英文を見れば自ずと分かるはずだということである。

だが、前出の宮澤俊義と佐藤功が「マ草案」の解説の中で、昭和二十一年二月十三日に外相官邸で、ホイットニーから

「日本政府に渡された憲法草案が、いわゆるマッカアサ《（ママ）》憲法草案（これをホイットニー憲法草案と呼ぶ人もある）で、それがその後わずかの修正を経て、日本国憲法になったことは、人のしるところである」が、その意味で「日本国憲法の祖先はまさしくマッカアサ草案であり、それを知ることは、日本国憲法の制定史を明らかにするためにも、またその規定を解釈するためにも、ぜひ必要と考えられる」（『国家学会雑誌』昭和二十九年九月、第六十八巻第十二号）と述べているように、「日本国憲法」の条理解釈をする場合、そのルーツである「マ草案」にまで当たらなければ、「日本国憲法」の規定を本当に解釈することは難しいだろう。

「日本国憲法」のルーツを間接的に暴露したのはウイロビーか

では、占領中に「日本国憲法」の英訳文は、なぜ六法全書に掲載されたのだろうか。その理由として「日本国憲法」誕生の秘密を明かしたものではないことが考えられるが、その他の理由として、この「日本国憲法」に不満を持っていた総司令部参謀のウイロビーが「日本国憲法」の英訳文を六法全書に掲載することによって間接的に「日本国憲法」のルーツを暴露しようとしたことが考えられるだろう。

次の第四部では、これまでの議論を踏まえて、知られざる「日本国憲法」の正体を解き明かしていきたいと思う。

第四部　知られざる「日本国憲法」の正体

第八章　占領軍が押しつけた「日本国憲法」の正体

第一節「日本国憲法」は占領憲法である

日本の識者が語る「日本国憲法」の正体

戦後の日本では、政治家や識者の間で、この「日本国憲法」は、占領軍の「押しつけ憲法」であると批判されてきたことは有名な話である。

例えば、日本の国際政治学の父と呼ばれた東京大学名誉教授の神川彦松は、昭和三十一年三月十六日に開催された「第二十四回　国会衆議院内閣委員会公聴会」において、国際政治の観点から「日本国憲法」を次のように批判している。

「いまの日本の憲法を再検討し、全面的にこれを書き改めなければならないということについての私の意見を申しあげたいと思うのであります。

まず第一に、いまの憲法は本来英語で書かれた憲法である、すなわち英文の憲法であって日本語の憲法ではないということなんであります。

……この憲法は、ふつうの憲法とは違いまして、まったく国際政治の産物なのであります。だいたい憲法というのはみな国内政治の産物であり、また革命の推進力としての国内的政治権力の所産でなくちゃならない。ところがこの憲法に限りましては、その推進力は、一に外国の政治権力、軍事権力であった。ここにこの憲法の根本的の特色があるわけです。

いかなる革命も、いかなる憲法も、その推進力たる政治的権力なしにはおこなわれません。

……その政治権力が一に外国の軍事権力、政治権力であった、こういうような憲法というものは、世界あってこの憲法以外にはありません。これに若干似ておるのは、ドイツのボン憲法［ボン基本法］だけであります。

またしたがって世界の憲法史上にまったく類例のない憲法でありまして、したがってこういう憲法というものは、ふつうの憲法学とか、ふつうの憲法史だけではわからないのでありまして、まったく国際政治史、また国際政治学的な観点から研究しなければわからないということは当然のことであります。

こういうわけで、今の憲法が外国の軍事権力、政治権力の所産であると申しましたが、それは言うまでもなく戦勝国、とくにアメリカでありますが、戦勝国の占領政策の産物なのであります」

一方、元九州産業大学教授の佐伯宣親も、その訳書の助言で「日本国憲法」を次のように批判している。

『「日本国憲法は占領憲法である。これには二つの意味がある。一つは、占領下に占領軍によって強要された憲法という意味であり、今一つは、占領軍の価値観にしたがって、占領政策遂行のために制定された憲法という意味である。そしてこのような占領憲法は、諸外国に類例を見ないと言っても過言ではない。

ところが今日の日本国では、法務大臣が憲法改正を口にすれば、天下の公党たる政治政党が、「法務大臣の発言は憲法違反である」などという、憲法のイロハも無視した暴論を吐くという始末である。この憲法学の初歩的ともいうべき誤りを犯している政党が政党としてまかり通っているという事実、これこそが、いかに「日本国憲法」が国民間に定着していないかを示す証左である、とも言い得るのであるが、この愚言・愚行が如実に示しているように、改憲論が不法・不当な弾圧を受けていることも否めぬ事実である。何故かかる事態が生じたのか。

今この問に対して一言をもって答えるならば、「占領神話」に由来すると答えたい。日本が再び連合国各国の敵とならぬように、との企図の下に捏造された神話、日本軍国主義・日本侵略主義。そしてこの神話から生まれた迷信、すなわち帝国憲法に対するいわれ無き誹謗中傷。これが、占領憲法たる「日本国憲法」に対する冷静な評価を不可能にしているように思われる』

第二節　世界が語る「日本国憲法」の正体

「日本国憲法」が占領軍の「押しつけ憲法」であるということは、別に日本人だけが言っているわけではない。前出のビッソンも述べているように、「日本国憲法」が押しつけられたものであることを一番よく知っているのは、「日本国憲法」を作ったマッカーサーを初めとする総司令部民政局のメンバーや、アメリカの政治家、学者、ジャーナリストたちであることは間違いないだろう。

著者は、本書の第三章の第四節で日本政府の発表した「憲法改正草案要綱」（三月六日案）に対する極東委員会とアメリカの報道機関の反応を紹介したが、では、彼らは、この占領憲法をどのように見ているのだろうか。

「日本国憲法」は、彼らから占領軍の「押しつけ憲法」とか「米国製憲法」と批判され、低い評価を与えられているが、その中から代表的なものを取り上げて「日本国憲法」の正体を見ていこう。

アルフレッド・C・オプラー（総司令部民政局政治部法制司法課長）

この憲法は、外国の勝利者によって押しつけられたものであり、ジェファーソン的な言葉遣い並びに個人主義的原理が日本の伝統や世論に反する批判にも拘らず、これまで一つの修正もなされていない。

トーマス・A・ビッソン（総司令部民政局員）

戦後日本の憲法は、日本側のイニシアチブによるものではなく、民政局を通じたマッカーサー、ホイットニー両将軍のイニシアチブから出たものだった。ロバート・E・ウォードは、マッカーサーが憲法の枠組みを指令したそのやり方、極東委員会の権威を無視したことなど、改憲作業のまずさをあますところなく暴露しているが、私をふくめ大部分のアジア研究者も、この点に異論はないであろう。

ハリー・E・ワイルズ博士（総司令部民政局員）

一九四六年一月末、マカー（ママ）サーは、日本人は、全部彼らに委しておけば、たとえ自分の指令でてこ入れをしても、満足するにたる新憲法は産み出し得ないだろうと確信するにいたった。……ホイットニーはそこで、その民政局を、彼が《憲法制定会議》と呼んだものに変え、部下のひとりひとりを《トマス・ジェファーソンとして》、各自にその受持の責任の範囲を明示し、日本憲法を起草する任務を与えた。極東委員会がこの計画を聞知しないように、箝口令がしかれ、局員は必要ならば昼夜兼行で働き、一週間内に仕事を完成するように命令された。極東委員会を出し抜くということについては、なにごともいわれたわけではなかったが、係員たちは、愛国的象徴として、新憲法はワシントン誕生日に、日本をして受諾させることができるように起草を終るよう督促された。

……草案は二月十日に完了し、吉田とその憲法起草顧問松本烝治に提示された。受諾はホイットニーの言葉によれば、強制的ではなかった。しかし日本がそれを拒否すれば、マカーサー自身が、これを国民の前に賛否を問うたかもしれない。

……そこで問題は奇妙な、いく分まがりくねった路を辿り始めた。憲法草案がアメリカ製であり、日本に強制された事実をかくそうというわけだった。……ホイットニーは、事実、民政局が、その起草に参与したことを暴露するようなことにはいっさい厳重な禁止令をしき、四ヵ月ほどたって、そのニュースがアメリカ新聞に洩れたときには、それを洩らした犯人を見付けて処罰するために調査委員会を設けたほどだった。ホイットニーの作り話によると、新憲法草案は着想も起案も一から十まで日本側の手で作られたものだということになっていた。それに騙される日本人はめったになかったが、厳密な検閲によって、新憲法がアメリカ製であることをほのめかす言辞は、どんなに遠まわしないい方をしたものでも、いっさい印刷発表されることが防止された。

リチャード・B・フィン（元米海軍日本語情報将校、元国務省日本問題担当部長、アメリカン大学準教授）

一九四六年、連合国最高司令部が日本政府に押しつけて公布した新憲法は、近い将来改正せざるをえず、占領時代に手の着けられない経済・政治改革もやがて破綻するだろうと予想された。

ダグラス・マッカーサー二世（駐日アメリカ大使）

個人的には私の伯父にあたるマッカーサー元帥ですが、彼の日本占領政策は根本から間違っておりました。日本国民に対して、まことに申しわけないことをしてしまい、そのために現在、日本国民が心のよりどころを失ってしまったことを、私はここで深くお詫びするものです。

米国は戦争には勝って日本を占領したが、その占領政策をどうすればよいのかという方針がたたず、また日本の国情に対する認識も不十分でありました。そこで、アメリカ本国では一応成果をあげたアメリカ流の民主主義を、日本においても実施したらよかろうということになったのです。

もとより、アメリカとしては、それが日本においても成功するだろうと考えたからでありまして、いささかの悪意を持ったわけではありません。ただ米国において成功したのだから、かならず日本においても成功するだろうという善意から出たものでありました。

しかし、今にして思えば、それが日本占領のまちがいの第一歩でありまして、アメリカの日本研究が足りなかったからであります。

そのために、アメリカは「主権在民」を根本原理として、「現人神」であられる天皇陛下に対して、一瞬のあいだに「人間天皇宣言」を行なわしめたのでありますが、これが第二のまちがいでありました。

第三のまちがいは、主権在民を民主主義の原則としてGHQが作成した憲法草案を日本政府に押しつけたことです。そして、帰一すべきよりどころを失った日本国民は、困惑の果てに猜疑心に駆られ、自分の信念をも疑うようになり、ついには自分一人のことしか考えない利己主義に走り、自分だけの偏狭な考えを正しいものと信じて押し通して行かなければ、生きて行かれないことになり、国家もなければ、天皇もない、そして他人も信じることのできぬという不安な状態におちいってしまったのです。

実は民主主義が、日本においてこんな姿になるとは誰も想像しなかったのでありまして、全く驚きのほかありません。アメリカはいろいろな民族の寄り合い国家でありますから、それらを統一して新しい国を建てるのには民主主義が役立ったからといって、日本のように昔から堅く団結した国民に対しては、逆にその結合をばらばらにしてしまうという不思議な反対現象が起こるものであることをはじめて知って驚いていたのです。

……どうか一日もはやくGHQの押しつけ憲法を捨てて、日本の歴史と伝統に合った憲法を制定して昔の姿に回復してください。それが何よりも急務だと思います。

マイク・マンスフィールド（駐日アメリカ大使）

もう一つは日本から朝鮮半島に回した米軍の穴を埋めるため、吉田茂首相に七万五千人の警察予備隊の創設を命令したことだ。これがいまの自衛隊になるわけだが、マッカーサーは連合軍総司令部（GHQ）が作った「米国製」の日本国憲法第九条をう回したともいえる。

この議論で思い出すのは八十年代初め、日本が中曽根政権のころに米国内で強まったいわゆる「安保ただ乗り論」だ。日本は経済成長にばかり走り、憲法九条を理由に防衛は日米安全保障条約に頼りっぱなしという批判だ。米国は言論が自由な国で、米議会もその例外ではないが、この批判は米議会が事実を知らないことから起こった。

まず、戦争放棄を定めた日本国憲法第九条は、マッカーサーの直接の指示を受けてGHQ民政局のチャールズ・ケーディス次長を中心に作った条項でどこからみても米国製だ。日本に戦争を放棄させ、安全保障を米国頼みにさせたのは米国である。米国人はこの条項を批判すべきではない。今後どうすべきかは、日本の国民と国会が判断すべき問題だ。

エドウィン・ライシャワー博士（駐日アメリカ大使・ハーバード大学教授）

占領当局の要求によって、時の日本政府は、一九四五年（昭和二十年）の秋、憲法改正問題をとりあげた。しかし、その最初の改正の努力は、明らかに期待に沿わぬものであった。そこで占領当局の命令でないにしても、直接の示唆（暗示のようなもの）が憲法草案の大部分に対して行われた。

これが結局一九四六年（昭和二十一年）三月六日、天皇の命令により、かつマッカーサー元帥の完全な嘉納の下に公衆に布告されたものである。多数の日本人はこの文書全体が英語で起草されて、ついで日本語に翻訳されたことを信じている。

そして日本人が、彼等の新憲法は、占領軍当局によって命令されたものであると信じている限り、彼らは将来いつか、外国から課せられたものとして、それを排斥しようと誘惑されるかも知れないのである。

……厳格にいうなら、日本人自身によって制定されたものではなかったのだ。日本人民の自由に表明された意思というものは、なお将来みるべきものである。

Ｇ・Ｌ・ウエスト博士（弁護士、ダラス大学学長）

日本には古来の伝統的家族制度がありました。ところがこの家の制度は、一九四六年のコンスティチューション（注・占領軍憲法のこと）によって廃止されてしまいました。つまり、正しい意味の日本の憲法ではなくて、ある国（注・アメリカ）が日本に押しつけたコンスティチューションなのであります。

……このようなコンスティチューション（注・占領憲法）を日本に持ち込んだということは、たとえて言うならば、私がこの演壇の前におりて行って、一番前にいらっしゃるメガネをかけた方のところへ行きまして、私は弁護士だけども、あなたのかけているメガネはまちがっていて役に立たないから、そんなメガネは外してしまって、私のお勧めするこのメガネをかけなさい、そうすればよく見えます、と言っているようなものです。（笑）

現在のところ、そのメガネをかけさせられているから仕方なく、何とかそれで間に合わせていかなければならないことは、皆さんの御存じのことと思います。しかし、皆さんは今や何かをしなければいけない、何をしたらいいかということを考えなければなりません。

ロバート・E・ウォード博士（スタンフォード大学教授）

日本側に与えたといわれる圧力の中で決定的だったのは天皇の身柄に対する脅迫である。このような脅迫を受けて、この点以外の憲法改正交渉で日本側が非常に従順になったことは、誰しも理解できよう。……日本の支配階級の関心事は、敗戦の廃墟の中から少なくとも天皇制だけは救おうということだった。

サムナー・ウェルズ（アメリカ国務長官）

なにものも、アメリカ国民が、日本国民を自分たちの肖像に似せて再創造し得ると考えることほど子供らしいことはない。なにものも、アメリカ当局によって起草された新日本憲法が一度講和条約が結ばれ、日本が再び一個の独立国となった暁に、日本国民の憲章として日本人民によって維持されるであろうと想像することほど、幻想的なものはないと思われる。真の日本のデモクラシーができるようになるとすれば、それはメイド・イン・ジャパンであらねばならぬ。

マーク・ゲイン（カナダのジャーナリスト）

このアメリカ製日本憲法は、それ自身悪い憲法ではない。日本の役人どもの不誠実にもかかわらず、それは人民に主権を賦与し、人民の自由を保証し、政府の行為を抑制する道も規定している。

悪いのは——根本的に悪いのは——この憲法が日本の国民大衆の中から自然に発生したものではないということだ。それは日本政府につかませた外国製憲法で、そのうえ高等学校の生徒さえちょっと読んだだけで外国製だということに感づくのに、国産品だと称して国民に提供されたのだ。

極東委員会はかねて押しつけ憲法の危険性を予測していた。委員会の代表が、最近の日本を訪問したとき、委員会は日本人自身にその基礎法を立法せしめるよう主張し、その実行に対する保証を総司令部から取り立てて行った。ところが、わずか数週間後には、この約束は破棄された。ホイットニーの幕下の一人の、つじつまの合わない弁解はこうだ、元来その誓約は、憲法問題は長期を要する問題だとの仮定にもとづいたものだったが、「事態はそれを急務と化した」というのである。

さらに、この憲法で何よりも悪いのは、マックアーサー元帥自身書いたという軍事放棄に関する規定である。なぜなら、日本の新聞か日本歴史をちょっとでも読んだことのある人なら、占領が終りさえすれば、日本が何らかの口実をもうけて軍隊を再建することはとうてい疑えないからである。日本で地震が避けられないと同様に、これは不可避なことなのだ。かくてまさにその本質上、新憲法は欺瞞を生むものである。欺瞞の内在する憲法は断じて永続しうるものではない。

さらにはなはだしいのは、新憲法が汚れた手によって日本国民に渡されたということだ。

ジョン・ガンサー（アメリカのジャーナリスト）

現在、日本の著名な政界人で、新憲法は、実はわたしたちの手で起草したものである、といっているものが三名ある。しかし、新憲法は、決して、かれらの執筆したものではない。実際、この憲法草案の正文が公表されると、あれは、いよいよ最後の段階で英語から日本語に翻訳されたものである、などと、いろいろのはなしが伝えられるものだった。しかし日本人自身が、この新憲法の起草に少なからず関与したことは、疑問の余地のないところである。

新憲法の草案起草中、この委員会の連中は、コーヒーをのんだり、サンドウィッチをムシャムシャやりながら夜おそくまで仕事をし、実に愉快に働いていたらしく、さいきん、この人たちから、年に一回、あの思い出の部屋に集まって、記念会をやってはどうかと、ホイットニー民政局長にいってきたくらいである。

この憲法については、奇異な点が一つある。それは新憲法全体が旧憲法にたいする修正となっており、しかも、その旧憲法自体が新憲法によって廃止される、という点である。これは、実は、マッカーサー自身が思いついたすばらしい考えだったのである。元帥は、これによって法の連続性の原則をとくに強調しようとしたわけである。

マッカーサーは回想録で

「私はアメリカ製の日本国憲法を作って日本側に命令でそれを採択させるということはしなかった。憲法改正は日本人自身が他から強制されずに行うべきものだったから、私は偶然の環境で絶対的な権力をにぎった征服者が完全に受身でなんの抗弁もしない政府にその意志を押しつけるというような形で、アメリカ製の憲法を無理押しに日本人にのみこませることだけはやるまいと心にきめていた」

と述べているが、この西欧諸国の人々の言葉から、マッカーサーが述べていることは、デタラメで完全な作り話であること、そして日本人が六十七年もの長きにわたって親しんできた「日本国憲法」の前文には、「日本国民は……この憲法を確定する」と書かれてあるが、日本人が自主性を持って制定した憲法ではなく、アメリカの軍事権力と政治権力を背景にして押しつけられたものであることは誰の目にも明らかであろう。

ところで、「日本国憲法」の施行以来、憲法問題の中でも、常に議論されるのが憲法第九条の問題であろう。わが国の安全保障の問題を考えるとき、この条項の解釈を避けて通ることは絶対にできないからである。では、この第九条は、どのような背景のもとに誕生したのだろうか。

次章では、この第九条誕生の真相を見ていきたいと思う。

第九章　占領軍が押しつけた第九条の正体

第一節　第九条と第一条はなぜ作られたのか

第九条に自衛権と戦力の保持を加えた「芦田修正」

著者は、本書の第四章の第二節で昭和二十一年八月二十四日の第九十回帝国議会（衆議院）において、「マ草案」から修正された「政府案」の第九条二項に、「前項の目的を達するため」という文言が芦田小委員長によって加えられたことは既述した。

これが、いわゆる「芦田修正」と呼ばれるものであるが、この修正が加えられたことによって戦後の日本では、第九条の第一項が自衛権と戦力の保持を妨げるものではないと理解されるようになったのである。

本書でも述べたように、この「芦田修正」が加えられたことによって、極東委員会からの強い要請で第六十六条の二項に「内閣総理大臣その他の国務大臣は、文民でなければならない」

との規定が増補されることになったのである。

では、民政局は、なぜ第九条を「日本国憲法」の基本的原則の一つにしたのだろうか。

次に、この問題を見ていこう。

極東委員会からの批判が生みだした第一条と第九条

著者は、本書の第三章の第一節で極東委員会が昭和二十一年二月二十六日に発足すると、「日本占領を議決し決定する機関となり、マッカーサー司令部というのは、その決定された政策を単に実施する権限を持つだけ」の機関となってしまうため、マッカーサーは憲法改正を急いだことは既述した。

この極東委員会の発足について、前出の佐藤達夫は、その著書で次のように述べている。

『この憲法起草にあたって、司令部が一刻を争うようにいそいだのはどういうわけかということについてその正確な理由はわからない。けれども、これについては、よくいわれているように次のことが考えられる。

マ元帥は天皇を存置することの必要を認めていた。ところが、ちょうどそのころ、連合国の日本管理のためにワシントンに設けられた極東委員会が本格的活動をはじめようとしているところであり、この委員会構成国の中には、日本の天皇制に対して不信ないしは反感をもつ国々も少くない《（ママ）》。したがって、極東委員会で先に憲法問題がとり上げられるとすると、次第によっては天皇の地位がどうなるかわからないというところから、それに先んじて既成事実をつくる必要があったというのである。この点については、わたしが松本大臣から起草の下命をうけた二月二十六日がたまたま極東委員会の初会合の日であったことも思いあわされる。

マ元帥が天皇を支持したのは、それが当面の占領政策遂行の方便として有益と考えたのか、あるいはそれ以上のもっとも深い気持ちによるものであったかは別として、彼が何等かの形において天皇制を残さなければならないと確信していたことは事実であったと思われる。

当時マ元帥が幣原首相の肩をたたいて「自分は日本の天皇をあくまで擁護するつもりでいる。しかし自分だけでは何ごともできるわけではない。日本が自分を助けてくれるならばこれを成しとげることができよう。」といったということが幣原さんの直話として伝えられているが、これなどもこの推測の資料になろう。楢橋氏は、ちかごろいろいろな機会に「この憲法は天皇制のための避雷針だったのだ。」といっているが、あるいはそうかもしれない』

また吉田茂も、その著書で次のように述べている。

「総司令部として、何故にこのような憲法改正案の作成を急いだのであろうか。これについて、先ず考えられるのは、本書第一巻で述べたとおり（第一巻第四章「マッカーサーという人」参照）元帥の天皇制に対する好感と熱意が相当大きな働きをなしたと、私は思う。

……次に、極東委員会の関係も元帥の懸念するところであった。前述の如く天皇制の支持者たる元帥としては、極東委員会あたりで、この問題が論議され出した場合、ソ連や濠州側の意向を考えれば、如何なる結果になるやも測り難しとして、早きに及んで、どこからも文句のつけようのない改革案を出させて、既成事実をつくってしまいたいという考えから出たことと思われる。

現に前年暮には、モスクワの外相会議で、極東委員会の設置が決められ、その第一回の会合は、二月二十六日ワシントンで開かれているから、元帥の懸念もよく理解できるのである。天皇の地位とか、権能とかの問題について、彼我の見解が分かれた時、総司令部側が口癖のように言ったのは、自分達の言う通りにすることが、極東委員会あたりとの関係で、結局天皇のためになるのだということであった」


実は、こうした観点から「日本国憲法」の基本的原則である第九条を見ていくと、次に述べるように、第九条は、同じ基本的原則である天皇条項の第一条（「天皇は、日本国の象徴であり日本国民統合の象徴であって、この地位は、主権の存する日本国民の総意に基く」）と不可分の関係であることが分かってくるのである。

以前から、前出のボートン博士の所属している極東委員会では、天皇の処遇をめぐって頭を悩ましていた。ところが、この問題をさらに厄介にするような公文書がニュージーランドのウェリントンにあるアメリカ大使館から届くのであるが、その書簡には、「天皇が日本の侵略政策の責任の一端を担ったという調査結果が出たときは、天皇を戦犯として裁判にかけるべきだという内容」のニュージーランド政府の意向が伝えられていた。

このとき、ボートン博士は、

「もし連合国の他の国がニュージーランド政府の行動に同調したら、重大な結果をもたらし、日本国民の大多数を不必要に敵に回す事態になりかねない」

と非常に心配した。

こうした状況の中で、当時ペンタゴンに勤務していた極東小委員会のエドウィン・ライシャワー（吉本注：戦後、駐日アメリカ大使）は、ボートン博士からの要請を受けて、軍国主義の根源である天皇制を残置すると、再び日本が軍国主義化すると主張するニュージーランドと、他の連合国からの批判をかわすために、「ＳＷＮＣＣ二二八文書」の中に、

「天皇は、憲法第一章、第十一条、第十二条、第十三条および第十四条に規定されるがごとき軍事に関する一切の権能を剥奪される」

という規定を明記し、天皇制の処遇を修正するのである。

この規定によって、天皇の地位は残るものの、その代わり政治権力は与えられなくなったことで、マッカーサーは、「マ・ノート」の中に「天皇の義務および権能は、憲法に基づき行使され、憲法の定めるところにより、人民の基本的意思に対し責任を負う」と明記するのである。

では、マッカーサーは、なぜ「SWNCC二二八文書」の中に明記されていない「戦争放棄」と「戦力不保持」を「マ・ノート」の中に明記したのだろうか。

その理由は、「マ草案」の基本的原則として、天皇制を「国民主権」のもとでの「象徴天皇制」という形に残し、さらに「戦争放棄」と「戦力の不保持」を日本に誓わせ、例え日本に天皇制が残っても、日本に軍国主義が復活することはあり得ないとすることで、極東委員会からの批判を回避しようとすることにあったのである。

前出の芦田均は回想録で、

「占領軍司令部がわが憲法に戦争放棄の條項を押しつけたのは、米英ソ等の戦勝国が日本やドイツを丸腰にして、当分脚腰の立たない弱腰国にして置こうとの考慮から出たものであることは疑いのないところである」

と述べているが、元憲法調査会会長で東京大学法学部教授の高柳賢三（英米法）が、その論考で、

「九条は、日本を永久に弱体化するという政策ないし連合国の対日政策の現われだ、と一部の人によっていわれているのであるが、これは根拠のない憶測であるといえるのでないか」（「活殺自在の憲法第九条」『文藝春秋』文藝春秋社）

と述べているように、第九条の真相は決して、そのような単純なものではないのである。

先に述べたように、「日本国憲法」の第一条と第九条というのは、当時の極東委員会からの批判によって生まれた非常に国際政治的な色彩を帯びた条項であったし、また「日本国憲法」そのものが、憲法と言いながら、非常にアメリカの対日占領政策の影響を受けた産物でもあったと言ってもいいのである。

では、この第九条の発想は一体どこから来ているのだろうか。

次に、この問題を見ていこう。

第二節　第九条の発想はどこから来ているのか

第九条の発想は幣原首相なのか

ところで、この第九条の「戦争放棄」という考えは、幣原首相の発想によるものだとする見方があるが、その根拠になっているのは、次のような『マッカーサー回想記』（下巻、朝日新聞社）と幣原首相の回想録『外交五十年』（日本図書センター）の記述である。

『マッカーサー回想記』では、幣原首相が昭和二十一年一月二十四日の正午に、病気の治療のためにもらったペニシリンの礼を述べるために、マッカーサーの事務所を訪れると、

『首相はそこで、新憲法を書き上げる際にいわゆる「戦争放棄条項」を含め、その条項では同時に日本は軍事機構は一切もたないことをきめたい、と提案した。そうすれば、旧軍部がいつの日かふたたび権力をにぎるような手段を未然に打消すことになり、また日本にはふたたび戦争を起す意志は絶対にないことを世界に納得させるという、二重の目的が達っせられる、というのが幣原首相の説明だった。

首相はさらに、日本は貧しい国で軍備に金を注ぎ込むような余裕はもともとないのだから、日本に残されている資源は何によらずあげて経済再建に当てるべきだ、と付け加えた。

私は腰が抜けるほどおどろいた。長い年月の経験で、私は人を驚かせたり、異常に興奮させたりする事柄にはほとんど不感症になっていたが、この時ばかりは息もとまらんばかりだった。戦争を国際間の紛争解決には時代遅れの手段として廃止することは、私が長年熱情を傾けてきた夢だった。

……私がそういった趣旨を語ると、こんどは幣原氏がびっくりした。氏はよほどおどろいたらしく、私の事務所を出る時には感きわまるといった風情で、顔を涙でくしゃくしゃにしなが

ら、私の方を向いて「世界は私たちを非現実的な夢想家と笑いあざけるかも知れない。しかし、百年後には私たちは予言者と呼ばれますよ」といった』

となっているが、幣原首相の回想録では

「私は図らずも内閣組織を命ぜられ、総理の職に就いたとき、すぐに私の頭に浮かんだのは、あの電車の中の光景であった。これは何とかしてあの野に叫ぶ国民の意思を実現すべく努めなくちゃいかんと、堅く決心したのであった。それで憲法の中に、未来永ごうそのような戦争をしないようにし、政治のやり方を変えることにした。

つまり戦争を放棄し、軍備を全廃して、どこまでも民主主義に徹しなければならんということは、外の人は知らんが、私だけに関する限り、前に述べた信念からであった。……よくアメリカの人が日本へやって来て、こんどの新憲法というものは、日本人の意思に反して、総司令部の方から迫られたじゃありませんかと聞かれるのだが、それは私に関する限りそうじゃない。決して誰からも強いられたんじゃないのである」

となっているのである。

ここから一般には、この幣原・マッカーサー会談で第九条の発想が生まれ、その後の「マ・ノート」で具体化されたという説が定説になっているが、このときの会談には立会人がなく、また「トップ・レヴェルの政治的会談の内容について、首相は当時の彼の閣僚にひと言も語っていないし、マ元帥も当時はこれについて秘密を守っていた」と言われている。

『読売新聞』に掲載された外交記録

ところが、昭和五十一年五月三十一日付の『読売新聞』の第一面のトップに、外務省は同年五月三十一日に、同省が保存していた昭和二十年八月十五日から昭和二十七年四月二十八日までの十万八千百六ページにのぼる膨大な占領時代の外交記録を公開したことを報じる記事が掲載され、この『マッカーサー回想記』について、次のようなことを述べているのである。

『憲法第九条の「戦争放棄」の条項については、日米どちら側からの発議によるものか、いまだに明らかにされていないが、今回の公開記録の英文資料の中に「この考えは、最初に当時の幣原首相から最高司令官（マッカーサー元帥）に表明され、司令官は直ちに、それに心からの支持を与えた」という個所がある。

だがこの資料には標題も日付も筆者名もいっさい書いてないうえ、発議者が幣原氏だということ自体は、すでにマッカーサー元帥が、米議会での

戦後外交記録 初めて公開

終戦から講和まで10万ページ

「憲法」に米の圧力

〝主権在民〟日本は抵抗

占領下の世相断面も

「天皇・マ元帥会見」など非公開

『読売新聞』昭和 51 年 5 月 31 日付

証言などいろいろな機会に表明したことなので、これだけでは、第九条がGHQの発案だったとする見方を否定することはできない。

外務省は、この英文資料は、GHQがまとめた日本の占領政策についての報告書「Political Reorientation of JAPAN（日本の政治的再編成）」から写したものだとしている。しかし、一九四九年に刊行された同報告書の中には、こうした表現はまったくない。

これについて元内閣法制局憲法資料調査室長・大友一郎氏は「この報告書が発行された時、その内容を日本に紹介しようとジャパン・タイムズが掲載した。この時、GHQは、戦争放棄条項が幣原氏の発案であることを明記するよう条件をつけて許可したといういきさつがあった。外務省がその資料をどういうルートで入手したのか知りたい」と述べている』

総司令部はなぜ「マ・ノート」の掲載を許可したのか

著者は、本書の第七章の第一節で占領中の昭和二十五年十一月十一日から十三日までの『ニッポン・タイムズ』に、「日本国憲法」誕生の秘密が掲載されたことは既述した。

このときの『ニッポン・タイムズ』に、総司令部からの条件付きで「マ・ノート」を掲載した元ジャパン・タイムズ紙編集常務取締役の村田聖明（当時記者）は、その論考でこのマッカーサーの発言について、次のように述べている。

前出の大友室長が述べているように、では総司令部は、なぜ自分に対して「戦争放棄条項が幣原氏の発案である」という一文を挿入せよと言ったのか。

『ここから先は私の推量である。

マッカーサー元帥は朝鮮戦争勃発後、日本における無防備憲法を与えたことを後悔した。憲法公布後わずか四年たらずで、日本の近隣に戦争が起こることを予想できず、憲法に理想主義的な不戦無防備条項を入れてしまったとなっては自分の権威に傷がつく。しかしそのことが、「日本の政治的再編」に明記されていることは改めようがない。

ところが折悪しく、開戦後四カ月の朝鮮戦争たけなわな時に、日本の英字新聞がその部分を転載したいと言ってきた。今さら許可しないとは言えない。そこでせめて、「あの考えを最初に言い出したのは私ではなく、幣原であった」ということにしたい。

従ってジャパンタイムズには例の一文を入れさせた。憲法九条の責任を幣原首相に転換するこの一文は、この時以来、総司令部の、そしてマッカーサー元帥自身の公式姿勢を代表する。

……米国側資料によれば、戦争放棄と完全非武装の「理想」を最初にマッカーサーに語ったのは幣原首相であった（昭和二十一年一月二十四日の会談）。元帥はこれに感動し、会談直後にこのことをホイットニーに伝えている。これはホイットニー回顧録「マッカーサー・その歴史と遭遇」（英文、一九五六年）のみならず、マ元帥自身の「回想録」（日本語版、昭和三十九年にもある通りだ。同じ主旨を元帥は、昭和二十六年（一九五一年）離日帰国後の五月の米国上院の軍事・外交両委員会の合同聴聞会で繰り返している』

第九条幣原提案説は作り話である

村田常務が述べているように、確かにホイットニーの回想録にも、

「マッカーサーは、それがどんなことであったかを次のように説明した。幣原首相はペニシリンのお礼をいった後、今度、新憲法が起草される時には、戦争と軍事施設維持を永久に放棄する条項を含むよう提案した」

と記述されているが、この第九条幣原提案説は、あくまでマッカーサーの演説、回想録、書簡などから流布されたものであって、ホイットニーの証言以外には全く証拠は存在していないのである。例えば、前出のW・マクマホン・ボールは、

「マッカーサー大将は、彼の新著回想記中で、占領政策につきもっと均衡のとれた客観的記述をするだろうと私は考えたのだが、あべこべに私は失望させられた。

私は何故にマッカーサー大将が、長い年月のすぎた後に、一九四六年における日本に検閲制度が存在しなかったとか、あるいは又、新憲法草案が……中略……日本政府の著作であるとか、全く諒解《りょうかい》に苦しまざるを得ない。

近来これらの事件については多数の英語出版物が発表されていて、マッカーサーの記述の信じ難いことを暴露している」（三枝茂智訳、「昭和二一、二年の日本に就いての回想」）と述べ、マッカーサーの証言には、あまり信憑性がないと言っている。

当時、幣原内閣の外相だった吉田茂も、その著書で、第九条マッカーサー提案説を唱えているが、前出の芦田均にいたっては、次のようにマッカーサーの証言とは全く正反対なことを言っているのである。

『幣原首相は二月二十一日（昭和二十一年）マッカーサー元帥を司令部に訪ねて、前後三時間にわたり憲法草案について意見を交換した。その際の経緯は二十二日の午前の閣議で幣原さんから詳細な報告があった。以下その要領を私のメモから摘記する。

マッカーサーは例のごとく演説口調で語り始めた。「……司令部が基本形態というのは第一章（天皇）と戦争放棄の第二章である。前文に主権の国民にあることを明記したのは、従来の憲法が祖宗相うけて帝位に即かれるということから、進んで国民の信頼によって位にいられるという趣旨を明かにしたもので、かくすることが天皇の権威を高からしめるものと確信する。また軍に関する規定を削除したが、この際日本政府は国内の意向よりも外国の思惑を考えるべきであって、もし軍に関する条項を保存するならば、諸外国は何というだろうか。「又々日本は軍備の復讐を企てる」と考えるにきまっている。だから日本のためを思えば第二章に規定するごとく国策遂行のためにする戦争を放棄すると明記して、日本が道義的に指導権を握るべきだと思う」

　そこで幣原首相は言葉を挿んで、

「指導権《リーダー・シップ》といわれるが恐らくどの国もついて来ないだろう」というと、マッカーサーは「ついて来る国がなくても日本は失うところはない。これを支持しないのは、しないものが悪いのである。司令部案を承諾しなければ、日本は絶好のチャンスを失うであろう」

　この会談によって幣原首相は、草案の第一章（天皇）と第二章の戦争放棄とが司令部の最も重要視するところであって、その他の点については検討の余地あるものとの印象をうけた。そこで幣原さんは司令部案と松本案とは主義において大きな懸隔がないと思うし、松本案に討《（ママ）》する批判も傾聴すると述べて会見を終わった』（「新憲法の生まれるまで」『中央公論』昭和三十一年五月号所収）

　この芦田証言を補足する発言として、前出の楢橋渡も、

「幣原首相が第九条のイニシアティブをとったのではないと確信する。第九条は、マッカーサーが極東委員会に対する考慮から、日本が平和的になったことを強く出すことによって、日本に対する国際的な圧力を回避しようとした結果であると思う」（『日本国憲法制定の由来』

時事通信社）

と述べている。その他に、第九条幣原提案説を否定するものとして、前出のマーク・ゲインが、その著書で「幣原内閣が、新憲法起草のマックァーサー元帥命令をサボタージュしていたことは事実だ」と述べているように、幣原首相と松本委員会は、最初から憲法改正に乗り気ではなかったことは重要な証拠になると思う。

このように、憲法改正に乗り気ではない幣原首相が、わざわざ自分から出向いて行って『新憲法を書き上げる際にいわゆる「戦争放棄条項」を含め、その条項では同時に日本は軍事機構は一切もたないことをきめたい』とマッカーサーに対して提案したとは考えにくいだろう。

また幣原首相の長男で獨協大学教授の幣原道太郎も、その論考で〈憲法全文が連合軍総司令部民政局の作成した草案の焼き直しであることは明らかであるにもかかわらず、第九条だけは提案者と作成者とが区別され、幣原喜重郎が発案したとかマッカーサーの提案だけとかいわれている点も特異といえよう。

憲法問題が広く論議されることは、もとより望むところであるが、ただひとつ痛恨に耐えないのは、この第九条を発想したのは父、喜重郎だという説がまかり通っていることである。現行憲法が制定された当時の日本は連合軍の総司令部の支配下にあり、その苛酷な現実をもっとも思い知らされたのが、政治最高責任者の立場にいた父であった。遂に言いたいことも言えず、書きたいことも書けないまま、八十歳の生涯を閉じた父のいきさつも知らずに第九条を金科玉条の如く考える風潮と、〝第九条幣原提案説〟だけはどうしても看過できない。

……父は遺著『外交五十年』の中で、「憲法に永久的戦争放棄、軍備全廃を書き入れることを決意したのは飽くまで自己の信念から出たことで、日本人の意志に反し、総司令部側から強いられたのではない」（「軍備全廃の決意」の項）

と述べているが、これは本心から言ったことではない。……それどころか、父は昭和二十四年末の記者会見で、マッカーサーが第九条の作者は自分だと（公にではないが）いい触らしているので当惑していると語っているし、翌年四月には民政局統治課長のハッシー中佐に苦情を漏らしている」と述べ、第九条幣原提案説を否定している。

また前出のワイルズ博士も、「幣原首相は、（総司令部案の）戦争放棄の条項を見て驚いた……このような趣旨のことを自分はマッカーサー元帥に話しはしたが、このような規定を憲法に入れるとまではいわなかった」と述べている。

マッカーサーが言っているように、もし幣原首相が一月二十四日に、マッカーサーを訪れて「戦争放棄」と「戦力の不保持」を言ったとするならば、なぜ松本委員会は二月八日に、それとは、全く逆の内容（「第五条　天皇は軍を統帥するものとすること」「第六条　軍の編制及常備兵額はこれを以て之を定むるとすること」）を書いた「憲法改正要綱」（松本試案）を提出したのであろうか。

幣原教授が「父は戦争放棄論者であったが、決して戦力放棄論者ではない」と述べているように、この要綱からも幣原首相は、戦力の保持を否定していないことは明らかであろう。

では、一体これはどう考えたらよいのだろうか。

考えられることは一月二十四日に、国際法に通じていた元外交官の幣原首相がペニシリンのお礼を述べるためにマッカーサーを訪ねたとき、今後、世界が目指す目標として昭和三（一九二八）年の「戦争放棄に関する条約」（以下、「パリ不戦条約」と略称）を例に出して話したところ、マッカーサーがそのことに同意したということである。

このときの経緯については、幣原首相の親友である大平駒槌枢密顧問が聞いており、後に三女のミチ子（後に羽室《はむろ》姓となる）に、その内容を口述筆記させている。

この三女が書いた「羽室メモ」では、

「幣原は……世界中が戦力をもたないという理想論を始め、戦争を世界中がしなくなるようになるには、戦争を放棄するという以外にはないと考えると話したところが、マッカーサーは急に立ち上がって両手で手を握り、涙を目にいっぱいためて、その通りだといいだしたので、幣原は一寸びっくりした」

ということになっているが、ここで注意しなければならないのは、幣原首相は、あくまで世界中が同時に侵略を目的とする「戦力と戦争を放棄すべきだといっているのであって、第九条にある如く、日本が一方的かつ片務的に放棄するとはいっていない」ことである。

しかし、幣原首相がマッカーサーに話したことはあくまでも理想論であって、それを憲法に入れる意図は最初からなかったことは、先の「憲法改正要綱」を見れば明らかであろう。

大体、日本は、「パリ不戦条約」を批准しているわけだし、マッカーサーが回想録で述べているように、大東亜戦争自体がアメリカの経済制裁によって起こったものなのだから、何も悪くもない日本だけが新憲法の中に、わざわざ侵略戦争を否定した「戦争放棄」や「戦力の不保持」の原則を入れて、反省の意を表す必要など、どこにもないはずである。

そもそも、外交というのは軍事力を背景に行うものなのだから、もし日本に自衛のための戦力がなくなれば、外交交渉に支障をきたすことになる。そんな初歩的な誤りを外交官だった幣原首相が発言するはずがないであろう。

マッカーサーはなぜ第九条幣原提案説を捏造したのか

先に述べたように極東委員会では、ソ連、中国、オーストラリア、ニュージーランドなどの連合国はもちろん、アメリカでも天皇制の廃止論が唱えられており、マッカーサーにも天皇を東京裁判に戦犯として付すべしという要請が他の連合国から提出されていた。

マッカーサーは、マニラ時代から天皇制は日本の文化的、政治的存続と発展の上でも、また占領政策の任務を遂行する上でも、不可欠な存在であると考えていたし、また進駐後の天皇との初会見でも、天皇個人に対して好感を抱いていたことは知られている。

しかし、日本のために天皇制を残すには、他の連合国の日本の軍事的復活に対する警戒感と恐怖心を取り除く必要があった。当時の連合国では、天皇制こそが日本軍国主義の根源であると思われていたからである。

天皇制を残すためには、新憲法の中に強い平和主義的な条文を入れる必要がある。そこでマッカーサーは、「マ草案」を作るにあたって、一月二十四日に幣原首相の発言した「戦争放棄」と「戦力の不保持」をヒントにして「マ・ノート」の第二項を作成し、日本の軍国主義の復活に対する連合諸国の警戒感と恐怖心を取り除こうとしたのである。

この考えに近いのが、次の、幣原首相の秘書だった岸倉松の「幣原・マッカーサー意気投合説」で、この趣旨の発言は吉田茂や佐藤達夫にもみられるという。

「幣原首相は第九条の条項にはなんら関係していないのであり、同条項を憲法の草案にそう入するということは幣原首相の関知せざるところであったことは明瞭である。しかし、幣原首相の戦争放棄の悲願はマッカーサー元帥を深く感動させ、それが契機となって第九条が総司令部

案に規定されることになったと確信する」（西修『日本国憲法成立過程の研究』成文堂）

第九条幣原提案説の高柳教授は、その論考で

「九条が、米国政府の政策としてワシントンで決められたのではなく、東京で決められたことはたしかだが、発案者がマ元帥であるか幣原首相であるかについては議論がある。しかし種々の点を考え合わせてみて、私は、幣原首相が提案したとみるのが正しいと思っている。……幣原が会見を求めた主な目的は、新憲法についての要請をマ元帥に伝えることにあった。首相は戦争放棄・非武装の原則を新憲法に入れることを提案した（傍線吉本）」（前掲論文）

と述べているが、これが誤りであることは、これまでの議論や、次の昭和二十九年九月の日本自由党憲法調査会における松本烝治元国務相の発言からも明らかであろう。

「マッカーサーが、幣原さん自身が軍隊を廃することに大変熱心であったことを言ったと伝えておりますが、これは非常に間違いだと思います。

私の改正案にはもちろん軍というものはあった。それについて特に説明書を出したのですが、その説明書は幣原さんその他閣僚みんなの御賛成で出したものなのです。

少なくともこれを出したときにおいては、陸海軍を廃止するとか何とかいう考えが幣原さんになかったことは、疑いのないところであります」（西修、前掲書）

ケーディスはなぜ自衛権と自衛戦争の放棄を削除したのか

ところで、「マ・ノート」の第二項には、「日本は自己の安全を維持するための戦争をも放棄する」「日本はその防衛と保護を、今や世界を動かしつつある崇高な理想に委ねる」いう文言があったことは既述した。この中には、「自衛のための戦争をも放棄し、また日本の防衛についても武力は使わないという」徹底した平和主義の思想が貫かれているのであるが、この部分に対して強い不満を抱いたのが、民政局のケーディスであった。

ケーディスは、「マ草案」の第八条を作成するときに、一般人の常識から考えて自衛権と自衛戦争の放棄は非現実的だと考えて、この二つのパラグラフを削除したのであるが、後の第九十回帝国議会（衆議院）のときに芦田小委員長から受けた提案（いわゆる「芦田修正」）を承認したことは既述した通りである。

これによって、自衛のためなら戦力が持てるという解釈が生まれてきたのであるが、「この背景を知らない多くの人はマ元帥は後になって九条の解釈を変更したと考えたのである」

後に、憲法調査会会長に就任した高柳教授は、アメリカ在住のマッカーサーから送られてきた書簡（昭和三十三年十二月十五日付）について、次のように述べている。

「マ元帥は私にあてた手紙の中で、外国からの侵略をうける危険に対して日本は戦力をふくむあらゆる措置をとりうるのであって、九条は何らそれを妨げるものではない、と制定当時から解釈していたといっているが、このマ元帥の言葉は以上の事実に照らしてみてもその儘《まま》受けとってよいと思う」（前掲論文）

ところが、長い間、この幣原首相との会談内容について沈黙していたマッカーサーは、幣原首相が他界した昭和二十六年三月を境に、第九条幣原提案説の証言回数を次第に増やし、内容も次のようにエスカレートさせていくのである。

例えば、マッカーサーが初めて沈黙を破ったのは昭和二十六年五月五日に行われた米上院軍事外交合同委員会の聴聞会でのことであったが、そこでは高柳教授に宛てた書簡と同様に「戦争放棄」を新憲法に盛り込むように提言したのは幣原首相だったとし、戦力については何も述べてはいないのである。

ところが、昭和三十年のホイットニーの回想録と昭和三十九年の『マッカーサー回想記』を読むと、会談の際に「戦争放棄」と「戦力の不保持」を提言したのは幣原首相だったと述べているのである。ここに、マッカーサーが事実を歪曲しようとする意図が見られるのであるが、では、その意図は一体どこにあるのであろうか。

それは、次に述べる米ソ冷戦体制の始まりと大きく関係しているのである。

第三節　対日占領政策の転換と日本再軍備の構想

総司令部はなぜ対日占領政策を転換したのか

これまでのアメリカの対日占領政策（日本改造）に対して、大きな転換を迫るような出来事があったとすれば、それは何といっても、米ソ冷戦を基調とする国際情勢の急激な変化であったと言えるだろう。

米ソ冷戦体制が開始されたのは、昭和二十二年三月のトルーマン・ドクトリン（第二次大戦後に、アメリカのとった共産主義封じ込め政策）の時点とされているが、この影響を受けて米国務省は翌年十一月に、「国家安全保障会議（NSC）でNSC‐13と呼ばれる重要な政策を決定した。それは従来の対日政策を全面的に転換し、日本を西側陣営の有力な一翼として復興させようとするもので」、そこには日本再軍備の構想が含まれていたのである。

これによって総司令部も、従来の対日占領政策（日本を武装解除し、政治・経済・社会構造を根本から改造する政策）から、「日本を極東における対ソ勢力とするために、経済復興を優先し、最低限の再武装化をはかろうとする」占領政策に転換を迫られるのである。

この背景には、昭和二十四年一月一日の年頭に、「いまや日本復興計画の重点が政治から経済に移行した」（『朝日新聞』昭和二十四年一月一日付）という日本国民に向けたマッカーサーのメッセージの中にも現われているように、対日占領政策の目的である日本改造が昭和二十三年までに完成していたことと、長い間、対日援助費を負担してきたアメリカの納税者の間から日本の経済的自立を望む声が高まってきたことがある。

マッカーサーの責任逃れ

当初、米国防省は、日本の国内治安を維持するために十五万人の警察軍を新たに創設することを考えていたが、マッカーサーが実施しなかったために警察軍の創設は実現することはなかったのであるが、冷戦体制が始まったこともあって、マッカーサーは昭和二十五年の年頭の辞で、次のようなメッセージを日本国民に送るのである。

「現在一部の皮肉屋たちは日本が憲法によって戦争と武力による安全保障の考え方を放棄したことを単なる夢想にすぎないとあざけっているが、諸君はこうした連中の言葉をあまり気にしてはいけない。

この憲法の規定は日本人みずから考え出したものであり、最も高い道義的理想にもとづいているばかりでなく、これほど根本的に健全で実行可能な憲法の規定はいまだかつてどこの国にもなかったものである。

この憲法の規定はたとえどのような理屈をならべようとも、相手側から仕掛けてきた攻撃にたいする自己防衛の冒しがたい権利を全然否定したものとは絶対に解釈できない」（『朝日新聞』昭和二十五年一月一日付）

憲法の線で進め
自衛権を否定せず
正月政局

『朝日新聞』昭和 25 年 1 月 1 日付

このメッセージは、第九条制定の責任から逃れるために書いたものであるが、また朝鮮半島でいずれ紛争が起こることを予想して書いたような言い回しでもあることから、きっと統合参謀本部や情報機関などから朝鮮半島の情勢を分析した報告が入っていたのであろう。現に、半年後の六月二十五日に朝鮮戦争が起こっており、それによって日本の再軍備が必要になってきた。

そこで、マッカーサーは七月八日に、吉田首相に対して、七万五千人からなるナショナル・ポリス・リザーブの設置を許可する書簡を送って、八月十日には警察予備隊を創設させるのである。これが日本再軍備の始まりであるが、これは自ら制定した第九条の「戦争の放棄」と「戦力不保持」を破ることを意味する。そこで、思いつくのが例の幣原首相の発言である。

幣原首相の発言をうまく利用して、第九条制定の責任を幣原首相に押しつければ、その責任から逃れることができるからである。これが、昭和二十五年十一月十一日付の『ニッポン・タイムズ』に載った「マ・ノート」の第二項の後に付けた「但し書き」の真相であり、昭和二十五年一月一日の年頭の辞の意図なのである。

恐らく、英語の『ニッポン・タイムズ』にだけ「但し書き」を載せて、日本語の出版物には載せなかったのは、アメリカ政府からの批判を逃れる意図があったからに違いない。昭和二十六年以降のマッカーサー証言も、同じような意図から来ていると考えられるのである。

ところで、「日本国憲法」が制定されて以来、日本では何度も憲法改正が議論されてきた。では、この憲法を改正しなければならない理由は、どこにあるのであろうか。

次に、この問題を見ていこう。

第十章　「日本国憲法」はなぜ改正しなければならないのか

第一節　「ポツダム宣言」は憲法改正を要求していたのか

「ポツダム宣言」は憲法改正を要求していない

著者は、第三章の第一節で幣原内閣が松本委員会を設置したとき、「憲法改正」に消極的だった理由として、

第一に、「憲法の規定そのものを改正しなくとも、法律の改正とか、実際の憲法の解釈や運用などによってポツダム宣言の要求する日本の民主主義化は十分達成できる、だから憲法改正の必要はない」

第二に、「ポツダム宣言では、この問題は日本人の自由意思にもとづいて決定すべきものとしているから、アメリカといえどもこれに命令し強制することはできない」

第三に、「敗戦直後の異常な社会的混乱、しかも占領下というような状況下で憲法の改正と

いうような長期的な問題を扱うべきでない。もっと事態が落ち着いてから、また占領が終わってからやるべきだ、急ぐ必要はない」

という考え方があったことを既述した。では、アメリカ側は憲法改正について、どのように考えていたのだろうか。

前出の竹前名誉教授は、総司令部は日本政府に対して「帝国憲法」の改正を強制する権限や法的正当性があったかどうかについて、ケーディスから次のような回答を得ている。

「その国際法上の正当性とか法的権限について、当時、私を含めて民政局（ＧＳ）の誰も検討しませんでした。その後も、そのようなことは考えてもみませんでした。私たちはポツダム宣言が日本政府に平和的にして責任ある政府の樹立を要求し、日本政府はそれを受諾したのだから、当然そのような法的権限がそこから出てくると考えたのです。

というのは、明治憲法下では日本政府は国民に責任を持っておらず、天皇が憲法を制定し、実施もする、そして国民に責任を持っていたのです。天皇は統治権を総攬し、その地位は神聖不可侵だったからです。私たちもワシントン政府も、また後には極東委員会（ＦＥＣ）も、対日政策に関しては、このポツダム宣言の解釈から天皇を連合軍最高司令官（ＳＣＡＰ）の権限の下に置くということが当然と考えていたのです。

しかも私たちは連合国の日本占領が契約に基づくものであるとは考えてはいませんでした。

私たちの概念では、日本がポツダム宣言を受諾したということは、天皇の地位の保持条件を除けば、日本が無条件降伏したことを意味したのです」（「米占領政策の意図」『中央公論』）

これに対して、前出の佐伯教授は、その著書で

『日本国憲法の制定過程を考える場合、はたして日本が降伏条件として受け入れたポツダム宣言が、大日本帝国憲法の改正を要求していたか否か、この点極めて重要な問題であり、今日まで多くの論争の種となってきた。

しかし、たとえポツダム宣言が帝国憲法の改正を要求していたとしても、同宣言第一二項が、「日本国国民の自由に表明せる意思に従い」といい、ポツダム宣言受諾に対する連合国からの回答（バーンズ回答）にも、「日本国国民の自由に表明する意思に依り決定せらるべきものとす」と言明していることから、日本国の憲法は飽くまでも、日本国国民の自由に表明した意思に基づいて、制定されるべきものとされていたのである』

と述べ、憲法改正行為は、日本国民の自由意思を無視したアメリカ側の越権行為だとしているが、もっと言えば、「ポツダム宣言」の第十項に

「日本国政府は日本国国民の間に於ける民主主義的傾向の復活強化に対する一切の障礙を除去すべし。言論、宗教及思想の自由並に基本的人権の尊重は確立せらるべし」

という条項があるということは、「帝国憲法」の下でも民主主義の傾向があり、これを復活強化するにあたっての「一切の障害」を「除去」することが求められているだけで、憲法改正まで求めているわけではないと言っていいだろう。だからこそ、日本政府も、あえて憲法改正を政治日程に上げなかったわけである。

これに対して、ケーディスは、竹前名誉教授に

「私たちが日本にいた時はそのようなことは検討しませんでした。当時ワシントン政府でそのような検討をしたかもしれませんが、私は知りません。そんなことは考えてもみなかったのです。というのはJCS（吉本注：統合参謀本部）指令には憲法改正がありましたし、SWNC C‐二二八も送られてきていたのですから、極東委員会でさえも、明治憲法は改正されるべきだと考えていたのです。ですから憲法改正要求の正当性などは考える必要もなかったのです。あなたはGSのA・ハッシー海軍中佐やM・ラウエル陸軍中佐、それに私の書いた法的メモをご覧になったことがあるでしょう。でもその中にはそのような法的正当性を検討したメモなどはなかったと思います」

と述べ、あくまで占領軍による憲法改正の正当性を主張しているが、これは詭弁であって、元々、占領軍には憲法を含めて他国の法律を変更する権限はないのである。

憲法改正は「ハーグ陸戦法規」第四十三条の違反である

護憲派には、「ポツダム宣言の全文を総合的に考えれば、この宣言が直接日本の国家機構と人権のあり方、すなわち日本の憲法のあり方を見直すことを決定づける重要な文書であった」と理解する者が多いが、本来、占領軍には、占領地の法律の順守を定めた「ハーグ陸戦法規」第四十三条（「占領者は絶対的な支障がないかぎり、占領地の現行法律を尊重して、なるべく公共の秩序および生活を回復、確保するため、施せるいっさいの手段を尽くさなければならない」）に従って占領を行う義務があるのである。

この「ハーグ陸戦法規」第四十三条とは、自爆テロや暴動のような無秩序な状態が起こって絶対的な支障が出てきた場合以外は、占領軍は、占領地の法律を変更してはならないという意味である。したがって自爆テロや暴動のような絶対的な支障を除いては、占領地の法律はおろか国家の基本法である憲法を勝手に変更することは絶対に許されないことなのである。

マッカーサーの通訳副官だったボワーズが『八千万の国民が、我々が何を言っても「イエス」という訳ですよ』と述べているように、占領当時、占領軍に対して自爆テロや暴動のような絶対的な支障が起こらなかったことは自明の理であろう。

それにもかかわらず、占領軍がやったことは憲政史研究家の倉山満が、その著書『間違いだらけの憲法改正論議』（イースト・プレス）で、

「これはハーグ陸戦法規に書かれてあるから守らなくてはならないとか、そういう次元の話ではありません。慣習国際法として確立してきたので、確認として明文化しただけのものです。これを破るということは、まともな文明国ではないということになります」

と述べているように、非文明的な行為だと言っていいのである。ケーディスは、

「私たちが日本にいた時はそのようなことは検討しませんでした。当時ワシントン政府でそのような検討をしたかもしれませんが、私は知りません。そんなことは考えてもみなかったのです」

と述べ、民政局には上層部が決めた決定を忠実に実行することが一番の責務であり、憲法改正が「ポツダム宣言」や「ハーグ陸戦法規」に抵触するかどうかを検討する権限はないとしているが、本書でも述べたように昭和二十一年二月五日の民政局の会議で、ケーディスが「マ草案」を作成するにあたって、あたかも「帝国憲法」から改正されたように見せるために、できるだけ日本語の表現を用いるように言うと、スウォープとヘイズは、「それは、当然だ。占領軍が被占領国の国内法を変えることは、国際法にもとることになるし……」と述べていることから、現場では「ハーグ陸戦法規」第四十三条の規定を意識しながら「マ草案」を作成していたことは明らかである。

要するに、民政局が憲法改正で一番苦労したのは、ポツダム宣言の第十二項の通りに、いかに日本国民の自由意思に従って「日本国憲法」を「帝国憲法」から改正したかのように見せる

かという点と、「この憲法改正を極東委員会の意見を聞かずにD・マッカーサー元帥が承認を与えることができるか、という点」にあったのである。

このことは、「帝国憲法」と「日本国憲法」の章構成を比較して見れば分かるように、これらの章構成が類似していることからも明らかである。

言い換えれば、「日本国憲法」の章構成は、直接に「帝国憲法」から改正されたものであるように見せるために作ったものであるということである。

先に述べたように、護憲派には「ポツダム宣言」の条項は、憲法改正の意味を含んでいると理解する者が多いが、ボワーズは、これに対して、

「ポツダム宣言を読みますとね、これは占領の基本になるものなんですけれども、そこには日本の社会を再構築しなおすというような事はどこにも書かれていない。我々が、最も遠く離れた村まで行って、その学校制度や社会関係等々のものを変革するなんぞという事は、何も書かれていない。

従来、日本の軍国主義者達に抑圧されておった自由で自然な社会勢力、それが表われてくるまで、それまでの期間占領軍は日本に留まる、日本国の形態は日本人の好きなように決めさせる、そういう事なんですね」

と述べ、「ポツダム宣言」には憲法改正を通じて、社会機構を変革することは何も書かれて

いないと述べている。

それにもかかわらず、占領軍は、「ポツダム宣言」の第十二項を尊重するどころか、反対に昭和二十一年二月十三日に、日本政府が提出した「松本試案」を拒否する際に、「天皇の身体を保障することができない」とか、マッカーサー自らが「マ草案」を国民の前に提示するとか、「この新しい憲法の諸規定が受け容れられるならば、実際問題としては、天皇は安泰になる」というような脅迫まがいの発言を行っていることは、吉田外相、松本国務相およびラウエルの回想により、今日周知の事実なのである。

憲法改正は「ポツダム宣言」第十二項の違反である

前出の佐伯教授は、憲法改正は日本国民の自由意思を無視した越権行為であると述べているが、その根拠は昭和二十一年三月六日に、日本政府の発表した「憲法改正草案要綱」(三月六日案)が、佐藤部長の折衝によって若干修正されていたとしても、『憲法全体の大勢にほとんど影響を及ぼしえぬ、そのような部分のみをわずかに修正「してもらったり」、「してもらう」ことしか許されなかった』、明らかに日本国民の自由意思を無視した「マ草案」の焼き直しに過ぎなかったという点にあるだろう。

これが強制でなかったら、何というのであろうか。だからこそ、前出のマーク・ゲインは次のように言うのであるが、是非、護憲派の人々に聞かせてやりたいものである。
「悪いのは――根本的に悪いのは――この憲法が日本の国民大衆の中から自然に発生したものではないということだ。それは日本政府につかませた外国製憲法で、そのうえ高等学校の生徒さえちょっと読んだだけで外国製だということに感づくのに、国産品だと称して国民に提供されたのだ」

以上のように、占領軍には、「ポツダム宣言」によって日本に対して「自衛戦争」の放棄はおろか、憲法改正まで強制する権利はなかったことが分かるだろう。
ところで、マッカーサーは回想録で
『新改正憲法が歴史上最も自由主義的な憲法であることは、疑問の余地はない。その内容には数多くの国の憲法のよい点が取入れられ、天皇は絶対君主から「国と国民統合の象徴である」立憲制君主となった。……新憲法は日本国民にかつてなかった自由と特権をもたらしたものであり、おそらく占領軍が残した最も重要な成果だろう。
……一方、日本の労働者は占領軍によってはじめて団体交渉の権利を与えられた。これは私が手をつけた最初の改革の一つだが、日本中の労働者がたちどころにこの新しい権利を活用し、一九四七年までに労働組合は一万七千、組合員総数は四百万以上に達した』

と述べ、この憲法の中に象徴天皇制、三権分立、米国の行政制度、英国の議会制度、労働三権（団結権・団体交渉権・ストライキ権）など、主に西欧の政治思想や制度が採用されていることを強調しているが、では、この憲法に秘められた政治思想とは、一体どのようなものであり、どのような人たちによって書かれたのだろうか。

次節では、この「日本国憲法」に秘められている政治思想と、それを「日本国憲法」に採用した人たちに焦点を当てて見ていこう。

第二節 「マッカーサー草案」を作成したニュー・ディーラーたち

占領国の日本で理念を実現しようとしたニュー・ディーラーたち

先に述べたように、アメリカ政府は昭和十九年十二月に、戦後の対日占領政策について国務・陸軍・海軍三省との間で意見調整を図るためにSWNCCを設置したが、それとは別に、戦後の日本を統治するための軍政将校を養成する目的で語学と地域を研究させるための民事訓練学校（CATS）を設立した。

訓練生は、この学校を卒業すると、さらにカリフォルニア州のモントレーにある民事問題訓練所（CASA）に行って訓練を受け、日本の降伏後は、ただちに日本に飛んでしかるべき地位につき、占領政策を指導する任務につくことになっていた。

一方、マッカーサーは昭和二十年十月二日に、日本で占領政策を遂行するため東京の第一生命ビルに総司令部を置くと、民政局（GS）、経済科学局（ESS）、天然資源局（NRS）など九つの部局を設置したが、その局長たちの大半は、マッカーサーの部下として太平洋方面で戦ってきた者たちばかりで占められていたため、軍政に関しては、ずぶの素人ばかりであった。

このように、各部局の局長が軍政経験のない軍人たちである以上、その下で働く局員は軍政の知識と経験を持った専門家でなくてはならなくなるが、CASAで訓練を受けていた日本占領軍事要員一千名の大半は、日本ではなく韓国に送られたのである。

マッカーサーがいくら絶対的な支配者であっても、日本を改造するには軍政の知識と経験を持った者がどうしても必要になる。そこでマッカーサーは、米陸軍省民政部に対して軍政の幹部要員と一般スタッフを送るように要請するが、その条件は欧州戦線を経験したことのある大佐以上の幹部で、連邦政府でも働いた経験のある者だった。

そこで選ばれてやって来たのが、ケーディスであった。彼は、戦前ルーズベルト政権時代に連邦公共事業と財務省の副法律顧問として働いた弁護士で、学生時代からルーズベルトのニュー・ディール政策に影響を受けたニュー・ディーラーだったのである。

「新規巻き直し策」といわれるニュー・ディール政策とは、昭和四（一九二九）年に発生した世界大恐慌の最中に大統領に就任した民主党のルーズベルトが打ち出した政策のことで、積極的な財政支出を通じて「ドルをまき散らし、国家が補助すると称して、徐々に産業を国家権力の下に集中せしめ、千二百万人にものぼる失業者を放置しておきながら、ただ救済費と称して一人当たり平均月額百ドル程度を支出」した。

「この支給に対しては、実は貯蓄を許さぬことになっていて、その月間中に使うことを条件とし、一見購買力の増加を狙ったものであるが、肝心の生産調整は行わなかったのである。このようなばら蒔き政策で経済恐慌に対処しようとしたのは、本質的な政策ではなく選挙のための欺瞞作戦であったとみられている。こうしてルーズベルト政府の命ずるままに投票でも動員でも思うように動かしていくことになるのである」

ルーズベルトは、不要不急の公共事業に無理な赤字財政をもって行ったが、結局、この社会主義的な政策によって「過去三十一人の前任大統領の作った赤字と同額の天文学的数字の赤字を作った」ことで、従来の自由放任主義の立場に立つ政治家から激しく批判を浴びた。この穴埋めとして考えついたのが、軍拡による景気回復であった。言うなれば、ルーズベルトは、日米開戦を画策することで不況の打開を図ったのである。

こうした社会状況の中で、日米開戦後は、歩兵将校として欧州戦線にも従軍し、終戦時は陸軍省民政部に中佐として勤務していたケーディスは、マッカーサーからの要請によって日本に赴任することになるのであるが、ルーズベルトが昭和二十年五月に病死し、副大統領のトルーマンが大統領に就任すると、このニュー・ディール政策も一連の失敗から頓挫した。

占領史研究家の法政大学教授袖井林二郎が、その著書で

「ケーディス大佐の例に見られるように、日本占領行政の要所を占めた専門家たちは、ニュー・ディーラーとして選ばれたのではなく、当時の行政の専門家は多かれ少なかれニュー・ディーラーだったということになる。……アメリカではもはや実現できなくなったニュー・ディールの理念を日本で実現しようと考えて、積極的に占領行政に参加した人々は少なくなかったはずである」

と述べているように、「マッカーサー自身がニュー・ディールにきわめて批判的だった」にもかかわらず、彼らにニュー・ディールの理念を占領国の日本で実現させる機会を与えてしまったことは、皮肉以外の何ものでもないだろう。

昭和二十一年三月から翌年九月まで民政局に勤務したニュー・ディーラーのエレノア・M・ハドレーは、その著書で

「占領政策は確かにニュー・ディール構想に沿った部分がたくさんあった。占領を熱心に支援する者も、実際に参加した者も、またアメリカ国内のもっとも辛辣な批判者も、占領は政治的にはニュー・ディールである、という基本的な考えが土台にあった」

と述べ、また経済科学局労働課長のセオドア・コーエンも、その著書で『一九四五年九月十八日、マッカーサー元帥は日本占領をいかに実施すべきかを命じた米国政府の指令書の前半を受け取った。十月二十二日には後半も受け取っている。前後を合わせたものが「日本占領支配に関する連合国最高司令官への降伏後における初期の基本的指令」である。これが統合参謀本部指令（ＪＣＳ）１３８０／15と通し番号で呼ばれた文書だ。以後、誰もこの文書から逃れることはできなかった。

……ＪＣＳ１３８０／15は日本社会を再び変身させよう、それも恒久平和への変身を軍事占領中に達成しようとする米国のマスタープランだった。

この指令は書式と用語こそ軍隊式であったが、精神とエッセンスにおいてはフランクリン・Ｄ・ルーズベルトのニューディール時代の産物だったからである。マッカーサー元帥に率いられた総司令部もついぞそのようなものだったとは認識しなかった。長年、米国の政治的潮流から遠ざかっていた日本国民にとっては、なおさらそのようなことは想像もできなかった。それにもかかわらず、日本国民は敗戦日本に対する戦勝国の強力きわまるイデオロギーの衝撃を避けることはできなかった。背を向けようが、逃避を求めようが、いかなる日本人も新しい宿命から逃れることはできなかったのだ』

と述べている。ところが、このニュー・ディールの理念を日本で実現するために乗り込んできたニュー・ディーラーたちには、前出のベアテ・シロタが述べているようにCASAで訓練を受けた日本占領軍事要員のような日本についての専門的知識は何もなかったのである。そこで彼らが参考にしたのが、アメリカの評論家アンドリュー・ロスの書いた『日本のジレンマ』という本だった。

戦時中、米海軍情報部に勤務していたロスは、この中で「天皇を戦犯として裁判にかけ、戦前の経済基盤を徹底的に解体し（財閥解体）、地主を放逐し（農地解放）、日本の政府組織とその人事を根本的に改革し、日本の指導を誤った官僚主義と古い徒党のすべてを排除（公職追放）することこそが、日本を民主化する唯一の道である」と説き、また戦時中、日本の軍部に弾圧されていた反軍国主義者や共産主義者の釈放を求めようと扇動した。

彼の影響を受けたのは、ニュー・ディーラーたちだけではなかった。例えば、占領初期に参謀第二部傘下の対敵諜報部（CIC）のキャップだったエリオット・ソープ准将も、彼の影響を受けた総司令部幹部の一人で、特高を解散させて戦時中に獄中にいた共産党創立者の徳田球一と志賀義雄などの政治犯全員を釈放した上に、延安から帰った野坂参三をまるで凱旋将軍のように迎えたのである。

民政局（GS）と参謀第二部（G2）との対立

ソープ准将の派手なスタンド・プレーに対して、いまいましさを感じていた反共主義者の参謀第二部長ウイロビー少将は、その著書で

「私はマッカーサーに強く進言し、彼をCIC隊長職から解き、本国へ帰してしまったが、彼の言動は、すでにGHQ占領政策に影響をおよぼしてしまっていたのは残念である。……ソープは私に忠実たらんとするよりも、ホイットニーにご機嫌ばかり取り、あげくの果てに、ホイットニーにG2内部の事情をいちいちつげ口していたふしさえあるのである。ソープは、その後、あの有名な共産主義者オーエン・ラチモアを弁護したりしている。ソープの追放はもっと早い時期に行われるべきであった」

と述べ、ソープを批判しているが、一方では、次のようにニュー・ディーラーを集めて左翼的な民主化を進めていく容共的なホイットニーも、批判しているのである。

「彼自身はニューディーラ（ルーズベルト大統領のニューディール政策の支持者で〝赤〟とはいえないまでも〝ピンク〟がかった連中）でなくとも、ニューディールの流れを汲む、かなり急進的なリベラリストたちとけっこうウマが合っていて、GSのスタッフには軍人よりも民間人を多く起用していた」

後に、ウイロビーは、これらのニュー・ディーラーとその指揮官である総司令部幹部と対立して、総司令部からニュー・ディーラーたちを追放していくことになる。

では、ウイロビーから「ニュー・ディーラーの巣」とまで言われた民政局には、ケーディスの他に、どのようなニュー・ディーラーたちがいたのだろうか。

民政局に巣くったニュー・ディーラーたち

日本占領が始まってからの約三年間、マッカーサーは、民政局の報告と政策に対して、かなり忠実にことを進めていたが、ウイロビーにはCICなどの報告から、ホイットニーの部下であるニュー・ディーラーたちの行動には納得できない面があった。

治安と諜報面を担当する参謀第二部（G2）としては、彼らの行動を看過するわけにはいかなかったので、民政局のニュー・ディーラーと呼ばれる民政局員の調査を開始し、その調査報告書をマッカーサーと参謀長のリチャード・K・サザーランド中将に提出した。

ウイロビーは、その著書で、まず民政局の中で前出のエレノア・M・ハドレーの名を上げ、「彼女の過去および現在の交友関係は、彼女が左翼的傾向の人間ではないかとの疑いを抱かせるに十分である」として、彼女の交友について次のように述べている。

「ハードレーは、デービット・ローレンスの『ワールド・レポート』東京特派員・ジョセフ・

フロムと交際があり、またゴードン・ウォーカー、マーク・ゲイン、デビッド・コンデら名だたる共産主義シンパを一味とする、東京プレス・クラブの〝左翼分子〟とつき合っている。……ハードレーは、非常にリベラルな、政治的かつ経済的立場をとっていることで知られている。一九四五年一月から翌年三月にかけて、国務省に勤務していたころ、彼女の仕事は主として財閥問題にかかわっていた。この期間中、彼女は強力に財閥の排除を主張したことで知られていた」

また彼女の経歴を見ると、昭和十三（一九三八）年に、カリフォルニア大学で文学士号を取得すると、一年間、前出のハーバート・ノーマンのいた左翼団体の「太平洋問題調査会」（IPR）の日本評議会で出版物の編集をしていることが分かる。

次に、ウイロビーから槍玉に上げられたのが、前出のトーマス・A・ビッソンである。参謀本部第二部のCIS作戦部特殊活動課の提出した文書には、

『彼の著述および活動は左翼的傾向にあり、その交際関係にははっきりした共産主義者が含まれている。彼は民政局に席を置いて以来、現在の吉田内閣を、日本の民主的発展を妨げる反動として批判しつづけ、占領政策は反動分子、とくに財閥を排除することに失敗したという意見を表明している。

……さらにビッソンは、同じ民政局の調査分析者で、その極端に左翼的な見解で有名なアンドリュー・ジョナー・グラジャンツエッフとも密接な間柄にある。両者とも「太平洋問題調査会」（共産主義者の支配下にあるとはいわないが、ずっと左翼の支配下にある）に加盟しており、また両者ともGHQにおける現在の地位は同会の事務総長エドワード・C・カーターに推薦してもらっている。カーターは以前から共産主義者の前線組織に関係しており、共産主義シンパとして名の通った人物である』

と書かれている。第三に、民政局で「マ草案」の起草に関わったベアテ・シロタも、ウイロビーから調査対象に上げられた一人であった。

ウイロビーの報告書によれば、ベアテの両親の古くからの友人で同僚であるロシア生まれの音楽家アレクサンダー・ムギレウスキーは、有名なソ連スパイ団――ゾルゲ事件――にある程度関係していたという証拠があるという。

「一九四六年五月一日の報告によれば、シロタ夫妻は、終戦後は日本にいるロシア人と親しくつき合うようになり、ソ連大使館で演奏会をやって、テレビヤンコ将軍にソ連旅行に招待されるほどのもてはやされようだったという。つまり、簡単にいうと、戦争中の日本におけるシロタ家の立場は、彼らが無国籍者であるという事実にもかかわらず、彼らがソビエトの保護を受けていたのだということを強く暗示しているのである。

……同時に日本滞在を通じて、とくに戦争中シロタ夫妻が日本人への強い憎しみ、とりわけ日本の警察に対する憎しみを育てていったことは明らかである。そして日本の警察と官僚組織に対する圧倒的な嫌悪を、いまや娘のミス・ビートが受け継いでいるわけである。

いま、この破格に若い少女が、日本問題の〝専門家〟としてGHQ内に非常に責任ある地位を占めているのである。その地位にあって、彼女は日本の警察と地方官僚のパージの〝専門家〟という大義名分のもとに、抑えてきた彼女の個人的憎悪をぶちまけるという子供じみた喜びに浸っているのである。

……このような気質と過去をもち、極端に若く未経験な人物が、占領およびアメリカの安全に、不利な影響を及ぼしうるような責任ある地位に納まりえたということは信じがたいことである。これもまた、本人の過去の記録や健全性をよく調べて、資格を検討しなかったことによる、不適切な文官採用のきわ立った一例といわざるをえない」

この他に、ウイロビーが調査対象に上げているのは、先述した民政局行政課のアンドリュー・ジョナー・グラジャンツエッフである。アンドリューは、ビッソンと同じように「マ草案」が完成してから民政局に入ったため、直接に草案作成に関わったわけではないが、ウイロビーによれば、彼の行動は、「米国ならびに日本占領政策の利益に敵対するものになっていることは明らかである」という。

例えば、彼は、吉田内閣の信用を失墜させようとつとめ、民政局内に左翼的グループを形成して左翼系新聞の特派員に機密を漏らしている。また吉田内閣の厚生大臣の河合良成を追放するため努力を払い、一九三八年から一九四四年までの間に「太平洋問題研究会」（ＩＰＲ）で調査担当者として活動した。その間、日本および極東についての数多くの論文や著書を刊行しており、それは反日的、親ソ的である。

このように、占領初期の対日民主化に熱心だったホイットニーの民政局には、共産主義とまではいかないまでも、それに近い左翼的なイデオロギーのもとに日本の民主化を推進しようとしたスタッフが多くいたことは間違いないだろう。

では、民政局に巣くったニュー・ディーラーたちは、どのような政治思想を「日本国憲法」の中に込めて起草したのだろうか。

次に、「日本国憲法」に秘められた政治思想を見ていこう。

第三節「日本国憲法」に秘められた政治思想とは何か

「日本国憲法」は西欧型であって日本型ではない

第三章の第二節で論じた「マ草案」の作成過程を見れば分かるように、「日本国憲法」には「帝国憲法」とは違った様々な西欧の政治思想が秘められていることは確かである。

例えば、「日本国憲法」の前文を読むと、いわゆる「国民主権」（「国家の政治を最終的に決定する権力が国民にあるという考え方」）という概念が憲法全体の基本原理の一つとして貫かれていることが分かる。

この前文のモデルとなる「マ草案」の前文については、本書の一七一ページ（「マッカーサー草案」の前文）に記載したが、「日本国憲法」の前文の大部分は、この「マ草案」の前文を踏襲していると言われている。

前出のマクネリー教授によれば、この前文の「書き出しのスタイルはアメリカ合衆国憲法、典拠としたものは、リンカーン大統領のゲティスバーグ演説、テヘラン会議宣言、大西洋憲章、アメリカ独立宣言、国連憲章など」である。

さらに高崎経済大学教授の八木秀次の著書『日本国憲法とは何か』（PHP新書）によれば、「前文の冒頭に標榜されている間接民主制と代表民主制の前提となるのはジョン・ロックの社会契約」で、「そもそも国政は、国民の厳粛な信託によるものであって」という前文の表現も、ロックの信託理論に基づくものであるという。

このロックの社会契約論は、アメリカ独立宣言（一七七六年）の種本になったとも言われているため「日本国憲法」の基本原則の一つである「国民主権」は、ロックの社会契約論→アメリカ独立宣言→アメリカ合衆国憲法→マ草案という系列から生まれたことは間違いないだろう。

次に、「日本国憲法」第一章第一条の「象徴」という言葉は、前出のプール少尉が英国のウエストミンスター憲章（一九三一年制定）の前文からとったものである。

この中に、国王制度は英連邦王国の自由な連合の象徴という表現があり、またマッカーサーの副官ボナ・フェラーズ准将が提出した天皇制の維持の必要を説いた進言書の中にも、「天皇は国家の象徴的首長」という言葉があるように、国家元首を象徴とみなす考え方は、英米法ではぐくまれたアメリカ人の法感覚では、ごく自然な発想なのかもしれない。

また「日本国憲法」の基本原則の一つである「基本的人権」は、「人間は生まれながらに自由平等であり、この生得の権利は、いかなる政府も侵すことができない」という西欧の近代自然法思想を発祥としており、「日本国憲法」では、第十一条から第二十四条までと、第二十九条から第四十条で、自由権（自由的基本権）と平等権が規定されている。

一方、「日本国憲法」には、この伝統的な基本的人権の他に、一九一九年の「ドイツ共和国憲法」（通称、「ワイマール憲法」）や一九三六年のソ連憲法の社会権（社会的基本権）の影響を受けた社会主義的な政治思想も含まれている。

これは、資本主義経済の矛盾（不況、貧富の格差など）に伴う労働運動や社会運動を背景にして成立した社会的弱者を救済するための基本的人権で、「日本国憲法」では第二十五条（生存権）、第二十六条（教育を受ける権利）、第二十七条（勤労の権利）および第二十八条（労働基本権）で規定されている。

その他にも「日本国憲法」では、参政権（第十五条、第九十五条、第九十六条）や請求権（第十七条、第三十二条、第三十七条、第四十条）を基本的人権としている。

以上のように、「日本国憲法」には、様々な基本的人権（自由権、平等権、社会権、参政権、請求権）が混在していることが分かるが、国民に対する義務規定は、勤労の義務（第二十七条）、教育を受けさせる義務（第二十六条）および納税の義務（第三十条）の三つしか明記されていないことが、この西洋型の憲法の特徴であろう。

前出のアルフレッド・C・オプラーは、その著書で、

「民政局における起草者の国籍をうけて、この憲法はアングロ・サクソン型である。代議政体及び議会主義と結合した君主制の維持は、立法府と行政府の構造においても、明らかにイギリスが手本であることを示している。

しかしながら、司法の分野ではアメリカの制度が選択されている。司法府は、統治の第三の部局として独立させ、立法及び行政行為の合憲性を審査する権限と並んで規則制定権が与えら

れている」

と述べ、「日本国憲法」がアングロ・サクソン的な政治制度とアメリカ的な司法制度を兼ね備えたものであることを指摘しているように、この憲法はあくまでも西欧型の憲法であって「帝国憲法」のような日本型ではないということである。

たとえば、第十八条の「何人も、いかなる奴隷的拘束も受けない」という禁止規定を見ても、これは、アメリカの奴隷制度の廃止を目的としたアメリカ憲法修正第十三条から由来するものである。それにもかかわらず、護憲派は、「国民主権」「基本的人権」「平和主義」を持った「日本国憲法」は、例え「押しつけであろうがなかろうが、よいものはよい」とか、あるいは憲法研究会の作成した「憲法草案要綱」の影響を「日本国憲法」は受けているのだから、決して押しつけ憲法ではないと言うのである。

では、この護憲派の論拠を跳ね返すには、どうしたらよいだろうか。

根本的に間違っている現在の憲法論議

一つは、「憲法というものは、おのおの民族性、歴史、文化的伝統等にマッチしなければならないということであろう。

つまり、科学、技術とは違うということである。科学、技術ならば何国の誰が発明したものでも、また開発したものでも結構である。これは普遍性を持つものといえよう。しかるに憲法は科学、技術とは違う。あくまで精神的要素の強いものである。したがって外国人がその国の文化、歴史、民族性、その他を考慮せず作ったものは、決してよいものにはなり得ない」のである。

したがって、わが国で現在行われている憲法論議の誤りは、護憲派も改憲派も「憲法問題」を、単なる法律論（条文を変えるとか守るとかの議論）とか、憲法誕生の経緯に重点を置いて議論しているということにあるだろう。言い換えれば、日本という国柄を無視して憲法論議をいくら行っても無意味だということである。

その理由は、著者が第二章の第一節で述べたように、明治十五年三月に憲法調査のために、ヨーロッパに派遣された伊藤博文が五月十九日に、ベルリン大学を訪問して、歴史法学の大家グナイスト教授から憲法制度に関する講義を依頼した際、次のような教えを受けたからである。

歴史法学者の説いた憲法の精神

「それは遠方からドイツを目標にお出でくださったのは感謝の至りだが、憲法は法文ではない。精神であり、国家の能力である（傍線吉本）。私はドイツ人であり、かつ欧州人である。欧州各国のことは一通り知っている。ドイツのことは最もよく知っている。が遺憾ながら日本国のことは知っていない。それも研究したら解《わか》るだろうが、まず私から日本のことをお尋ね致そう。

日本国の今日までの君民の実体、そして風俗・人情、その他、過去の歴史を明瞭に説明してもらいたい。それについて考えて、ご参考になることは申し述べてもよろしい。それを申し上げるけれども、確かにそれが貴君のご参考になるかどうか、憲法編纂の根拠になるかどうかは私には自信はない」

この歴史法学者のグナイストの言葉は、憲法編纂に当たって「法は民族精神の発露」であるとする歴史法学の立場からの適切なアドバイスであったが、このときの伊藤には、グナイストのとった態度は冷淡に感じられた。

伊藤は、グナイストから談話風の講義を受け、さらに弟子のモッセから体系的な講義を受けたが、ドイツ語ができない伊藤には通訳を通じても理解することは困難であった。

このような状況では、とても憲法調査の目的を果たすことはできないと判断した伊藤は、日本政府に滞在期間を延長させてほしいとの申請を出すに至るまで焦燥感に駆られたが、その後、随員の助言に従って、いわば藁をも掴むような思いでウィーン大学のシュタイン教授のもとを訪ねるのである。

八月八日、ウィーンに到着した伊藤は、すぐにシュタイン教授を訪ねると、グナイトスのときとは打って変わって、シュタインの態度は好意的であり、しかも伊藤の理解できる英語で説く、シュタインの英独仏三国の政治体制と立憲政治の比較論には大いに得るものがあった。

シュタインは、このときの講義で
『日本人たちがはるばるヨーロッパに来て、ヨーロッパの法制度を機械的に習得していることを論難した。そのような学び方をして作り上げた日本の法は単なる外国法の引き写しでしかない。

彼の講義は「宜しくこれを古来の日本の歴史に徴し（＝問いただし）、これを現今の実況に照らし、かつ広くヨーロッパの学問に渉猟《しょうりょう》（＝多くの本を読むこと）してこれを教授せざるべからず」ということを繰り返して説くもので、まず自国の歴史についての省察が学問の根幹になければならない。そしてその上にヨーロッパで学んだ知識を接ぎ木していくことが必要だということを説くものだった』のである。

言い換えれば、「日本の立法や憲法は何より日本の歴史と文化に根差したものでなければならない。まず日本の歴史を研究せよ」ということである。

「法は民族の精神・国民精神の発露」であると説く、歴史法学者のグナイストとシュタインの教えは、憲法調査に行き詰まっていた伊藤たちに大きな希望をもたらすと同時に、日本史研究という大きな課題を与えたのである。

日本の歴史に根差した憲法を起草しなければ、自由民権論者の大隈重信や福沢諭吉のように、ただ西洋のものまねをしているだけでは所詮は行き詰まる。このグナイストとシュタインとの教えから自信を得た伊藤は、こうして「憲法とはその国の歴史・伝統の上に成り立つものであるということを再認識」するのである。

その意味で、「帝国憲法」とは、「起草者たちによる自国の歴史・伝統への回帰ないしは再認識といった現象の上に成立したものだった」と言えるだろう。

自国の歴史と伝統の上に成立した「帝国憲法」

こうして、ドイツで憲法起草に対する姿勢と心構えを学んだ伊藤は明治十六年八月三日に帰国すると、井上毅、伊東巳代治、金子堅太郎とともに、「憲法というものはその国の歴史、伝統の上に成り立つものでなければならない」という共通認識の下で憲法起草に着手するのである。

例えば、古事記の中の「治《しら》す」と「領《うしは》く」という二つの統治理念を非常に重視した井上は、この「治す」という言葉の中に天皇統治の公共性の概念を入れて、後の「帝国憲法」の第一条のもとになる草案に、「大日本帝国ハ万世一系ノ天皇ノ治ス所ナリ」という条文を書くのである。

井上は、こうして「帝国憲法」が完成すると、「我が国の憲法はヨーロッパの憲法の写しにあらずして、すなわち遠つ御祖の不文の憲法の今日に発達したるものなり」と述べるのである。

また伊藤博文が「帝国憲法」と「皇室典範」の逐条解説書として発行した『憲法義解』（岩波文庫）の中にも、「一人一家に享奉するの私事にあらざる」という言葉がある。「天皇統治は、天皇個人やその一族のためになされるものではなくすぐれて公共的なものである」という近代的な統治理念を「治す」という言葉を使って強調したものである。

このように、「帝国憲法」の起草者たちは、あくまで国柄の上に憲法が成り立つべきであるという考え方に立って、近代憲法を制定していったのである。「要するに、日本の政治伝統と近代憲法の融合こそ、明治期の憲法制定の指針だった」ということであろう。

ところが「日本国憲法」は、これまでの議論からも明らかなように西欧諸国の政治思想の寄せ集めばかりで、「日本」という視点が欠けている点に大きな問題があるのである。

言うなれば、民政局のニュー・ディーラーたちは、「日本国憲法」の中に西欧諸国の政治思想を入れることを非常に重視して、日本的な要素はできるだけ排除したということである。

したがって、今日の憲法論議は、単なる法律論とか憲法誕生の経緯だけを議論するのではなく、「帝国憲法」の起草者たちが重視した「日本」という視点を入れることを決して忘れてはならないのである。

昭和二十五年一月十八日に、「国務省の極東担当のバター・ワース次官補から国務長官に送られたメモ」の中に、「占領中、日本の主権は完全にアメリカ占領軍のもとにあった」という文言があるように、占領中、主権のない日本で国際法とポツダム宣言を無視して、アメリカから押しつけられた憲法を変えなければならないと思うのは、著者だけではないだろう。

では、戦後の日本では、いつから憲法改正の議論が始まったのだろうか。次に、この問題を見ていこう。

第四節　戦後、憲法改正の議論はこうして始まった

極東委員会はなぜ「日本国憲法」の再審査を行わなかったのか

戦後の「日本国憲法」の見直しの最初の議論は、日本政府や国民の間から始められたのではなかった。この最初の見直しに口火を切ったのは、極東委員会（ＦＥＣ）であった。総司令部の主導の下で作成された「日本国憲法」に強い不満を抱いていたＦＥＣは、「一年以上二年以内に国会によって再審査されなければならない」という「新しい日本国憲法の再審査のための規定」を採択していたからである。

ところが、既に総司令部では、このＦＥＣからの干渉を跳ねのけるために、その対処法についても、「マ草案」の作成を決意した二月一日の時点で決めていた。特に、ＦＥＣの要求を受け入れても支障がない限りは日本政府に通達し、占領政策に利用できる部分については導入した。

そして、「利用できないが重要な問題については、回避または引き延ばす工作を図ったのである」。このＦＥＣからの憲法見直しの要求は、「日本国憲法」に不満を持つ日本政府にも少な

からず影響を与えた。これによって昭和二十三年八月に、国会に「憲法改正研究委員会」の設置が模索されるようになった。

だが、総司令部からの検討通知が本音から出たものではないことを察知した日本政府は、今後の総司令部との良好な関係を維持するために消極的な態度をとったため、結局、この研究委員会の設置は見送られたのである。

この総司令部からの憲法再検討の通知が国民のもとに届いたのは、昭和二十二年三月三十日のことであった（『朝日新聞』昭和二十二年三月三十日付）。これを受けて、マスコミも憲法の見直しについて報じたが、この急激な憲法見直しに対して国民の意識は、きわめて低いものであった。この頃の日本国民は、まだまだ食べることに必死で、憲法問題に関心を寄せる余裕などはなかったからである。結局、マスコミも、こうした世論を背景に、目立った報道をすることもなかった。

その後、ＦＥＣも、自ら決めた期日（昭和二十四年五月三日）までに「日本国憲法」の代案を出すこともなく、四月二十八日に「再検討の結果、日本国憲法改正の理由はなく、新たに指令を発することはしない」という決定を下し、その役割を終えるのである。

当初、ＦＥＣには、自分たちの意向を無視したやり方で強引に「日本国憲法」を日本に押しつけたアメリカに対する反発や面子《メンツ》があったが、ＦＥＣには、ただ天皇制の廃止を主張するだけで、具体的には何ら憲法に対する明確なビジョンがなかったからである。

結局、ＦＥＣには新たな憲法を提示するだけの実力がなかったことが、このような結末を招いた要因だったと見ていいだろう。ところが、このＦＥＣによる憲法再検討の要請が、やがて日本国内で憲法改正の見直し作業に影響を与えていくのである。

戦後、日本で行われてきた保守系の憲法改正の議論

昭和二十七年四月二十八日に、日本が主権を回復した後、本格的に自主憲法の議論に火をつけたのは保守政党の自由党である。自由党は昭和二十九年三月十二日に、占領軍から一方的に押しつけられた憲法を改正させるために、岸信介を中心に「憲法調査会」を発足させ、十一月五日に「日本国憲法改正案」とともに、要綱、説明書および「全面改正を要する理由」を提出したからである。

同じく保守政党の改進党も、昭和二十九年一月十八日に党大会で「憲法全面改正の国民運動をおこす」とする運動方針のもとに、「新日本国民憲法に関する決議」案を採択し、四月七日に、元東京弁護士会会長の清瀬一郎を中心に「憲法調査会」を発足させ、九月十三日に「現行憲法の問題点要綱」を、十一月十日には報告書を提出した。

さらに、昭和二十九年十月に民主党政権が誕生すると、首相の鳩山一郎は翌年一月、地方遊

説中に、国会に超党派的な憲法調査会を設置する旨の発言を行ったが、同年二月の衆院選では自由党と民主党の議席を合わせても、三分の二以上を確保することができなかったため、国会内に憲法調査会を設置することは難しくなった。

そこで、民主党は自由党と協議の末、六月十四日に「憲法調査会法要綱」をまとめて二十七日に国会に提出した。七月二十八日に衆議院本会議で可決し、参議院に送付されたが、参議院は、このとき既に会期末に入っていたことから審議未了となり、後日に先送りされることになるのである。

十月十三日に、左右両派社会党が統一されると、この動きに合わせて十一月十五日に自由党と民主党は、保守合同を実現して自由民主党が結成された。これによって保守・革新の二大政党制（五十五年体制）が実現し、憲法問題は具体的な進展を見せていった。

こうして新たに自民党政権が誕生すると、首相の鳩山一郎は昭和三十一年一月七日に、「自由民主党憲法調査会」を発足させ、二月十一日には再び「憲法調査会法案」を衆議院に提出した。そして、同法案は三月二十九日に衆議院で、五月十六日に参議院で可決され、六月十一日に公布・施行された。

翌年二月二十五日に、自民党に岸内閣が誕生すると、この憲法改正の動きは引き継がれ、八月十三日に「日本国憲法に検討を加え、関係諸問題を調査審議」することを目的に高柳賢三議長を中心とする「憲法調査会」が設置され、初会合が行われた。

昭和三十二年十月十六日から「憲法制定経過の歴史的調査研究」が行われ、十二月十八日に「憲法制定の経過に関する小委員会」が設置された。昭和三十六年九月十二日に「日本国憲法制定の経過に関する小委員会報告書」が提出された後、昭和三十九年七月三日に「最終報告書」が池田内閣に提出された。

だが、この同報告書には改憲と護憲の立場が併記され、明文改憲の方向で一致しなかったことや「解釈改憲を通じて国民の反応を確かめながら実質上の憲法改正を推し進めるほうが得策であると判断した」ことが、その後の憲法改正の進展を遅らせる原因となった。

昭和三十九年以降、しばらく冬眠状態だった自民党憲法調査会は昭和四十七年六月十六日に「憲法改正大綱草案―憲法改正の必要とその方向―」を提出して、改憲の必要性を打ち出したが、党内から改憲反対の意見が出たため、起草小委員会の設置は見送られることになった。

その後も、八十年代から九十年代にかけて、自民党内での様々な憲法論議を経て、ようやく平成九年五月に、自民・新進・民主各党から憲法調査会の設置を希望する三五四名の国会議員によって「憲法調査会推進議員連盟」が発足した後、平成十二年一月二十日に憲法論議の場として衆参両議院に憲法調査会が設置され、「日本国憲法」の再検討がなされるようになる。

平成十四年十一月に、「衆議院憲法調査会」（中山太郎会長）が「中間報告」を提出した後、自民党は十二月十六日に、「新憲法起草委員会」を設立させた。平成十六年十一月十七日に、自民党の憲法調査会が「憲法改正草案要綱」を発表した後、十二月十六日には自民党に新憲法制定推進本部と新憲法起草委員会が設立された。

平成十九年五月十四日に、参議院で憲法改正手続を定めた国民投票法が可決され、平成二十四年四月二十八日に、自民党の憲法改正推進本部は、「天皇元首」、「軍事裁判所」、「国歌・国旗尊重・憲法尊重義務」を明記した「日本国憲法改正草案」(全一一〇カ条)を発表するのである。

こうして、ようやく占領軍が押しつけた憲法の改正が現実のもとになってきたのである。

第五節　「日本国憲法」のどこを改正しなければならないのか

「日本国憲法」とは革命思想の上に成り立った憲法である

さて問題は、「日本国憲法」のどこを改正すればよいかということであるが、第三節でも述べたように憲法改正を考える場合に、いちばん留意しなければならないことは、「帝国憲法」の起草者たちが考えたように、憲法とは、その国の歴史、民族性、文化的伝統の上に成り立つものでなければならないという認識をしっかり持たなければならないということにつきると思う。

占領軍が「帝国憲法」を改正した理由は、第二章で述べたように日本の国家体制（統治機構）の欠陥から、軍国主義が生まれたという理解の仕方が出発点になっている。

言い換えれば、占領軍は、「帝国憲法」の起草者たちが考えた日本の歴史、民族性、文化的伝統の上に成り立った国家体制を西欧型の国家体制に改造するために「日本国憲法」を作ったわけであるから、本来、占領軍が撤退した後は、フランスやオーストリアが、ドイツ軍の占領下で制定された占領憲法に対して即時無効を唱えて旧憲法を復元させたように「帝国憲法」を復元させていれば問題はなかったのであるが、結局、為政者たちは誰もその問題を国会で審議しようとはしなかったのである。

早くから「日本国憲法」の改正を党の方針として打ち出してきた自民党の憲法調査会は昭和五十六年十月に、「前文に網羅すべき事項」として四原則を掲げたが、その中に「民主主義の基礎原理である国民主権、個人の尊厳、基本的人権の保障などに対する尊重とともに、平和主義と国際協調主義を宣明する」という原則を掲げている。

この中の「国民主権」、「個人の尊厳」、「基本的人権」の保障は、すべて西欧諸国の革命思想の上に成り立った「日本国憲法」の基本原則であって、日本の歴史、民族性、文化的伝統の上に成り立ったものではないことは明らかである。

言い換えれば、これらは、すべて西欧諸国の革命思想の借りものに過ぎないわけだから、この基本原則を日本民族の精神を基礎とする基本原則に変えない限り、結局は、自民党の憲法改正案も、「日本国憲法」の焼き直しに過ぎないものになってしまうだろう。真の「自主憲法」制定とは、「日本国憲法」の文言を、ただ改正すればすむという問題ではないのである。

平成七（一九九五）年から、米国家安全保障局（ＮＳＡ）によって公開が始まった「ヴェノナ文書」（「第二次世界大戦前後の時期にアメリカ国内のソ連のスパイたちがモスクワの諜報本部とやり取りした秘密通信を、アメリカ陸軍情報部が秘密裡に傍受し解読した記録」）によれば、第二次世界大戦の時期に、「アメリカ政府の内部にソ連・コミンテルンのスパイが大量に潜入し、戦前のアメリカ政府の対日政策だけでなく、戦後のＧＨＱの政策にまで影響を及ぼしている」ことが明らかになってきている。

著者は本書の第二章で、このあたりの問題について詳細に論じたが、この「ヴェノナ文書」を研究している歴史家のジョン・アール・ヘイズたちは、本書でも紹介したアジア問題研究家の民政局員トーマス・Ａ・ビッソンが、「アーサー」というカバー・ネームを持ったソ連のスパイであったことを「ヴェノナ文書」から突きとめているのである。

これによれば、「マ草案」の改正作業に関わったビッソンは、アメリカの世論を反日と親中に導いたプロパガンダ組織の「日本の侵略に加担しないアメリカ委員会」の発起人の一人であり、アメリカ共産党が昭和十二年二月に、ソ連・コミンテルンによる対米宣伝工作の一環として創刊した機関誌『アメラシア』の編集部員も務めているのである。

この『アメラシア』で、天皇制を批判した編集委員のケイト・L・ミッチェル女史は昭和二十年三月に、ソ連のスパイ容疑で逮捕されており、これを読んだ国際省特別調査部（SR）極東課が「マ草案」作成のガイドラインとなった「SWNCC二二八」を作成させていることを忘れてならないだろう。言い換えれば、こうしたソ連のスパイたちの影響を受けた「SWNCC二二八」が「日本国憲法」の下地になっているということである。

本書でも、このビッソンを参謀第二部長のウイロビー少将が調査対象にしたことは説明したが、実は、このビッソンこそ「マ草案」の修正の際に、「国民主権」を確立して「いわゆる女系天皇を可能とする憲法解釈を生んだ張本人」だと言われているのである。

例えば、「日本国憲法」の中の男女平等という基本的人権は、従来の皇統とは男系男子による皇位継承という伝統的な解釈にも大きな影響を与えており、これが原因で小泉内閣は、女系天皇を認める報告書を出しているのである。言うなれば、西欧の革命思想は、日本の国体を大きく歪める原因ともなっているのである。

わが国の文化的伝統である天皇制を、西欧の革命思想である国民主権によって決めることができるということは、国体の破壊をもたらす原因となることは間違いないだろう。

その他に、わが国の国体を破壊する条項として、第八十八条の問題がある。日本で女系天皇の議論が出てくるのは、第八十八条で「すべて皇室財産は、国家に属する。すべての皇室の費用は、予算に計上して国会の議決を経なければならない」となっていることにも原因がある。

これによって敗戦直後に、皇室の財産が没収されて宮家を維持することが難しくなり、十一宮家が皇籍を離脱したことで男性の皇族が少なくなったのである。このように、皇室の財産を国家所有にして皇室の経済的自立を縛るのは、国体の破壊をもたらす原因となるだろう。

また、わが国の伝統産業である農業を荒廃させた原因も、「日本国憲法」に規定された平等権に求めることができるだろう。日本の耕地面積は、単位あたり非常に狭いのが特徴であるが、もし世襲財産（耕地）を平等に分ければ、農家の耕地面積は分割されて、さらに耕地の単位面積は少なくなる。少ない耕地面積では食べていけず、兼業農家が増えた原因を作ったのである。世襲財産に関しては、平等権を適応してはならないのである。

最後に、「日本国憲法」の第十三条の「個人の尊重」と第二十四条の「個人の尊厳」も、日本の文化的伝統である「共同体」を破壊する条項である。人間は、あくまで家族、学校、会社、国家などの「共同体」の中で生きる存在であり、一人では生きてはいけない存在だからである。もし「個人の尊厳」「個人の尊重」を強調すれば、「共同体」との両立が難しくなり、家族などの「共同体」は瓦解するだろう。家族が荒廃すれば、国民の集合体である国家は荒廃することになる。個人主義を限りなく追求していけば、最後に「共同体」はバラバラになって無機質な個人だけが残ることになるだろう。

以上のように、占領軍によって「帝国憲法」を改正されていなければ、今日の皇室、農業、核家族などの問題はなかったと考えられるのであるが、これから憲法改正の問題を考える場合、こうした視点を踏まえて議論を進めていかなければならないのである。

憲法改正には法的に限界があるのか

ところで、国民が憲法の議論をする前提として、憲法の定める改正手続を踏みさえすれば、憲法条項のどこを改正しても、構わないのかどうかを考えていく必要があると思う。

どの条項を改正しても構わないというのが、「改正無限界説」（佐々木惣一郎、大石義雄の説）であり、憲法の定める手続を経ても、その憲法の基本原則をなす部分に関しては改正できないとするのを「改正限界説」（美濃部達吉、宮澤俊義の説）というが、憲法論として考察すれば、これは非常に重要な問題を含んでいることなのである。

例えば、前者の「改正無限界説」の立場をとれば、占領軍が「帝国憲法」の条項のすべてを改正したことは何ら誤りではないことになるが、「改正限界説」の立場をとれば、「帝国憲法」の基本原則を変更した「日本国憲法」は無効であるという議論が成り立つのである。

では、「日本国憲法」の改正については、どう考えたらいいだろうか。護憲派は、「改正限界説」の立場をとって、「日本国憲法」の基本原則（国民主権・基本的人権・平和主義）を絶対に変更してはならないと主張するが、著者のような「改正無限界説」の立場をとる者は、日本国民の幸福や安全を妨げる条項は改正しても構わないと考えるのである。

そもそも法とは、人間社会に貢献（あるいは奉仕）するためにあるものである。言い換えれば、法とは、人間社会における手段であって目的ではないのである。

人間社会に貢献（あるいは奉仕）するために制定された法が、もし、その目的を達成することができない（あるいは妨げる）と判断された場合、その法は変更しても構わないのである。言い換えれば、法は、あくまでも手段であって目的化してはいけないということである。法は、あくまでも人間社会の公僕であって、人間が法の奴隷になってはいけないということである。「これは目的と手段の関係から論理必然的に導き出されてくる結論である」

こういう観点から、先に述べた「日本国憲法」の基本原則である国民主権と基本的人権を考えた場合、果たして日本国民の幸福を実現する手段となっているだろうか。著者は、「日本国憲法」の基本原則である国民主権と基本的人権は、皇室や農業などの問題から、人間社会の幸福に貢献（あるいは奉仕）する手段とはなっていないと思うのである。したがって、この二つの原則は、改正しても構わないと思うのである。

では、この観点から、「日本国憲法」のもう一つの基本原則である平和主義を定めた第九条と前文を見るとどうなるだろうか。もし、この規定を自衛戦争をも否定していると解釈するならば、果たして日本国民（あるいは国家）の生存権に貢献（あるいは奉仕）する手段となっているかどうか、現在のわが国に対する近隣諸国の対応を見た場合、はなはだ疑問である。先に結論から言えば、この規定は、日本国民（あるいは国家）の生存権に貢献（あるいは奉仕）する手段となってはいない、むしろ逆に妨げる手段となっているのだから、当然に改正されるべきものと考えるのである。

常に、その時代の現行法を改正するべきかどうかを考える場合に、このような観点から判断すれば、自ずとその答えが導き出されるはずである。

では、次に、この観点から、第九十六条の改正手続の問題を見てみよう。

「日本国憲法」はなぜこれまで改正されなかったのか

自民党の憲法改正推進本部は平成二十四年四月二十八日に、「日本国憲法改正草案」（全一一〇カ条）を発表したが、その中で憲法改正手続の要件を定めた第九十六条一項の条文を、従来の「各議院の総議員の三分の二以上の賛成」から「両議院のそれぞれの総議員の過半数の賛成」に緩和することを定めた。

これを受けて安倍首相は同年十二月十七日に、衆院選後初の記者会見で憲法改正について

「最初に行うことは九十六条改正だろう。三分の一超の国会議員が反対すれば議論すらできない。あまりにもハードルが高すぎる」

と述べ、第九十六条の改正に意欲を燃やした。

昭和二十九年三月十二日に、保守政党の自由党による憲法改正の議論が始まって以来、ようやくわが国の国会やマスコミで本格的に憲法改正が議論されるようになってきたのであるが、「日本国憲法」が六十七年間にわたって一度も改正されてこなかったのは、マッカーサーが回想録で、

「一九四六年に採択された日本の新憲法が発効して十七年になるのにまだ一度も修正されたことがないという事実は、非常に興味深い。このことは、新憲法の最終草案がいかに賢明かつ慎重に作られたかを物語るものであり、事実現在の日本の政治家の大部分は新憲法作成に関係したか、その採択に努力したことを誇りとしている」

と述べているが、そのような理由からではない。

よく言われるのは、中央大学法学部名誉教授の真田芳憲が、その著書で

「憲法は、その改正手続の難易に基づいて、硬性憲法（rigid constitution）と軟性憲法（flexible constitution）とに分けられる。後者は、普通の法律と同一の手続で改正されるもので、成文憲法典をもたないイギリスの憲法がその典型的な例である。前者は、普通の法律の場合に比較し

てとくに慎重な改正手続を必要とするもので、近代諸国の成文憲法は原則としてこれに属する。

現行の日本国憲法は、その改正手続として国会の発議権は国会にあり、しかも衆参各議院の三分の二以上の賛成で議決してはじめて発議となり、さらに発議された改正案は国民の投票の過半数によってその承認を受けなければならない。

したがって、わが国の憲法のような硬性憲法の下では、憲法改正手続に従って憲法規定を変更することは極めて困難である」

と述べているように、この憲法は、他国と比較して改正手続が極めて難しいという点である。

では、なぜ「マ草案」の起草者たちは、改正要件のハードルを高くして「日本国憲法」を硬性憲法にしたのか。その思惑も考えずに、他国の憲法の改正要件と「日本国憲法」の改正要件とを、ただ比較してみたところで、あまり意味がないだろう。

本書でも述べたように、「マ草案」の中で改正条項を起草したのは、民政局のプール少尉とネルソン中尉であった。

エラマン・メモによれば、この条項は、昭和三十（一九五五）年まで憲法改正を禁止するというもので、その後は、「十年ごとに国会で特別会を開いて憲法改正問題を審議する、特別会での改正手続きは国会で三分の二以上の多数を得なければ提案されず、四分の三以上の賛成を得て成立するという厳しいものであった」

この条項を読んだケーディスは、これでは、後世の自由意志を奪うことになるので、このような制限はよくないと言って反対した。

すると、二人は、

「一〇年間改正を禁止することにすれば、日本国民が新しく獲得した民主主義を学んでいる間に、自分たちで自主的に運用する技術を失ってしまうことを防ぐことができます。

……また、憲法改正の提案と承認を、三分の二と四分の三という高率の賛成が必要であるとした点は、単に多数派というだけの勢力による政治的気まぐれで、憲法が改正されることをなくすためであります」

と反論したが、これは、「日本国憲法」を変えられないように、わざと改正要件を厳しくしたということであろう。このことは前出のウイリアムズ中佐も、日高義樹のインタビューに対して

「日本の憲法は簡単には変えられない。変えることが難しいように作ったからだ」

と述べていることからも明らかである。

この彼の証言からも、わが国の憲法の改正手続が、なぜ複雑なものになっているのかが分かるだろう。このとき、この場に居合わせたハッシー中佐が、ケーディスたちに

「憲法改正は、国会が総議員の三分の二の賛成によって発議し、選挙民の過半数以上の賛成によって承認されるものとしてはどうだろうか?」

と提案したことで、今日の「日本国憲法」の第九十六条に、この改正手続が明記されたのである。

ウイリアムズ中佐から、この重大な証言を聞き出した日高は、その著書で『このあと本文で詳しく述べるが、ウイリアムズ中佐が言ったのは、いま安倍政権が改正しようとしている憲法第九十六条のことである。

憲法第九十六条は、国会の両院で、全議員の三分の二の同意による発議によって改正の手続きが始められ、国民投票で過半数の同意がなければ憲法を改正できないと決めている。しかしアメリカやフランスの場合は、憲法改正の発議について複数の方法を決めており、国民投票についてもアメリカの場合は必要としておらず、フランスの場合は必ずしも必要としていない。

……日本の憲法を書き直すにあたっては、まずこうした歴史の流れを見なければならない。日本とアメリカの関係を、歴史という大きな流れのなかで捉え、日本の憲法がいかに作られたか、なぜアメリカが変えることの困難な憲法を作ったかを考察しなければならない』（前掲書）と述べているが、著者も同感である。日本国民は、このような歴史的ないきさつを踏まえながら、憲法の改正手続の問題を議論していかなければならないのである。

次に、この憲法が長い間、なかなか改正の俎上に乗せられてこなかった二つ目の理由を見てみよう。

日本政府が警察予備隊の防衛隊（保安隊）改組化の構想を打ち出したのは、昭和二十七年一月三十一日であった。翌二月一日から、警察の改組改編は、果たして憲法九条に規定された「戦力」に該当するのかどうかをめぐって、政府と野党の間で激しい論争が繰り広げられていくのである。

当時、吉田内閣の法務総裁（当時の警察予備隊担当閣僚）だった木村篤太郎は、保安隊は「日本の治安確保のために必要なる力しか持っていないから、この憲法九条の戦力に当たらない」という解釈を示して審議を進め、「保安庁法案」が七月三十一日に可決された。

だが、野党による第九条の戦力と保安隊の戦力の差異についての追求は、相変わらず収まらなかったため、ついに政府は、十一月二十五日の閣議で第九条は、「いかなる戦力の保持も禁止しているが、戦力とは近代戦を遂行できる能力を持つものをいい、保安隊・警備隊は戦力に当たらない」との見解を示すのである。

日本は昭和二十六年九月八日に、サンフランシスコ講和条約と同時に、日米安全保障条約を締結した後、翌年四月二十八日に、独立を回復するが、米国防総省は「東西冷戦が深刻化するなかにあって、占領下の日本ならば自由に基地が使用できるのに、日本を独立させたら軍事作戦で支障をきたすおそれがある、日本の基地を自由に使用できなくなるのではないか」という理由から、日本との講和に反対の意向を示していた。

これに対して吉田首相は、片山内閣のときの外相芦田均（後に首相）のアイディアを引きついで「講和条約締結後も日米間で別途の協定を結び、米軍の駐留を認めるという方針で臨んだ」のである。これが日米安保の由来であるが、吉田首相は、さらに戦力の増強を求めるアメリカに対して、「憲法を改正したり、国民の生活水準を引き下げてでも防衛をやれという考え方は絶対にダメだ」と拒否し、経済復興を優先させる方針を示した。

後に、日本は昭和二十九年七月に、アメリカからの軍事、経済、技術などの援助を規定したMSA協定の影響によって、自衛隊を防衛庁とともに創設するが、あくまで経済復興を優先して国家の安全保障を日米安保体制に依存していくのである。

その後も、日本人は、経済の拡大を優先して「国のあり方」を真剣に議論することを全く行ってこなかったのであるが、戦後の日本人が精神的支柱としてきた「日本国憲法」についても、占領軍によって作られたものであるにもかかわらず、この事実を無視してきたし、また現在も目をそらし続けている。これが憲法改正を遅らせてきた二つ目の理由である。

日高義樹は、その著書で

「ここで見逃してはならないのは、憲法と国の基本になる法律までもがアメリカの手で作られた結果、それを運用する日本の政治や官僚機構もまたアメリカの力という枠組みのなかで機能してきたという事実である。

客観的にみれば、日本は明らかに独立した国家としての立場を放棄してきた。それにもかかわらずかたちのうえでは自主的な政治が行われているというフリをつづけてきたのである。私が一九六〇年代の末から実際にみてきた日本とアメリカの関係は、まさにこうしたまやかしの考え方と建て前の独立という仕組みのもとにつづいてきた」(『日本いまだ独立せず』集英社文庫)と述べているが、著者も同感である。

日高義樹が述べているように、「日本はたしかに国際社会で認められた領土と領民(つまり国民)、そして憲法によって規定された仕組みと法律をもっているが、その憲法と法律はアメリカがつくったものであり、アメリカの軍事力が領土と国民の安全を保障しているのである」。ところが、日本は、アメリカの作った社会構造の上に胡坐《あぐら》をかいて、「経済にかまけ拡大する富にうつつをぬかして国のあり方という基本的な問題を考えて」こようとはしなかったのである。

われわれは現在、長期の不況によって将来に不安を感じているが、占領軍が作った社会構造と、その土台となっている「日本国憲法」を変えない限り、アメリカの占領から脱出することはできないと思うのである。言い換えれば、戦後、六十九年にもわたって繰り広げられてきた日米関係の茶番劇を、どこかで解消しない限り、日本は永遠にアメリカとの従属関係を続けていかなければならないことになるだろう。

言うなれば、日本人は、アベノミクスによって経済や金融を立て直すだけでなく、「日本の国のあり方そのものを再建するべきときにきているという意識と気持ち」を持たなければならないということである。

では、最後に憲法改正を遅らせてきた三つ目の理由を見てみよう。

日本人が憲法改正をしようとしなかったのは、現実の問題を直視することから逃避してきたことに原因があることは言うまでもないが、その背景には、憲法に対する日本人の考え方に問題があったと思うのである。

例えば、「帝国憲法」発布の勅語の中に、「現在及将来ノ臣民ニ対シ此ノ不磨ノ大典ヲ宣布ス」という文言があるが、これは「磨り減らず、長く価値が変わらないという意味」で、「みだりに改正をしないという意思表示でもあった」

言い換えれば、当時の憲法起草者たちは、国家の基本法である憲法をみだりに変えてはならないという考え方を持っていたと言っていいだろう。このことは、占領当時の為政者たちにも当てはまると思うのである。

戦後史研究家の秦郁彦は、

「ケーディスを筆頭とする憲法起草者の間では、いわゆる新憲法が三十年近くにわたって一度も改正されなかったのを、意外とする者が多い。それは彼らの母国であるアメリカの憲法が比較的簡単に改正を重ねている」

からであると述べ、日本人とアメリカ人との憲法に対する捉え方の違いを指摘しているが、その理由は、横浜国立大学教授の天川晃が、その論考で

占領当時の「政府首脳には、憲法を変えるという発想はなかった。憲法は不磨の大典であって、文章はそのままにしておいて、法律を変えてその運用を変えるとか、解釈の仕方を変えればいいという考え方です。ところがアメリカ人というのは、憲法を変えるという言葉の持つ意味が、アメリカ人と日本人とではかなり違っていたのではないかと思います」

と述べているように、日本が主権を取り戻した後も、『日本政府と日本国民は、「自主的に」今の憲法をそのまま維持してきた。あるいは、憲法を改めようとする勢力は、それだけの国民の支持を得ることができなかった』からであるが、戦後の為政者や国民の中にも、憲法は「不磨の大典」でみだりに変えてはならないという意識が根強くあったからだと思われる。

こうしたアメリカ人と日本人との憲法に対する捉え方は、「ポツダム宣言」の理解の違いにも表れていると思うのである。先に述べたように、憲法の改正を示唆する規定は、直接には「ポツダム宣言」にも「ＳＷＮＣＣ一五〇／四」にも書かれていなかったのであるが、必要に応じて憲法を改正することに抵抗を感じないアメリカ人の感覚では、民主化に向けて憲法を改正することは当然の帰結であると考えられていたのである。

ところが、「帝国憲法」を「不磨の大典」であると考えていた日本人の感覚では、憲法を改

正することは論外とされていたのである。「帝国憲法」は、「日本国憲法」と比べて、条文も少ないし、規定も簡単なことから、憲法の規定を変えなくても、法律を改正するとか、あるいは憲法の解釈や運用を変更することで、問題を処理してきたからである。

だから、「ポツダム宣言」の要求する民主化も、そうしたやり方で十分に対応できる。だから憲法を改正する必要はないというのが、当時の為政者の考え方だったのである。

しかし、占領中に、国際法と「ポツダム宣言」の第十二項に反して西欧の革命思想を基に作られた憲法は、その解釈や運用を変更したとしても、元々、日本人の民族性、歴史、文化的伝統に合った憲法ではないのだから、根本的に日本に合った憲法に作り変えなければ、われわれの社会に本当に貢献（あるいは奉仕）できる日本の憲法にはならないと思うのである。

日本が主権を取り戻すには、このように日本国民と為政者の憲法に対する意識を同時に改めなければならないと思うのである。

おわりに

平成二十四年十二月二十六日に、第二次安倍晋三政権が誕生すると、安倍首相は第九十六条の改正とともに憲法改正に意欲を見せたが、その理由は、終戦直後に占領軍によって作られた「日本国憲法」に対する解釈改憲だけでは、もはや新しい事態に対応できないからである。

本書でも言及したように、戦後、改憲を遅らせてきた大きな要因が現行憲法の改正手続を定めた第九十六条にあることは明らかであるが、その他に経復復興を優先して、自国の安全保障をアメリカに依存し、現行憲法が占領軍によって作られたものであるにもかかわらず、この事実を無視したことが改憲を遅らせてきた要因でもある。また明治以来、日本人に培われてきた憲法を「不磨の大典」とみなす意識も、改憲を阻止してきた要因であったろう。

しかし、この憲法では、もはや新しい世界には対応できなくなってきているのが現実なのである。日本人は六十七年もの間、全ての面でアメリカに依存し、世界の現実から乖離した憲法の下で生きてきたが、冷戦体制が崩壊した後、国際社会が大きく変わり、アメリカが世界を動かしてきた時代が終わろうとしているからである。

例えば、今年の四月八日に、中国の常万全国防相は、アメリカのヘーゲル国防長官との会談で対日戦争も辞さないという強硬な発言を行ったが、このことは、アメリカがクリミアとシリアに対する軍事介入を回避したことを見ても分かるように、もはやアメリカには国際紛争を解決できる能力がないことを見抜いた発言であることは間違いないだろう。

こうした現状の中で、国際紛争を解決する手段としての戦力の不保持を謳った憲法第九条の解釈の変更だけでは、もはやこの国難を乗り切ることはできないところまできているのである。

現在の日本で自衛権を行使できるのは、基本的に防衛出動の命令が出た場合のときだけだが、占領憲法をもとに作られている国内法では、中国が公船を使って尖閣諸島に上陸してきても、漁船のようには適応できないので、実力で阻止することは不可能なのである。

そもそも、軍隊というのは、どこの国でも国際法で禁止されている事項以外のことは何でもできることになっているが、「日本の自衛隊だけは、世界で唯一、国際法で動けない」ようになっている。要するに、日本の自衛隊は、警察予備隊としてスタートした関係上、警察の法体系と同じように国内法で規定されていることしかできないのである。

日本の法制度の不備を熟知している中国は、いずれアメリカが軍事介入してこないと判断した段階で、必ず尖閣諸島に上陸してくることは間違いないだろう。この問題を解決するために、たとえ現行憲法の解釈を変更したり、新しく法律を制定して隙間をなくしたとしても、いずれ必ず隙間が出てくるだろう。こうした問題を根本的に解決するには、やはり自主憲法の制定が不可欠になってくるのである。

今から、ちょうど六十年前に、日本自由党の岸信介を中心に「憲法調査会」が発足し、「日本国憲法改正案」が提出されたのは昭和二十九年三月十二日であったが、二年前の衆院選と昨年の参院選を経て、ようやく憲法改正の絶好の機会が到来していることは間違いないだろう。その意味で、もし、この機会を逃したら改憲機運は、当分戻ってこないと思うのである。

戦後、占領軍によって、何から何まですっかり変えさせられた日本という国を、もう一度日本人の手に取り戻すには、今こそ日本人が、その得意とする団結心を発揮して、日本民族の精神を基礎とする自主憲法を制定するしかないと思うのである。

平成二十六年五月三日（「日本国憲法」施行の日に）

著者記す

資料

「日本の統治体制の改革」（SWNCC二二八）

「結論

(a)　日本の統治体制は、次のごとき一般的な目的を達成するため、改革されるべきことを、最高司令官は日本国政府当局に対し指示しなければならない。

（一）政府は、広汎なる代表選出権にもとづく選挙民に対し責任を負うものであること。

（二）政府の行政部は、その権威が選挙民または国民を完全に代表する立法部に由来し、それに対し責任を負うものであること。

（三）立法部は、選挙民を完全に代表するものであり、予算の項目を削減し、増加し、または削除し、あるいは新項目を提案する完全なる権限を有するものであること。

（四）予算は、立法部の明示的な同意なくしては成立しない。

（五）日本国国民および日本の統治権の及ぶ範囲内にあるすべての人に対し、基本的な市民としての権利を保障すること。

（六）県政府の議員は、できうるかぎり多数を民選または地方での任命にすること。

（七）日本国国民の自由意思を表明するごとき方法で、憲法の改正または憲法の起草をなし、採択をすること。

(b)　日本における最終的な政治形態は、日本国民の自由に表明せる意思によって決定されるべきものであるが、天皇制度を現在の形態で維持することは、前述の一般的な目的に合致しないと考えられる。

(c)　日本国国民が天皇制度は維持されるべきでないと決定する場合には、この制度に対する憲法上の保障はもとより不要であるが、憲法が上記(a)に列記された目的に合致し、かつ次のごとき特別の規定を含むものに改正されるべきこと、最高司令官は日本国政府に対し指示しなければならない。

（一）政府の他のいかなる機関も、憲法改正を含めての、国民代表たる立法部の承認する立法措置に関し、暫定拒否権を有するにすぎないこと、また立法部は財政上の措置に関し、専権を有すること。

（二）国務大臣または内閣閣員は、すべての場合に文民でなければならない。
（三）立法部は自由に集会しうること。
(d)　日本人は、天皇制度を廃止するか、あるいはより民主主義的な方向にそれを改革することを奨励支持されなければならない。しかし、日本人が天皇制度を維持すると決定する場合には、前記の(a)および(c)で列挙せるものに加えて、次に掲げる保障が必要なることをも、最高司令官は日本国政府当局に対し、指示しなければならない。
（一）国民代表たる立法部の助言と同意にもとづき選任される国務大臣が、立法部に対し連帯して責任を負う内閣を構成すること。
（二）内閣が国民代表たる立法部の信任を失う時には、内閣は辞職するかまたは選挙民に訴えるか、そのいずれかをとらなければならない。
（三）天皇は、一切の重要事項につき、内閣の助言にもとづいてのみこれを行う。
（四）天皇は、憲法第一章、第十一条、第十二条、第十三条および第十四条に規定されるがごとき軍事に関する一切の権能を剥奪される。
（五）内閣は、天皇に助言を与えかつ天皇を援ける。
（六）一切の皇室収入は公庫に繰り入れられ、皇室費は、立法部により、歳出予算の中に計上される。

最高司令官がさきに列挙した諸改革の実施を日本国政府に命令するのは、最後の手段としての場合に限られなければならない。前記諸改革が連合国によって強要されたものであることを日本国民が知る時は、それを、将来、日本国民が承認し、指示する可能性は著しくうすれるのである。

日本における軍部支配の復活を防止するために行う政治的改革の効果は、この計画の全体を日本国民が受諾するか否かによって、大きく左右されるのである。日本国政府の改革に関する連合国の政策を実施する場合、連合国最高司令官は、前記の諸改革が、確実に、日本において永続して代議政を強化するものであらしめるためには、この変革を日本人が容易に受諾できる方法と共に、変革の帰結と時期の問題をも、考慮しなければならない。

本文書は公表されてはならない。日本国政府の改革に関する連合国の政策について声明を発表する場合には、日本国自体における前記諸改革の完遂を妨げないため、連合国最高司令官と連絡協議されなければならない」

（高柳賢三／大友一郎／田中英夫編『日本国憲法制定の過程——連合国総司令部側の記録による——　Ⅰ　原文と翻訳』）

引用・参考文献一覧

〈単行本〉

青山武憲『新訂　憲法』啓正社、平成二十一年

アラン・リックス編／竹前栄治・菊地努訳『日本占領の日々――マクマホン・ボール日記』岩波書店、平成四年

アルフレッド・C・オプラー／内藤頼博監／納谷廣美・高地茂世訳『日本占領と法制改革』日本評論社、平成二十年

伊藤博文／宮沢俊義校註『憲法義解』岩波文庫、平成十九年

石見隆夫『日本の歴代総理大臣がわかる本』三笠書房、平成十六年

江崎道朗『コミンテルンとルーズヴェルトの時限爆弾』展転社、平成二十四年

エレノア・ハドレー／パトリシア・ヘーガン・クワヤマ　ロバート・アラン・フェルドマン監訳／田代やす子訳『財閥解体　GHQエコノミストの回想』東洋経済新報社、平成十六年

大森実『戦後秘史5　マッカーサーの憲法』講談社、昭和五十年

岡本幸治『骨抜きにされた日本人――検閲、自虐、そして迎合の戦後史』PHP研究所、平成十四年

奥村勝蔵「近衛公爵とマッカーサー元帥」（林正義編『秘められた昭和史――戦雲の中の東奔西走記』鹿島研究所出版会、昭和四十年）

尾崎咢堂／金森徳次郎『新憲法の意義と解説』日本文化普及振興会、昭和二十一年

加藤周一編『ハーバート・ノーマン　人と業績』岩波書店、平成四年
工藤美代子『悲劇の外交官――ハーバート・ノーマンの生涯』岩波書店、平成十三年
久保田政男『フリーメーソンとは何か』日本工業新聞社、昭和五十六年
倉山満編『総図解　よくわかる日本の近現代史』新人物往来社、平成二十二年
倉山満『間違いだらけの憲法改正論議』イースト・プレス、平成二十五年
憲法制定に経過に関する小委員会編『日本国憲法制定の由来』時事通信社、昭和四十五年
コートニー・ホイットニー／毎日新聞社外信部訳『日本におけるマッカーサー』毎日新聞社、昭和三十二年
古関彰一「日本国憲法の制定」（中村政則編『占領と戦後改革』吉川弘文館、平成六年）
小西豊治『憲法「押しつけ」論の幻』講談社現代新書、平成十八年
佐伯宣親『誰も教えてくれなかった憲法論』日本工業新聞社、昭和五十六年
佐藤功「憲法改正」（『語りつぐ昭和史』第六巻、朝日新聞社、昭和五十二年）
佐藤達夫『日本国憲法誕生記』法令普及会、昭和三十二年
真田芳憲『法学』中央大学通信教育部、平成十五年
塩田純『日本国憲法誕生――知られざる舞台裏』ＮＨＫ出版、平成二十年
幣原喜重郎『外交五十年』日本図書センター、平成十年
ジョージ・ランボーン・ウエスト他／佐伯宣親『憲法改悪の強要』嵯峨野書院、昭和五十五年
ジョン・アール・ヘイズ／ハーヴェイ・クレア／中西輝政［監訳］／山添博史／佐々木太郎／金自成［訳］『ヴェノナ――解読されたソ連の暗号とスパイ活動』ＰＨＰ研究所、平成二十二年

ジョン・ガンサー／木下秀夫・安保長春訳『マッカーサーの謎』時事通信社、昭和二十六年
ジョン・K・エマーソン／宮地健次郎訳『嵐の中の外交官――ジョン・エマーソン回想録』朝日新聞社、昭和五十年
新人物往来社編集部「講和条約と防衛力強化」（『自衛隊秘話』新人物往来社、平成十五年第二十八巻第十六号所収）
菅原裕『日本国憲法失効論』時事通信社、昭和三十六年
鈴木昭典『日本国憲法を生んだ密室の九日間』創元社、一九九八年
袖井林二郎『マッカーサーの二千日』中公文庫、昭和五十七年
袖井林二郎／福島鑄郎編『マッカーサー　記録・戦後日本の原点』日本放送出版協会、昭和五十七年
高木八尺／末延三次／宮沢俊義編『人権宣言集』岩波文庫、平成七年
高橋史朗『日本が二度と立ち上がれないようにアメリカが占領期に行ったこと』致知出版社、平成二十六年
高柳賢三／大友一郎／田中英夫編『日本国憲法制定の過程　―連合国総司令部側の記録による―　Ⅰ　原文と翻訳』有斐閣、昭和五十三年
ダグラス・マッカーサー／津島一夫訳『マッカーサー回想記』下巻、朝日新聞社、昭和三十九年
竹前栄治『GHQ』岩波新書、昭和五十八年
竹前栄治／天川晃『日本占領秘史』上巻、昭和五十二年
竹前栄治／岡部史信『日本国憲法検証1945・2000資料と論点　憲法制定史』第一巻、小学館文庫、平成十二年
竹前栄治／岡部史信／藤田尚則『日本国憲法検証1945・2000資料と論点　護憲／改憲史論』第七巻、小学館文庫、平成十三年
田中英夫『憲法制定過程覚え書』有斐閣、昭和五十四年

千葉仁志「自衛隊誕生とMSA援助」（『自衛隊秘話』新人物往来社、平成十五年第二十八巻第十六号所収）
チャールズ・A・ウィロビー／延禎監修『知られざる日本占領―ウィロビー回顧録―』番町書房、昭和四十八年
トーマス・A・ビッソン／中村政則／三浦陽一共訳『ビッソン日本占領回想記』三省堂、昭和五十八年
永井憲一／利谷信義編『資料　日本国憲法1　一九四五―一九四九』三省堂、昭和六十一年
中野利子『H・ノーマン――あるデモクラットのたどった運命』リブロ・ノート、平成二年
西修『憲法改正の論点』文春新書、平成二十五年
西修『図説　日本国憲法の誕生』河出書房新社、平成二十四年
西修『日本国憲法成立過程の研究』成文堂、平成十六年
ハーバート・ノーマン／大窪愿二編訳『ハーバート・ノーマン全集』第一巻、昭和五十二年
ハーバート・ノーマン／大窪愿二編訳『ハーバート・ノーマン全集』第二巻、昭和五十二年
ハーバート・ノーマン／大窪愿二編訳『ハーバート・ノーマン全集』第四巻、昭和五十二年
ハリー・E・ワイルズ／井上勇訳『東京旋風――これが占領軍だった』時事通信社、昭和二十九年
ヒュー・ボートン／五百旗頭真監修／五味俊樹訳『戦後日本の設計者』朝日新聞社、平成十年
日高義樹『アメリカが日本に「昭和憲法」を与えた真相』PHP研究所、平成二十五年
日高義樹『アメリカの大変化を知らない日本人』PHP研究所、平成二十六年
日高義樹『日本いまだ独立せず』集英社文庫、平成十年
藤岡信勝／自由主義史観研究会『教科書が教えない歴史　明治～昭和初期、日本の偉業』扶桑社、平成十一年
ベアテ・シロタ・ゴードン／平岡磨紀子［構成・文］『1945年のクリスマス――日本国憲法に「男女平等」を書いた女性』

柏書房、平成七年
法制局『新聞等に表はれた各政黨その他の憲法改正案』法制局、昭和二十一年四月
マーク・ゲイン／井本威夫訳『ニッポン日記』上巻、筑摩書房、昭和二十六年
マーク・ゲイン／井本威夫訳『ニッポン日記』筑摩書房、昭和三十六年
松本敦史編『教科書が教えてくれない「日本国憲法」その歴史と現在』晋遊舎、平成二十五年
御厨良一『よくわかる哲学用語』エール出版、昭和五十二年
美濃部達吉『新憲法逐條解説』日本評論社、昭和二十二年
宮沢俊義編『世界憲法集』岩波文庫、昭和五十八年
民政局編「――日本の政治的再編成に関する経過報告――一九四九年十月十日」（連合軍総司令部編／共同通信渉外部訳『日本占領の使命と成果』板垣書店、昭和二十五年）
村田聖明「憲法九条の謎――マッカーサーは何を考えていたのか」（『正論』編集部編『「正論」傑作選　憲法の論点』産経新聞社、平成十六年
八木秀次『憲法改正がなぜ必要か』PHPパブリッシング、平成二十六年
八木秀次『日本国憲法とは何か』PHP新書、平成十五年
八木秀次『明治憲法の思想』PHP新書、平成十四年
吉田茂『回想十年』第二巻、新潮社、昭和三十二年
吉本貞昭『東京裁判を批判したマッカーサー元帥の謎と真実――GHQの検閲下で報じられた「東京裁判は誤り」の真相』ハート出版、平成二十五年

リチャード・B・フィン／内田健三監修『マッカーサーと吉田茂』上巻、同文書院インターナショナル、平成五年
渡邊正廣『Ｍａｄｅ　ｉｎ　ＵＳＡ日本国憲法』新人物往来社、昭和四十八年

〈雑誌論文〉

芦田均・岩淵辰雄・鈴木安蔵・三宅清輝・阿部真之介「憲法は二週間で出来たか？」（『改造』改造社、昭和二十七年増刊号所収）
芦田均「新憲法の生まれるまで」（『中央公論』中央公論社、昭和三十一年五月号所収）
犬丸秀雄「〈邦訳と解説〉「ハッシー文書」と憲法制定過程——総司令部の日本国憲法関係文書」（『法学セミナー』日本評論社、昭和五十六年八月号所収）
井上縫三郎「『戦争放棄』はこうして生まれた——新憲法草案決定のうらばなし——」（『改造』改造社、昭和二十七年増刊号所収）
牛田久美訳・解説「マッカーサー米議会証言録——第二十二回　戦争はなくすべきだ　日本は自ら憲法に書きこんだ」（『正論』産経新聞社、平成十七年九月号所収）
奥泉栄三郎「メリーランド大学所蔵　ＧＨＱ検閲資料抄」（『諸君！』文藝春秋、昭和五十二年二月号所収）
「憲法改正をめぐる國會議事録」（『中央公論』中央公論社、昭和三十一年五月号所収）
児島襄「かくして軍備は廃棄された」（『諸君！』文藝春秋、昭和四十六年五月号所収）
白洲次郎「占領政治とは何か　—己所不欲《おのれのほっせざるところ》　勿施於人《ひとにほどこすなかれ》—」（『文藝春秋』文藝春秋、昭和二十九年七月号所収）
太平洋戦争研究会「「平和憲法」制定までのＧＨＱ vs日本政府、３６５日の攻防！」（『マッカーサーの日本占領』世界文化社、平成十三年所収）

高橋史朗「対日占領政策の基盤となった驚愕日本人分析」（『正論』産経新聞社、平成二十六年一月号所収）
高柳賢三「活殺自在の憲法第九条―憲法第九条論その由来と解釈―」（『文藝春秋』文藝春秋、昭和三十四年八月号所収）
竹前栄治「元GHQ民政局次長ケーディスに聞く　米占領政策の意図」（『中央公論』中央公論社、昭和六十二年五月号所収）
田畑巖穂「舞台裏憲法製作者（上）」（『人物往来』人物往来社、昭和二十九年十二月号所収）
田畑巖穂「舞台裏憲法製作者（下）」（『人物往来』人物往来社、昭和三十年一月号所収）
楢橋渡「新憲法製造記―六年八ヶ月の政治的メモワール―」（『文藝春秋』文藝春秋、昭和二十六年六月号所収）
秦郁彦「かくて憲法第九条は誕生した」（『諸君！』文藝春秋、昭和四十九年十二月号所収）
福田市兵訳「新憲法成立の経緯――連合軍総司令部政治局報告書」（『中央公論』中央公論社、昭和二十五年十一月号所収）
宮澤俊義／佐藤功「マッカサア憲法草案解説」（国家学会編『国家学会雑誌』国家学会、昭和二十九年第六十八巻第一・二号所収）
宮澤俊義／佐藤功「マッカサア憲法草案原文及び邦訳」（国家学会編『国家学会雑誌』国家学会、昭和二十九年第六十八巻第一・二号所収）
連合国最高司令部民政局／解説・宮澤俊義／小島和司／久保田きぬ訳／芦部信喜「日本の新憲法」（国家学会編『国家学会雑誌』国家学会、昭和二十六年第六十五巻第一号所収）
吉田一彦「巨頭会談の内幕　第一回　籠絡されたルーズベルト」（『歴史街道』PHP研究所、平成二十六年二月号所収）
平塚柾緒「新生・日本のスタートに大志を抱いた〝ニュー・ディーラー〟」（『マッカーサーの日本占領』世界文化社、平成十三年所収）

〈雑誌記事〉

幣原道太郎「憲法第九条を強要された父・幣原喜重郎の悲劇――「羽室メモ」をめぐる謎」(『週刊文春』文藝春秋、昭和五十六年三月二十六日号所収)

〈資料〉

大塚金之助編『岩波小辞典　社会思想』岩波書店、昭和三十七年
小野清一郎他編『ポケット六法全書』法文社、昭和二十五年版、二十六年版、二十七年版、二十八年版、二十九年版、三十年版、三十一年版、三十二年版
勝本正晃等編『三省堂大六法全書』三省堂出版、昭和三十年版、三十一年版
勝本正晃等編『模範六法全書』三省堂出版、昭和三十年版、三十一年版
末川弘編『六法全書』岩波書店、昭和二十三年版、二十四年版、二十五年版、二十六年版、二十七年版、二十八年版、二十九年版、三十年版、三十一年版
末川博編『学生六法全書』岩波書店、昭和二十六年版、二十七年版
星野安三郎／小林孝輔／時岡弘／新井隆一／佐藤司／鍋沢幸雄／松本昌悦／奥田剣志郎／佐々木高雄／右崎正博／広沢民生／植野妙実子／小林節／猪俣弘貴／大沢秀介／清野幾久子『口語六法全書　憲法』自由国民社、平成三年
我妻栄他編『小六法』有斐閣、昭和二十七年版、二十八年版、二十九年版、三十年版、三十一年版
我妻栄／宮沢俊義責任編集『六法全書』有斐閣、昭和二十六年版、二十七年版、二十八年版

〈新聞記事〉

『朝日新聞』昭和二十年八月三十一日付
『朝日新聞』昭和二十年十月六日付
『朝日新聞』昭和二十年十月八日付
『朝日新聞』昭和二十年十月九日付
『朝日新聞』昭和二十年十月十日付
『朝日新聞』昭和二十年十月十三日付
『朝日新聞』昭和二十年十月十四日付
『朝日新聞』昭和二十年十月十五日付
『朝日新聞』昭和二十年十月十六日付
『朝日新聞』昭和二十年十月十七日付
『朝日新聞』昭和二十年十月十八日付
『朝日新聞』昭和二十年十月十九日付
『朝日新聞』昭和二十年十月二十日付
『朝日新聞』昭和二十年十月二十一日付
『朝日新聞』昭和二十年十月二十二日付
『朝日新聞』昭和二十年十月二十三日付
『朝日新聞』昭和二十年十月二十五日付
『朝日新聞』昭和二十年十月二十六日付
『朝日新聞』昭和二十年十月二十八日付
『朝日新聞』昭和二十年十月二十九日付
『朝日新聞』昭和二十年十月三十一日付
『朝日新聞』昭和二十年十一月三日付
『朝日新聞』昭和二十年十一月四日付
『朝日新聞』昭和二十年十一月九日付
『朝日新聞』昭和二十年十一月十日付
『朝日新聞』昭和二十年十一月十一日付
『朝日新聞』昭和二十年十一月十六日付
『朝日新聞』昭和二十年十一月十七日付
『朝日新聞』昭和二十年十一月二十二日付
『朝日新聞』昭和二十年十一月二十三日付
『朝日新聞』昭和二十年十一月二十五日付
『朝日新聞』昭和二十年十二月五日付
『朝日新聞』昭和二十年十二月二十三日付
『朝日新聞』昭和二十年十二月二十七日付
『朝日新聞』昭和二十年十二月二十八日付
『朝日新聞』昭和二十一年一月十日付
『朝日新聞』昭和二十一年一月十二日付
『朝日新聞』昭和二十一年一月二十二日付
『朝日新聞』昭和二十一年一月二十三日付
『朝日新聞』昭和二十一年一月三十日付
『朝日新聞』昭和二十一年一月三十一日付
『朝日新聞』昭和二十一年二月一日付
『朝日新聞』昭和二十一年二月三日付
『朝日新聞』昭和二十一年二月五日付
『朝日新聞』昭和二十一年二月八日付
『朝日新聞』昭和二十一年二月十五日付
『朝日新聞』昭和二十一年二月二十一日付
『朝日新聞』昭和二十一年二月二十四日付
『朝日新聞』昭和二十一年三月三日付
『朝日新聞』昭和二十一年三月五日付
『朝日新聞』昭和二十一年三月七日付

『朝日新聞』昭和二十一年三月八日付
『朝日新聞』昭和二十一年三月十一日付
『朝日新聞』昭和二十一年三月十四日付
『朝日新聞』昭和二十一年四月十四日付
『朝日新聞』昭和二十一年四月二十日付
『朝日新聞』昭和二十一年五月四日付
『朝日新聞』昭和二十一年六月九日付
『朝日新聞』昭和二十一年六月十八日付
『朝日新聞』昭和二十一年六月二十二日付
『朝日新聞』昭和二十一年六月二十七日付
『朝日新聞』昭和二十一年七月一日付
『朝日新聞』昭和二十一年七月八日付
『朝日新聞』昭和二十一年七月二十四日付
『朝日新聞』昭和二十一年七月二十八日付
『朝日新聞』昭和二十一年八月二十七日付
『朝日新聞』昭和二十一年十月六日付
『朝日新聞』昭和二十一年十月十日付
『朝日新聞』昭和二十一年十月二十四日付
『朝日新聞』昭和二十一年三月九日付
『朝日新聞』昭和二十一年三月十二日付
『朝日新聞』昭和二十一年三月十五日付
『朝日新聞』昭和二十一年四月十八日付
『朝日新聞』昭和二十一年四月二十六日付
『朝日新聞』昭和二十一年五月十五日付
『朝日新聞』昭和二十一年六月十六日付
『朝日新聞』昭和二十一年六月二十日付
『朝日新聞』昭和二十一年六月二十五日付
『朝日新聞』昭和二十一年六月二十八日付
『朝日新聞』昭和二十一年七月二日付
『朝日新聞』昭和二十一年七月十八日付
『朝日新聞』昭和二十一年七月二十五日付
『朝日新聞』昭和二十一年八月七日付
『朝日新聞』昭和二十一年九月十八日付
『朝日新聞』昭和二十一年十月八日付
『朝日新聞』昭和二十一年十月十五日付
『朝日新聞』昭和二十一年十月三十日付
『朝日新聞』昭和二十一年三月十日付
『朝日新聞』昭和二十一年三月十三日付
『朝日新聞』昭和二十一年三月十九日付
『朝日新聞』昭和二十一年四月十九日付
『朝日新聞』昭和二十一年五月三日付
『朝日新聞』昭和二十一年六月四日付
『朝日新聞』昭和二十一年六月十七日付
『朝日新聞』昭和二十一年六月二十一日付
『朝日新聞』昭和二十一年六月二十六日付
『朝日新聞』昭和二十一年六月二十九日付
『朝日新聞』昭和二十一年七月四日付
『朝日新聞』昭和二十一年七月二十日付
『朝日新聞』昭和二十一年七月二十六日付
『朝日新聞』昭和二十一年八月二十五日付
『朝日新聞』昭和二十一年九月二十二日付
『朝日新聞』昭和二十一年十月九日付
『朝日新聞』昭和二十一年十月二十二日付
『朝日新聞』昭和二十一年十一月三日付

『朝日新聞』昭和二十一年十一月四日付　『朝日新聞』昭和二十一年十一月十一日付　『朝日新聞』昭和二十二年三月三十日付
『朝日新聞』昭和二十二年五月二日付　『朝日新聞』昭和二十二年五月三日付　『朝日新聞』昭和二十二年五月四日付
『朝日新聞』昭和二十五年一月一日付　『朝日新聞』昭和二十四年一月一日付　『朝日新聞』平成二十四年四月二十八日付
『日本経済新聞』平成十一年九月八日付　『毎日新聞』昭和二十一年二月一日付　『読売新聞』昭和五十一年五月三十一日付
『読売新聞』昭和五十一年六月四日付　『マイニチ』一九四六年二月三日付
『ニッポン・タイムズ』一九五〇年十一月十日付　『ニッポン・タイムズ』一九五〇年十一月十一日付
『ニッポン・タイムズ』一九五〇年十一月十二日付　『ニッポン・タイムズ』一九五〇十一月十三日付
『ジャパン・タイムズ』一九五三年十二月二十一日付　『ジャパン・タイムズ』一九五八年十二月二十一日付

〈その他〉

Douglas MacArthur "REMINISCENCES" McGRAW-HILL Book COMPANY, NewYork Toronto London, 1964.

Should Japan Change Its "Peace Constitution?"『日高義樹のワシントン・レポート179』（DVD）米国問題研究所、平成二十二年

◇著者◇
吉本 貞昭（よしもと・さだあき）
昭和34年生まれ。国立大学の大学院を修了後、中国留学を経て、現在は大学の研究機関に在籍。専門分野の中国研究の他に、大東亜戦争の、開戦と終戦原因、特攻の戦果、東京裁判と日本国憲法の検閲について研究している。約10年にわたり高等学校で世界史などを担当。昭和20年9月14日に、東京・市ヶ谷台上で割腹自決した陸軍大将吉本貞一は、親類にあたる。著書に『世界が語る大東亜戦争と東京裁判』『世界が語る神風特別攻撃隊』『世界が語る零戦』『東京裁判を批判したマッカーサー元帥の謎と真実』『日本とアジアの大東亜戦争（ジュニア向け）』（ハート出版）がある。
著書のホームページ（http://s-yoshimoto.sakura.ne.jp/）

知られざる日本国憲法の正体

平成26年4月30日　　第1刷発行

著　者　　吉本貞昭
装　幀　　フロッグキングスタジオ
発行者　　日高裕明
発　行　　株式会社ハート出版
〒171-0014 東京都豊島区池袋3-9-23
TEL03-3590-6077　FAX03-3590-6078
ハート出版ホームページ　http://www.810.co.jp

乱丁、落丁はお取り替えします。その他お気づきの点がございましたら、お知らせください。

ISBN978-4-89295-973-8
印刷・製本 中央精版印刷株式会社

吉本貞昭の本

東京裁判を批判した マッカーサー元帥の謎と真実

GHQの検閲下で報じられた「東京裁判は誤り」の真相

「東京裁判は誤り」のルーツは「南北戦争」にあった。
戦後日本の「定説」を覆す、衝撃のノンフィクション。

ISBN978-4-89295-924-0　本体 1800 円

世界が語る大東亜戦争と東京裁判

アジア･西欧諸国の指導者･識者たちの名言集

東條英機元首相の孫娘、東條由布子氏推薦。
今こそ、日本人の誇りと自信を取り戻すために。

ISBN978-4-89295-910-3　本体 1600 円　〈日本図書館協会選定図書〉

世界が語る神風特別攻撃隊

カミカゼはなぜ世界で尊敬されるのか

戦後封印された「カミカゼ」の真実を解き明かして、
世界に誇る「特攻」の真の意味を問う。

ISBN978-4-89295-911-0　本体 1600 円

世界が語る零戦

「侵略の世界史」を転換させた零戦の真実

アジア諸国を独立に導いた大東亜戦争。この歴史の
大転換における、零戦の「世界史的意義」とは何か。

ISBN978-4-89295-967-7　本体 1800 円　〈日本図書館協会選定図書〉

日本とアジアの大東亜戦争

児童書

侵略の世界史を変えた大東亜戦争の真実

ふりがな付き、大きな文字で図版満載の、ジュニア
向け近現代史シリーズ。真実の歴史を子供たちに！

ISBN978-4-89295-965-3　本体 1400 円　［小学校高学年以上向け］